中日韓食品貿易法規與案例解析

許倩倩 主　編
毛麗君 副主編

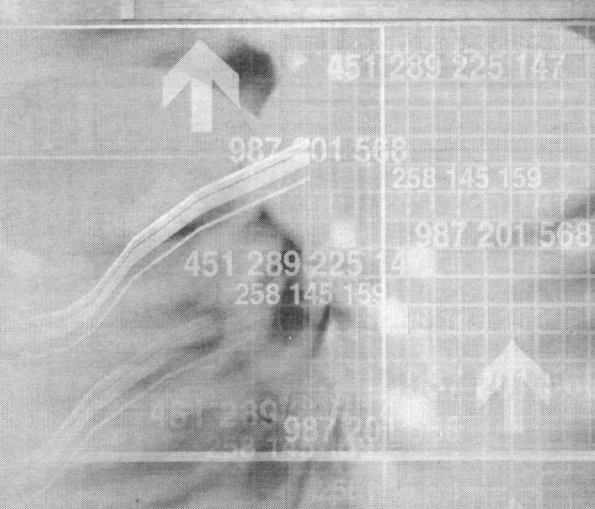

財經錢線

前言

  本書通過對日韓食品貿易法規的全面系統的解析,同時分析日韓食品貿易法規對中國食品貿易的影響,並提出相應的應對措施,不僅有利於中國正確應對日韓食品安全標準貿易壁壘,更有利於中國食品出口貿易的長遠發展。

  本書由許倩倩擔任主編,並負責全書寫作框架的擬定,編寫的組織與管理、章節要點審核與指導,以及全書的編纂工作。具體章節如下:

  本書共分為十章。第一章中日食品貿易概述,通過分析中日食品貿易現狀和特點,發現中日食品貿易中存在的問題,進而深入分析中日食品貿易發展的現狀;第二章日本食品貿易法規政策概述,這一部分詳細說明了日本食品安全立法的發展歷程,分析了日本食品安全法律的原則和特徵及日本關於轉基因食品的立法,探討了日本食品安全法律體系的框架和法規的實施情況,介紹了日本食品安全管理機構和

《肯定列表制度》，著重分析了日本關於農藥殘留的管理規定；第三章是日本反傾銷與食品貿易，從日本反傾銷法律以及中國應對日本反傾銷的措施兩方面進行分析；第四章分析了日本食品貿易法規對中國食品貿易的影響；第五章闡述了中國應對日本食品貿易法規的措施；第六章是中韓食品安全行政檢查制度，運用對比分析的方法對中韓食品安全行政檢查的法律體系和制度進行研究；第七章對中韓兩國食品安全監管體系進行了對比分析；第八章闡述了韓國食品貿易法規政策；第九章分析了韓國反傾銷政策法規，並對中韓反傾銷措施的使用現狀進行了分析；第十章對中韓食品貿易典型案例進行了評析。

　　本書可以作為普通高等學校和高職高專院校公共選修課教材使用，也可以作為管理類專業本科學生自學之參考書。由於主編和編寫人員能力有限，本書存在的不當之處，歡迎廣大讀者和同行給予指導、批評和幫助。

編　者

目錄

第一章	中日食品貿易概述	1
第一節	中國食品出口特點	1
第二節	中國對日食品貿易發展現狀	2
第二章	日本食品貿易法規政策	6
第一節	日本食品中微生物限量標準	6
第二節	日本食品中致敏原標示標準	12
第三節	日本食品中農獸藥殘留限量標準	18
第四節	日本寵物食品法規標準要求	38
第五節	日本食品衛生相關法規	54
第六節	日本食品添加劑的規格與標準	63
第七節	日本有機食品進口控制體系	68
第八節	日本轉基因食品標準	72
第三章	日本反傾銷與食品貿易	89
第一節	日本反傾銷法	89
第二節	中國食品遭遇國外反傾銷指控原因分析	99

第四章　日本食品貿易法規對中國食品貿易的影響　107

第一節　日本食品安全規制體系的構成及其特徵　107
第二節　日本食品安全規制的核心內容　108
第三節　中日食品貿易現狀及其趨勢　110
第四節　日本食品安全規制的啟示及中國食品企業的應對措施　112

第五章　中國應對日本食品貿易法規的措施　114

第六章　中韓食品安全行政檢查制度　118

第一節　中韓食品安全行政檢查的法律法規體系的比較　118
第二節　中韓兩國食品安全行政檢查體制的比較分析　120
第三節　公眾參與食品安全行政檢查方式的比較　122
第四節　中國借鑑韓國食品安全行政檢查制度的思考　124

第七章　中韓兩國食品安全監管體系對比　127

第一節　韓國食品安全主管機構及職責　127
第二節　韓國食品監管機制　128
第三節　韓國的 HACCP 管理體系　129
第四節　韓國食品安全管理特點　130
第五節　中韓兩國食品安全監控制度對比分析　131
第六節　韓國食品安全監管體系對中國的啟示　134

第八章　韓國食品貿易法規政策　135

第一節　韓國食品中微生物限量標準　135

第二節	韓國食品中致敏原標示標準	146
第三節	韓國寵物食品法規標準要求	148
第四節	韓國食品衛生相關法規	152
第五節	韓國有機農業的發展	156

第九章　韓國反傾銷政策法規　164

第一節	韓國反傾銷政策法規及其實踐	164
第二節	韓國反傾銷法的不足與完善	178
第三節	中韓反傾銷措施使用現狀	182

第十章　中韓食品貿易典型案例評析　189

參考文獻　193

附錄　日韓食品法規標準　201

第一章　中國與日本食品貿易概述

● 第一節　中國食品出口特點

一、食品貿易競爭力不斷增強

衡量一國貿易競爭力的指標主要有：世界市場份額（WMS）、顯性比較優勢指數（RCA）和貿易競爭力指數（TC）。世界市場份額（WMS），又稱為市場佔有率，指一個國家某類產品的出口額占世界該類產品出口額的百分比。中國食品國際市場佔有率約為 9%，中國食品出品的絕對貿易額呈逐年上升趨勢。顯性比較優勢指數（RCA）是指一國總出口中某類產品所占份額相對於該產品在世界貿易總額中所占比例的大小。如果 RCA>0.8，說明該國食品具有顯性比較優勢，在 2006 年至 2010 年間，中國的 RCA=0.76（即 RCA<0.8），說明中國食品出口的比較優勢不顯著，處在比較劣勢。貿易競爭力指數（TC）是對國際競爭力分析時比較常用的測度指標之一，它表示一國進出口貿易的差額占進出口貿易總額的比重，即 TC 指數＝（出口額－進口額）/（出口額＋進口額）。2007—2008 年，中國食品出口額分別為 366.1 億美元和 402.3 億美元，進口額分別為 409.4 億美元和 583.3 億美元，中國食品貿易逆差分別為 43.3 億美元和 181.0 億美元。中國的食品貿易競爭力整體水準不高。

二、食品貿易結構多元化

2008 年，中國「水、海產品」及「水產品製品」出口額為 101.19 億美元，水產品出口規模位居中國出口產品第一位；「食用蔬菜」及「蔬菜、水果、堅果等製品」出口額為 100.65 億美元，蔬菜出口規模為中國出口產品第二位。兩類產品出

口額分別占中國出口總額的25.16%和25.02%，兩部分合計超過食品出口總額的一半。從產品結構的角度，中國食品出口主要集中於水、海產品及其製品和瓜果蔬菜及其製品，占比達到50.18%。

三、食品貿易地理方向集中

中國食品主要出口市場較為集中。從區域分佈看，亞洲一直是中國食品最大的出口市場。2007年市場份額為60.83%，2008年，中國食品面向亞洲的出口額為225.3億美元，占總出口額的56%；歐洲是中國食品出口的第二大市場，2007年、2008年分別占到中國食品出口總額的18.11%和20.36%，呈現逐年上升趨勢；南美洲、非洲和大洋洲出口市場份額較小，三大洲食品出口總和僅占出口總額的8.24%。

四、食品工業健康持續增長

隨著全球經濟發展和科學技術的進步，新興產業不斷湧現，世界食品工業取得長足發展，並成為世界製造業中的第一大產業。食品工業的發展水準已成為衡量人民生活質量及國家發展程度的重要標誌。2008年1~11月中國食品製造行業工業總產值高達6,997億元，同比增長30.37%。2009年，中國實施擴大內需的寬鬆的貨幣政策以及食品行業自身的抗風險能力及剛性需求，食品行業仍然呈現出增長態勢。2010年，中國食品工業克服成本上升等因素影響，全年經濟效益穩步提高，在保障供給、擴大內需、抑制通脹、促進經濟平穩快速發展等方面發揮了積極作用。2010年全國規模以上食品企業工業增加值同比增長14%；銷售產值同比增長27%；完成固定資產投資額6,320億元，同比增長27%；出口交貨值2,750億元，同比增長19%；產品銷售率97.7%，銷售利潤率6.4%，高出全國工業平均水準0.22個百分點。

第二節　中國對日食品貿易發展現狀

一、中日食品出口特點

1. 中日食品貿易已經進入紛爭頻發期

隨著大量的中國農產品進入日本市場，中日食品貿易日趨頻繁，與此同時，日本為了保護本國農業的發展，不斷提高食品進口門檻，隨之中日兩國食品貿易摩擦不斷升級。2002年以來，日本相繼修改了《日本食品衛生法》（後文簡稱《食品衛生法》），出抬了《食品中殘留農業化學品肯定列表制度》（後文簡稱《肯定列表制度》），對來自中國的食品採取緊急進口限制措施，日本對中國產品的質量安全問題

第一章　中國與日本食品貿易概述

予以重點關注。一直進展比較順利的中日貿易關係，開始出現了摩擦的雜音。可以看出，近幾年中日食品貿易已經進入了紛爭頻發期。

2. 食品質量安全成為消費者關注的熱點

中國食品出口屢次出現安全問題，不僅引起了中國政府的高度重視，更引起了國內外消費者的不安。能引起「病從口入」恐懼的食品安全問題，無疑最使消費者擔憂。保證出口食品質量是企業義不容辭的職責。中國對日食品出口中的安全問題涉及國內外眾多利益主體的利益，還涉及民眾感情與兩國經貿關係。

3. 食品領域的戰略合作

日本面積較小，山地多，耕地少，為保障國內食品充足，食品進口是最佳選擇。中國食品出口日本除具有成本優勢之外，還初步形成了比較完善的食品出口通道。中國食品企業關注國際食品貿易動態，甚至對日本食品市場消費需求進行了合理測算。食品企業能夠按照國際標準和日商的要求提供加工食品，2009 年中國向日本共出口了約 75 億美元的食品，合格率達 99.81%，其中有 47% 是由日本在華投資企業生產出口。

4. 食品出口企業出口環境惡化

日本對食品進口實施的各種非關稅壁壘使食品檢測項目成倍增加，造成食品檢測的檢測費用增加，同時，綠色壁壘又迫使中國農業不得不轉變種植方式，不斷加強食品產業鏈構建，這必然造成生產成本的提高。此外，受國內通用的影響，食品生產成本持續上漲，但是國際食品價格相對穩定，食品出口的利潤微薄，使食品出口企業的生存環境惡化。

二、中國對日食品出口受阻情況分析

1. 日本對中國出口食品的檢查數量不斷增加

日本不斷提高進口食品計劃檢查數量。2006 年計劃檢查數量為 75,000 件，2007 年達到 79,800 件，同比增長 6.4%。2010 年，日本對 83,400 批進口食品有計劃地實施檢查，較 2006 年提高 11.2%，增幅明顯，如圖 1-1 所示。

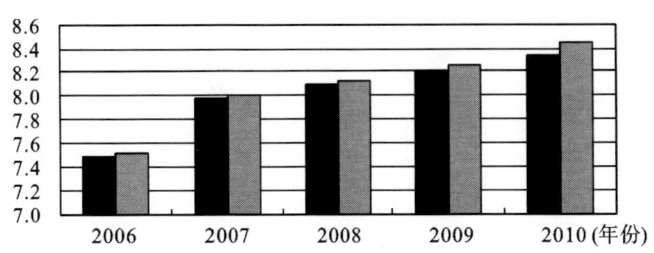

圖 1-1　2006—2010 年日本對進口食品計劃檢查數量（單位：萬件）

數據來源：The batch of Japanese Food Inspection in 2006—2010。

與此同時，日本對進口食品實際檢查數量也在逐年提高。2006—2009 年的實際檢查數量基本維持在計劃檢查數量的 102% 左右，2010 年實際檢查數量達到 88,205 件，達到計劃檢查數量的 105.76%。

2. 對加工食品的檢查比例明顯提高

2009 年，日本對中國農產食品的檢查共計 39,600 件，占食品檢查總數量的 47.5%，占檢查比重最大，比 2008 年下降了 2.6 個百分點。水產食品及其製品占檢查總量的比重為 20.8%。2009 年，日本對中國豬肉及其加工品（限於簡易加工）瘦肉精項目先後採取了監控檢查和命令檢查，進一步擴大了檢查範圍。

3. 對蔬菜和水產品扣留批次比例較高

2008 年，日本扣留中國食品共計 105 批次，涉及 9 類產品。在表 1-1 中，蔬菜及蔬菜製品和水產製品被日本扣留共計 72 批次，占日本扣留總數的 69%。說明中國農食產品以及水產品受阻最為嚴重。

表 1-1　　　　　　　　2008 年日本所扣留的中國食品

排序	產品	批次	比例
1	蔬菜及蔬菜製品	44	42%
2	水產製品	28	27%
3	乾（堅）果	13	12%
4	糧谷	8	7%
5	肉及肉製品	7	7%
6	油料及油製品	2	2%
7	水果及水果製品	1	1%
8	蜂產品	1	1%
9	乳及乳製品	1	1%
合計		105	100%

資料來源：Chinese food detained by Japan in 2008。

4. 扣留原因比較集中

2008 年，日本扣留中國食品的原因主要有 5 類，如表 1-2 所示。日本扣留的中國食品的主要原因比較集中。日本對中國食品扣留批次為 54 次。其次因違規使用添加劑造成不符合衛生標準的扣留批次為 42 次，占扣留原因總比的 40%。由於微生物污染所造成含有毒有害物質的扣留比例為 7%，這些需要引起中國食品出口企業的高度重視。

第一章　中國與日本食品貿易概述

表 1-2　　　　　　　2008 年日本扣留中國食品的主要原因

排序	扣留因素	批次	比例
1	限量超標	54	51%
2	不符合衛生要求	42	40%
3	含有毒有害物質	7	7%
4	不符合生產的相關標準與規定	1	1%
5	不符合進口法律規定	1	1%
合　計		105	100%

數據來源：The main reasons for detention of Chinese food in Japan in 2008。

第二章 日本食品貿易法規政策

● 第一節 日本食品中微生物限量標準

日本食品中微生物限量標準如表 2-1 所示。

表 2-1　　　　　　　　日本食品中微生物限量標準

食品 Food	微生物/代謝物 Microorganisms/ metabolite	標準 Standards（若非指定，均用 cfu/g 或 cfu/ml）	備註 Remark
軟飲料 Soft drink beverage	大腸菌群 Coliform bacilli	未檢出	軟飲料成分標準
礦泉水 Mineral water	腸球菌 Enterococci	未檢出	
	藍膿杆菌 Green pus bacilli	未檢出	
用於礦泉水、冷凍果汁飲料、生產果汁原料外的軟飲料生產的原料 Soft drink beverages other than mineral Water, frozen fruit juice drinks, and soft drink beverage other than fruit juices used as raw materials for such	非特定微生物 No-specific microorganisms	100cfu/ml	軟飲料成分標準，微生物指標指作為原料的水的指標
	大腸菌群 Coliform bacilli	未檢出	

第二章 日本食品貿易法規政策

表2-1(續1)

食品 Food	微生物/代謝物 Microorganisms/ metabolite	標準 Standards（若非指定，均用 cfu/g 或 cfu/ml）	備註 Remark
礦泉水 Mineral water	非特定微生物 No-specific microorganisms	100cfu/ml	軟飲料生產標準
	大腸菌群 Coliform bacilli	未檢出	
粉狀軟飲料 Powdered soft drink	大腸菌群 Coliform bacilli	未檢出	成分標準，未加入乳酸菌
	微生物計數 Bacterial count	<3,000cfu/g	
	大腸菌群 Coliform bacilli	未檢出	成分標準，加入乳酸菌
	微生物計數 Bacterial count	<3,000cfu/g	
碎冰 Crushed ice	微生物計數 Bacterial count	<100cfu/ml	成分標準，已溶化的冰汁
	大腸菌群 Coliform bacilli	未檢出	
冰凍蜜餞 Frozen confections	大腸菌群 Coliform bacilli	未檢出	成分標準
	細菌計數 Bateria count	<10,000cfu/ml	成分標準，融化後蜜餞（冰凍蜜餞以發酵奶或者乳酸菌飲料為原料，細菌總數不包括乳酸菌和酵母）
食用鳥蛋（雞蛋） Edible birds' eggs (eggs of chickens)	沙門氏菌 Salmonella spp	未檢出	滅菌液態蛋
	細菌計數 Bateria count	<1,000,000cfu/g	非滅菌液態蛋
肉製品 Dried meat product	大腸埃希氏菌 Escherichia coli	未檢出	指已干燥並作為干肉製品出售的肉
未加熱處理的肉製品 Unheated meat product	大腸埃希氏菌 Escherichia coli	<100cfu/g	指鹽腌後未經煙熏，干燥並加熱至中心溫度63℃並保持30min的熱消毒處理及等效方法處理的肉製品
	沙門氏菌 Salmonella spp	未檢出	
	金黃色葡萄球菌 Staphylococcus aureus	<1,000cfu/g	
特定熱處理的肉製品 Special heated meat product	大腸埃希氏菌 Escherichia coli	<100cfu/g	加熱至中心溫度63℃並保持30min的熱消毒處理及等效方法處理的肉製品，干燥肉製品及未加熱肉製品除外
	沙門氏菌 Salmonella spp	未檢出	
	金黃色葡萄球菌 Staphylococcus aureus	<1,000cfu/g	
	梭菌 Clostridium spp	<1,000cfu/g	

表2-1(續2)

食品 Food	微生物/代謝物 Microorganisms/metabolite	標準 Standards（若非指定，均用 cfu/g 或 cfu/ml）	備註 Remark
熱處理的肉製品 Hot-treated meat products	沙門氏菌 Salmonella spp	未檢出	指除干燥肉製品、未加熱肉製品及特定肉製品外的產品
	梭菌 Clostridium spp	<1,000cfu/g	
	沙門氏菌 Salmonella spp	未檢出	指熱處理和消毒後容器包裝的肉製品
	大腸埃希氏菌 Escherichia coli	未檢出	
	梭菌 Clostridium spp	<1,000cfu/g	
鯨魚肉製品 Whale meat products	大腸菌群 Coliform bacilli	未檢出	
魚醬製品 Fish-paste products	大腸菌群 Coliform bacilli	未檢出	
煮章魚 Boiled octopus	副溶血性弧菌 Vibrio parahaemolyticus	未檢出	
冷凍煮章魚 Frozen boiled octopus	細菌計數 Bateria count	<10,000cfu/g	
	大腸菌群 Coliform bacilli	未檢出	
煮螃蟹 Boiled crash	副溶血性弧菌 Vibrio parahaemolyticus	未檢出	
新鮮魚和貝 Fresh fish and shellfish	副溶血性弧菌 Vibrio parahaemolyticus	<100cfu/g	指生食的魚和貝類（牡蠣及冷凍魚和貝除外），已被切片或去殼
牡蠣 Oysters	細菌計數 Bateria count	<50,000cfu/g	生食
	大腸埃希氏菌 Escherichia coli	<230cfu/100g	
冷凍食品 Frozen foods	細菌計數 Bateria count	<100,000cfu/g	限於生產或加工食品（軟飲料、肉製品、鯨肉製品、魚糜製品、煮章魚及螃蟹）及新鮮魚和貝類（生牡蠣除外），經切片、去殼或冷凍並貯藏在容器中，食用前無須加熱
	大腸菌群 Coliform bacilli	未檢出	

第二章 日本食品貿易法規政策

表2-1(續3)

食品 Food	微生物/代謝物 Microorganisms/metabolite	標準 Standards（若非指定，均用 cfu/g 或 cfu/ml）	備註 Remark
冷凍食品 Frozen foods	細菌計數 Bateria count	<100,000cfu/g	限於生產或加工食品（軟飲料、肉製品、鯨肉製品、魚糜製品、煮章魚及螃蟹）及新鮮魚和貝類（生牡蠣除外），經切片、去殼或冷凍並貯藏在容器中，加熱後食用
	大腸菌群 Coliform bacilli	未檢出	
	細菌計數 Bateria count	<3,000,000cfu/g	限於生產或加工食品（軟飲料、肉製品、鯨肉製品、魚糜製品、煮章魚及螃蟹）及新鮮魚和貝類(生牡蠣除外)，經切片、去殼或冷凍並貯藏在容器中。加熱後食用（冷凍前立即加熱食品除外）
	大腸埃希氏菌 Escherichia coli	未檢出	
冷凍鮮魚和貝 Frozen fresh fish and shellfish	細菌計數 Bateria count	<1,000cfu/g	指冷凍生食魚和貝類，已被切片或去殼
	副溶血性弧菌 Vibrio parahaemolyticus	<100cfu/g	
原乳 Raw milk	細菌計數 Bateria count	<4,000,000cfu/ml	
牛乳 Cow's milk	細菌計數 Bateria count	<50,000cfu/ml	飲用液體乳
特定牛乳 Special cow's milk	細菌計數 Bateria count	<30,000cfu/ml	飲用液體乳
巴氏消毒山羊乳 Pasteurized goat's milk	細菌計數 Bateria count	<50,000cfu/ml	飲用液體乳
合成物-標準牛乳 Composition-controlled cow's milk	細菌計數 Bateria count	<50,000cfu/ml	飲用液體乳
低脂牛乳 Low fat cow's milk	細菌計數 Bateria count	<50,000cfu/ml	飲用液體乳
脫脂牛乳 Low fat cow's milk	細菌計數 Bateria count	<30,000cfu/ml	飲用液體乳
加工乳 Processed milk	細菌計數 Bateria count	<50,000cfu/ml	飲用液體乳
乳飲料 Milk drink	細菌計數 Bateria count	<30,000cfu/ml	飲用液體乳
牛乳 Cow's milk	大腸菌群 Coliform bacilli	未檢出	飲用液體乳

表2-1(續4)

食品 Food	微生物/代謝物 Microorganisms/ metabolite	標準 Standards（若非指定， 均用 cfu/g 或 cfu/ml）	備註 Remark
特定牛乳 Special cow's milk	大腸菌群 Coliform bacilli	未檢出	飲用液體乳
巴氏消毒山羊乳 Pasteurized goat's milk	大腸菌群 Coliform bacilli	未檢出	飲用液體乳
合成物-標準牛乳 Composition-controlled cow's milk	大腸菌群 Coliform bacilli	未檢出	飲用液體乳
低脂牛乳 Low fat cow's milk	大腸菌群 Coliform bacilli	未檢出	飲用液體乳
脫脂牛乳 Low fat cow's milk	大腸菌群 Coliform bacilli	未檢出	飲用液體乳
加工乳 Processed milk	大腸菌群 Coliform bacilli	未檢出	飲用液體乳
乳飲料 Milk drink	大腸菌群 Coliform bacilli	未檢出	飲用液體乳
奶油 Cream	細菌計數 Bateria count	<500,000cfu/g	
	大腸菌群 Coliform bacilli	未檢出	
黃油 Butter	大腸菌群 Coliform bacilli	未檢出	
乳脂肪 Butter oil	大腸菌群 Coliform bacilli	未檢出	
加工干酪 Processed cheese	大腸菌群 Coliform bacilli	未檢出	
濃縮乳清 Concentrated whey	大腸菌群 Coliform bacilli	未檢出	
天然干酪 Natural cheese	單增李斯特菌 Listeria monocytogenes	未檢出	
冰激凌 Ice cream	細菌計數 Bateria count	<100,000cfu/g	
冰乳 Ice milk	細菌計數 Bateria count	<500,000cfu/g	
奶冰 Lacto ice	細菌計數 Bateria count	<500,000cfu/g	
煉乳 Concentrated milk	細菌計數 Bateria count	<100,000cfu/g	
濃縮脫脂乳 Concentrated skimmed milk	細菌計數 Bateria count	<100,000cfu/g	
冰激凌 Ice cream	大腸菌群 Coliform bacilli	未檢出	

第二章　日本食品貿易法規政策

表2-1(續5)

食品 Food	微生物/代謝物 Microorganisms/metabolite	標準 Standards（若非指定，均用 cfu/g 或 cfu/ml）	備註 Remark
冰乳 Ice milk	大腸菌群 Coliform bacilli	未檢出	
奶冰 Lacto ice	大腸菌群 Coliform bacilli	未檢出	
蒸發乳 Evapotated milk	細菌計數 Bateria count	不得檢出	
蒸發脫脂乳 Evapotated skimmed milk	細菌計數 Bateria count	不得檢出	
加糖濃縮奶粉 Sweetened condensed milk	細菌計數 Bateria count	<50,000cfu/g	
加糖濃縮脫脂奶粉 Sweetened condensed skimmed milk	細菌計數 Bateria count	<50,000cfu/g	
全脂乳粉 Whole milk powder	細菌計數 Bateria count	<50,000cfu/g	
脫脂乳粉 Skimmed milk powder	細菌計數 Bateria count	<50,000cfu/g	
脫水奶油 Cream powder	細菌計數 Bateria count	<50,000cfu/g	
乳清粉 Whey powder	細菌計數 Bateria count	<50,000cfu/g	
乳清粉濃縮蛋白 Whey powder protein concentrated	細菌計數 Bateria count	<50,000cfu/g	
脫脂乳物 Buttermilk powder	細菌計數 Bateria count	<50,000cfu/g	
加糖乳粉 Sweetened milk powder	細菌計數 Bateria count	<50,000cfu/g	
配方乳粉 Formulated milk powder	細菌計數 Bateria count	<50,000cfu/g	
加糖濃縮奶粉 Sweetened condensed milk	大腸菌群 Coliform bacilli	未檢出	
加糖濃縮脫脂奶粉 Sweetened condensed skimmed milk	大腸菌群 Coliform bacilli	未檢出	
全脂乳粉 Whole milk powder	大腸菌群 Coliform bacilli	未檢出	
脫脂乳粉 Skimmed milk powder	大腸菌群 Coliform bacilli	未檢出	
脫水奶油 Cream powder	大腸菌群 Coliform bacilli	未檢出	

表2-1(續6)

食品 Food	微生物/代謝物 Microorganisms/ metabolite	標準 Standards（若非指定，均用 cfu/g 或 cfu/ml）	備註 Remark
乳清粉 Whey powder	大腸菌群 Coliform bacilli	未檢出	
乳清粉濃縮蛋白 Whey powder protein concentrated	大腸菌群 Coliform bacilli	未檢出	
脫脂乳物 Buttermilk powder	大腸菌群 Coliform bacilli	未檢出	
加糖乳粉 Sweetened milk powder	大腸菌群 Coliform bacilli	未檢出	
配方乳粉 Formulated milk powder	大腸菌群 Coliform bacilli	未檢出	
發酵乳及發酵乳飲料 Fermented milk and fermented milk drink	大腸菌群 Coliform bacilli	未檢出	

第二節　日本食品中致敏原標示標準

一、日本食品中致敏原標示的管理機構

　　食品中致敏原標示屬於食品標籤管理的一部分，由日本相應食品安全管理部門負責。日本的食品安全管理機構的組成與中國較為類似，也涉及農業、衛生、環境和商業等多個部門。日本法律明確規定了食品安全管理主體，即由農林水產省和厚生勞動省共同負責。

　　厚生勞動省（Ministry of Health, Labour and Welfare）負責穩定的食物供應和食品安全。厚生勞動省下設的部門基準審查課負責食品、食品添加劑、農藥殘留、獸藥殘留、食物容器、食品標籤等規範和標準的制定。該課下設的新型食品健康政策研究室負責制定標籤規範和轉基因食品的安全評估工作。對致敏原標籤的管理也是由厚生勞動省的基準審查課負責。

　　農林水產省（Ministry of Agriculture, Forestry and Fisherier）也承擔食品衛生安全方面的行政管理職能。根據相關法律規定，農林水產省負責食物生產和質量保證。

二、日本食品中致敏原標示管理法規

（一）食品中致敏原標示的法規概括

　　為了與《食品衛生法》的修訂相協調，《農林業產品的標準和品質標籤法》（簡

第二章　日本食品貿易法規政策

稱 JAS 法）也作了相應的修訂，所有供消費者食用和飲用的食品均需服從 JAS 法中的規定，換言之，食品中的各種成分均應在標籤中標示說明，以供消費者參考和選擇。除此之外，厚生勞動省在 2007 年 10 月 30 日最新修訂過的《有關乳及乳製品的成分標準等的部級法令》中，對致敏原成分的標示也有一定要求。

1.《食品衛生法》及其執行條例

《食品衛生法》制定於 1947 年，後來經過幾次修訂。該法是一部全面的食品法，由 36 條條文組成，食品安全管理依據《食品衛生法》進行。《食品安全法》的第 18 條規定：「為確保食品安全，必須採取精確的食品信息報告制度，如確保食品標籤體系的運行，在食品安全管理中食品標籤起到的重要作用需納入考慮範圍。」

2000 年 7 月 13 日舉行的食品衛生調查研究特別委員會會議通報了報告，會議提議為了保障消費者的健康，需要在《食品衛生法》中加入對含致敏原的食品進行標註的規定。該研究組在 2000 年 11 月 30 日發布了題為「需要標示的致敏原物質」的研究報告。該報告獲得了消費者組織的支持，大大推進了致敏原標示立法的工作進程。2000 年 12 月 26 日，對於建立致敏原標示體系的討論已進入最終議程。作為對《食品標籤體系研討報告》的回應，為了預防和降低易感人群暴露於食物致敏原所引起的健康危害，需建立一個與其他法律法規保持協調的確實可行的標籤管理體系。2001 年 3 月 15 日厚生勞動省發布第 79 號公告，通告了《食品衛生法執行條例》的具體修訂條款，這一公告通過了含致敏原的各類人造、進口和加工食品的標籤試行條例。

2001 年 3 月 21 日由計劃檢測和安全部、食品衛生部、醫藥安全局、厚生勞動省、12 個大城市的市政府以及地區衛生監督部門聯合簽署關於食品中致敏原標示的食企發第 2 號和食監發第 46 號公告，自該公告發布之日起，日本開始推行致敏原標示管理體系。它覆蓋了日本已發現的能導致嚴重過敏反應的食品及其成分。《食品衛生法》中加入了關於食品中致敏原強制性標示的相關條文，在修訂後的《食品衛生法》執行條例中，根據食品所含致敏原成分及其敏感性，指定了 5 種需要強制性標示的食品成分，並在 2002 年 4 月正式實施。2007 年厚生勞動省通過修改上述公告，將致敏原強制標示成分擴大為 7 種。

2.《農林業產品的標準和品質標籤法》

《農林業產品的標準和品質標籤法》（The Law Concerning Standardization and Properquality Labeling of Agricultural and Forestry Products），日本農林水產省第 175 號法律，頒布於 1950 年，簡稱「JAS 法」。JAS 法所建立的對日本農林產品及其加工產品進行標準化管理的制度即 JAS 制度，它是日本的農業標準化管理制度。任何在日本市場上銷售的農林產品及其加工品（包括食品）都必須接受 JAS 制度的監管，遵守 JAS 制度的管理規定。

為了與《食品衛生法》的修訂相協調，JAS 法也作了相應的修訂，所有供消費

者食用和飲用的食品均需服從品質標籤法中的規定，換言之，食品中的各種成分均應在標籤中標示說明，以供消費者參考和選擇。

3.《有關乳及乳製品的成分標準等的部級法令》

厚生勞動省於1951年12月27日發布的《有關乳及乳製品的成分標準等的部級法令》，編號是厚生勞動省令第52號，目前為2007年10月30日最新修訂過的版本，對致敏原成分的標示也有一定要求。

總體上，日本現行的標籤標示按其效力屬性來說可分為兩大類：一類是強制性的，即法定要求的致敏原標示，沒有這類標示的產品不得進入日本流通市場；另一類是自願性的，是否具有這類標示並不影響其進入市場，由消費者對相關標示的接受與偏好確定其市場份額。

(二) 食品中致敏原標示法規的形成

1997年，一項由日本厚生勞動省（即現在的厚生勞動省）開展的針對食物過敏的調查問卷顯示，在日本食物過敏不僅廣泛存在於3歲以下的嬰幼兒（食物過敏發病率為8.6%），成年人的食物過敏發病率也高達9.3%。在因為食物過敏入院治療的患者中，80%是嬰幼兒童，9%是成年人，其中11%的患者發生危及生命的過敏性休克。作為標籤研究組的分支，日本食物及蛋白致敏原現狀研究分組（以下簡稱「致敏原研究組」），是一個由2,000多名食品、營養衛生以及臨床醫學等各個領域專家組成的調查小組，著手調查日本膳食和食品中主要的致敏原。1999年3月5日舉行的食品衛生調查研究特別委員會會議，在《關於食品標籤的報告》中指出「為了預防健康危害的發生，需要對含致敏原成分的食品進行強制性標籤」。而且，1999年7月國際食品法典委員會也採納了需要在食品標籤上標示八類致敏性食物成分的規定，相關機構均對致敏原成分的食品標籤進行了法律上的規範，因此，《食品衛生法》更應進行相應的修改。該研究組在2000年11月30日發布了題為《需要標示的致敏原物質》的研究報告。該報告獲得了消費者組織的支持，大大推進了致敏原標示立法的工作進程，2000年12月26日，對於建立致敏原標示體系的討論已進入最終議程。2001年，出於預防易感人群受到食物致敏原危害的目的，《食品衛生法》採納了食品中致敏原標示體系的管理條款，並在2002年4月正式實施該法規。《食品衛生法》最初只規定了5種需要強制標籤的食品和20種建議在標籤上標示的食品。隨著進口食品的增長和日本民眾膳食習慣的變化，引起過敏性反應危害的食物種類也在變化，專家建議標籤體系應根據這些變化及時修訂清單範圍。2004年12月27日，香蕉通過審議被加入第二類食物名單中。2007年12月10日，日本再度開始進行《食品衛生法執行條例》的修正，更改含致敏原食品的標籤標準，該修正案將對蝦、小蝦、龍蝦和螃蟹納入強制性標籤項目（如小麥、蕎麥、蛋、奶和花生）。另外，涉及的產品還含對蝦或小蝦或龍蝦和螃蟹的加工食品，修正條例的批准和生效日期為2008年4月，2008年6月3日發布食安基發第0603001號、食

第二章　日本食品貿易法規政策

安監發第 0603001 號公告。

三、食品中致敏原標示管理的要求

（一）強制性標示的致敏原

《食品衛生法執行條例》中的第二章第二十一條對致敏原標示體系做了總體要求，規定了 7 種強制性標籤的食品為：蝦、大蝦、龍蝦、蟹、蛋類、牛奶、小麥、蕎麥和花生（以下簡稱「特定成分」）。只要食品中含「特定成分」，無論其含量為多少，均須在食品標籤上標示。

在檢測方法上使用 ELISA 方法對食品進行初篩檢測，初篩檢測檢出的陽性樣品則使用 Western blotting/PCR 法進行確證檢測。

（二）推薦性標示的致敏原

根據厚生勞動省的通知，目前有 20 個品種鼓勵企業進行標示，並不要求強制執行。該通知是厚生勞動省醫藥食品局食品安全部於 2001 年 3 月 21 日發布，最新修訂日期為 2008 年 6 月 3 日，編號是食安基發第 0603001 號、食安監發第 0608001 號，為日文版本。該通知主要是發給日本各都道府縣、政令市、特別區的衛生主管部（局）長，用於指導致敏原方面的工作，包括含過敏物質的食品標籤制度、監視事項、違反意見時的處理意見以及其他需要注意的事項等內容。

推薦標示的 20 種致敏原成分如下：蝦/龍蝦、蟹、鮑魚、墨魚、鮭魚卵、橙、獼猴桃、牛肉、堅果、鮭魚、鯖魚、大豆、雞肉、豬肉、松茸蘑菇、桃、山藥、蘋果、明膠和香蕉。

（三）標示方式

1. 該體系對於極小含量的致敏原的基本要求

（1）小含量標籤：殘留、污染或作為加工助劑存在於食品中的、要求強制性標示的成分應如實標示；鼓勵存在於要求推薦性標示的成分盡可能標示。

（2）禁止標示「可能含」類型的標籤。

（3）禁止模糊不清地混合標示：除了少數特例（如水解蛋白：魚和貝類；魚醬：魚和貝類）外禁止在標籤上使用模糊不清的如「肉類」「穀物」等食品大分類名稱，如含牛肉的產品僅標示為「肉類」。

（4）高級食品成分的聲明方法：當食品中含微量的（如鮑魚、鮭魚卵、蘑菇等）高級食品成分時，應在標籤上標明「含×××精」以避免誤導消費者。

（5）添加劑的聲明要求：原則上要求在食品標籤上聲明所含添加劑，當添加劑含特定成分時，以「添加劑名稱（來源於××物質）」的方式在標籤上標示，如「溶解酵素（來源於雞蛋）」。

（6）調味品的聲明要求：目前調味品尚未納入該體系的要求，但應該盡量標明作為穩定劑等目的使用的成分。

(7) 酒精類飲料及相關類型產品：當前未納入該體系要求的範圍。

2. 以牛奶為原料的加工食品的標示

根據《食品衛生法執法條例》第五條第 1 款，該類食品的標籤標準從 2001 年 4 月 1 日開始正式實施。《有關乳及乳製品的成分標準等的部級法令》第二條第 11 款有詳細定義，含乳的加工食品（不包括乳和乳製品）必須在標籤上標明該食品使用牛奶為原料，或含牛奶成分，或說明和牛奶相關的分類。奶油、奶油粉、乳清蛋白粉和濃縮乳清粉等產品也要依照這一規定，應在標籤上表明該產品是牛奶產品並在品名後的括號內說明原材料。

乳、乳製品以及使用乳或乳製品作為主要成分的食品的標籤，應遵守《有關乳及乳製品的成分標準等的部級法令》（下文簡稱乳等部令）的規定。奶油屬於乳製品，因此標示方法較為複雜。需要標示奶致敏原信息的食品中，除了在部級法令中進行了定義的「乳」「乳製品」及「以乳或乳製品為主原料的食品」外，還包括將奶等作為原料使用（即使是微量）的食品。

（1）屬於乳等部令中規定的原料（「鮮山羊奶」「滅菌山羊奶」及「鮮綿羊奶」除外）的情形。乳等部令規定的標註變成了特定原料「乳」的替代標註，但不能變為替代標註的有以下 5 種：奶油、濃縮乳清、乳脂粉、乳清粉、濃縮乳清蛋白粉，這些應標註為「奶油（奶製品）」或「乳脂粉（奶製品）」。

（2）將含乳的食品作為複合原料使用的情形。例如甜麵包的原料：蛋奶羹、小麥粉、糖類、蛋、酵母菌、乳化劑、酪蛋白酸鈉。蛋奶羹的原料由全脂奶粉、蛋、砂糖、小麥粉等組成，酪蛋白酸鈉由乳製成。概括標示為原料：蛋奶羹、小麥粉、糖類、蛋、酵母菌、乳化劑、酪蛋白酸鈉（部分原料中含乳成分）。本例中將全脂奶粉、酪蛋白酸鈉作為乳成分進行了概括標示。

（3）將原料為乳或乳製品的食品作為原料使用的情形。例如使用了添加有粉末奶酪的香料的情形，此時的標示方法可以有以下 3 種：香料（來自奶）、香料（含奶成分）、部分原料中含奶成分。奶酪本來是乳製品，但並不是以奶酪的狀態存在於產品中，因此最好標註為「乳成分」。

3. 聲明的可選擇性

（1）聲明的可選擇性：為確保兒童和老人能夠理解，除了採用名錄中規定的名稱外，可使用能夠被廣泛理解的詞語進行聲明。

（2）特定的加工食品：含指定的成分可以省略標示的食品，因為它是公認的，從它的名稱的項目可以很容易地判斷其包含指定成分，在其標籤上不要求標示該特定成分。例如，表明蛋黃醬含雞蛋的標示可省略；或在特定加工食品中採用代替聲明的方法，例如在含蛋黃醬的三明治中可使用「蛋黃醬」代替「雞蛋」的標示。

（3）關於不正確標示致敏原的處罰：根據《食品衛生法》第十一條第 2 款規定，當含強制性標註的特定成分產品標記申報不充分的，構成犯罪。致敏原標示不

第二章　日本食品貿易法規政策

正確的食品將被預警，並應在監督下進行相應整改，否則不得銷售；而不接受整改仍繼續銷售者，則處吊銷營業執照、責令停止全面或部分業務的責罰。對於違法者將處不超過6個月的勞役或3萬日元的罰款。

（四）覆蓋範圍

日本食品中致敏原標示管理法規覆蓋所有預包裝食品和食品添加劑。以下食品應遵照相關管理法規對致敏原進行標示：

（1）乳、乳製品以及使用乳或乳製品為產品主要成分的食品的標籤方法由厚生勞動省部門法令特別規定（第52號厚生勞動省部門法令，1951），以下簡稱「乳類部門法令」。

（2）轉基因食品的標籤規定與一般的食品有所不同。對於轉基因食品，包括一般不是直接銷售給消費者的轉基因食品配料，在各個轉運階段均須強制標註致敏原標籤。

（3）使用「特定成分」製造的食品添加劑必須用日語在食品添加標註物標籤上表明該特定成分以指出該食品使用了「特定成分」。

（五）豁免標示的食品

（1）公認的、從名稱上可以很容易地判斷包含指定成分的食品，在其標籤上不要求標示該特定成分。例如，表明蛋黃醬含雞蛋的標示可省略；或在特定加工食品中採用代替聲明的方法，例如在含蛋黃醬的三明治中可使用「蛋黃醬」代替「雞蛋」的標示。

（2）產品運輸包裝、容器的要求：批發商、零售商和廠商分銷的產品運輸外包裝盒以及產品容器標籤必須服從該體系要求。但在批發商或零售商在運送發貨後對外包裝進行回收的情況下（如可回收的運輸包裝盒），可以免予標示強制性致敏原標示。零售商方便擺放銷售產品的臨時存放箱或運輸箱以及顧客要求的附加的包裝材料可免予標示致敏原。

四、致敏原標示的監測和調查

（一）生產文件的調查監測

厚生勞動省可檢查進口商、供貨商、發貨商和銷售商的相關生產經營記錄，以追溯產品是否含致敏原成分。法令要求生產記錄應得到妥善保存，以便核實是否有食品項目包含指定的成分。對生產和銷售的各類產品的相關製造、行銷文件進行致敏原成分審查，這些文件必須能證明產品中是否含特定成分，通過文件審核確認產品是否採用了準確的致敏原標示。銷售部門應要求製造商出示使用特定成分時購買原料等各類生產記錄。其他進口、製造、流通、銷售等環節都在文件調查的範圍之內。最終產品中即使含微量的致敏原成分也應通過文件進行相應的記錄。

(二) 致敏原標示的恰當性檢測

除了常規監測外，在以下情況下，從食品衛生學角度出發認為有必要對沒有標註含特定成分的食品進行某種成分調查。即依據消費者提出的「不適當的過敏標籤」索賠進行調查，通過對消費者進行相關流行病學調查證實食品標籤是否正確。

(三) 其他相關規定事項

企業的生產指導須提供措施以防止食品被特定成分污染，特別是在生產和監測時，應提供徹底清洗機械和設備等方面的指導。生產指導書應提供在裝運和銷售含特定成分食品的標籤檢查和注意事項。在含特定成分的產品和其他產品共用生產線，不能保證可以完全避免污染的情況下，不能在標籤上標示「可能含×××成分」，而應在標籤上表明「製造設備也用於生產×××（特定成分名稱）」或「廠家也生產含×××（特定成分名稱）的食品」。

標籤提供的信息並不僅僅限於列入指定清單的原料和成分，食安基發第0603001號和食安監發第0603001號公告還號召食品生產商應對食品中含其他成分採取電話諮詢、通過網絡發布等其他形式提供消費者需要瞭解的食品成分信息。

● 第三節　日本食品中農獸藥殘留限量標準

一、日本的農獸藥管理體系

日本藥典（The Japanese Pharma-copoeia，JP），又名日本藥局方，由日本藥局方編輯委員會編纂，日本厚生勞動省（the Minister of Health, Labourand Welfare, MHLW）頒布執行。分兩部出版，第一部收載原料藥及其基礎制劑，第二部主要收載生藥、家庭藥制劑和制劑原料。自1886年頒布第一版日本藥典起，至2011年3月，日本厚生勞動省已經頒布了日本藥典第16版。日本負責農藥、獸藥殘留監管和污染物風險評估與管理的部門有成立於2003年的日本食品安全委員會（Food Safety Commission, FSC）、厚生勞動省和農林水產省（Ministry of Agriculture, Forestry and Fisheries, MAFF）。涉及的法律有《食品安全法》（Food SanitationLaw）、《食品安全基本法》（Food SafetyBasic Law）和《藥事法》（PharmaceuticalAffairs Law）等。

日本食品安全委員會直屬於內閣，農林水產省負責生鮮農產品及其初加工產品的質量安全，側重於其生產加工階段的監管；日本厚生勞動省負責其他食品及進口食品的安全監管，側重於這些食品的進口與流通階段的監管。兩部門依據食品安全委員會提供的毒理學評價結果，共同制定農獸藥最高殘留限量指標。

從1994年至2002年的8年中，日本針對卷心菜、南瓜、綠菜花、牛蒡、元蔥5種蔬菜，共追加設定了171種農藥殘留限量指標。此外，日本對於進口冷凍蔬菜也

第二章　日本食品貿易法規政策

追加設定了農藥殘留的限量指標，同一期間針對芋頭、土豆、枝豆、菠菜 4 種冷凍蔬菜追加設定了 130 種農藥殘留限量指標。經過多次修改後的最新農藥殘留限量指標，包含了 214 種農藥，130 種農產品，共計約 8,000 種農藥的殘留限量指標和參數。

日本關於進口食品安全管理的法規條例主要有三個：《植物防疫法》（1950）、《家畜傳染病預防法》（1951）和《食品衛生法》（1947）。《植物防疫法》適用於進口植物檢疫，包括蔬菜、水果、穀物、豆類、花卉、種子等，農林水產省所管的植物防疫所為其執行機構。《家畜傳染病預防法》適用於進口動物檢疫，包括各種鮮活動物和畜產品，農林水產省所管的動物檢疫所為其執行機構。《食品衛生法》主要是對進口食品的安全性進行檢查，其對象包括所有的進口食品，厚生勞動省所管的食品衛生檢疫所為其執行機構。除了上述三個法規以外，農產品還應符合由日本農林水產省（MAFF）制定的，並於 2002 年 4 月 1 日開始實施的《日本農業標準法》（Japanese Agriculture Stan-dard，JAS），該制度要求國內市場流通的農產品、進口農產品及其加工品（包括食品）都必須接受 JAS 制度的監管，遵守 JAS 制度的管理規定，取得 JAS 認證的產品（加貼 JAS 認證標示後）才可以上市，因此，JAS 制度成為日本農業標準化最重要的管理制度。另外，日本農林水產省依據《藥事法》對獸藥、飼料添加劑的生產審批和經營管理進行監管。

自 2006 年 5 月 29 日起，日本將對食品中農業化學品殘留實施《肯定列表制度——食品中農業化學品限量標準》（以下簡稱《肯定列表制度》）。該制度是一種涉及殘留項目很多、設限很嚴的新技術壁壘措施。只有符合《肯定列表制度》要求的食品、農產品才能進入日本市場。日本對越來越多的蔬菜設立了農藥殘留標準。《肯定列表制度》的主要內容有：

（1）有 CAC 標準而無日本國內標準，採用 CAC 標準；

（2）同時有 CAC 標準和日本國內標準，優先採用 CAC 標準，但對於高自給率的產品，優先採用日本國內標準；

（3）無 CAC 標準而有日本國內標準和參考國（包括美國、加拿大、歐盟、澳大利亞、新西蘭）的標準，優先採用日本國內標準，但對於高進口率的產品，優先採用參考國標準；

（4）無 CAC 標準和參考國標準而有日本國內標準，採用日本國內標準；

（5）無 CAC 標準和日本國內標準而有參考國標準，採用參考國標準；

（6）在採用參考國標準時，如有多個參考國標準，則採用其平均值；

（7）CAC 標準、日本國內標準及參考國標準均沒有最大殘留限量指標時，即採用「一律指標」（Uniform limit）。它是日本對既非「豁免物質」（Exempted substances），也未制定「最大殘留限量指標」的農業化學品在食品中的殘留制定的統一指標（日本確定的「一律指標」為 0.01 mg/kg）。

目前，日本確定的豁免物質有 65 種，主要是維生素、氨基酸、礦物質等營養性

食品添加劑及一些天然殺蟲劑，日本定期（次/年）對「豁免物質」清單進行重新審議和修訂。自從《肯定列表制度》實施後，日本最新的農獸藥最高殘留限量指標已經超過50,000個。

二、日本食品中農用化學品殘留限量標準

日本食品中農用化學品（包括農藥、獸藥和飼料添加劑）限量標準由日本厚生勞動省負責制定。日本的農用化學品殘留標準分為4種類型：①針對具體產品制定的具體限量標準；②在所有產品中均不得檢出；③限量豁免；④上述三類以外的執行0.01 mg/kg的一律標準。

2006年10月，本書作者編譯出版了《日本肯定列表制度——食品中農業化學品限量標準（食品卷和藥品卷）》，收錄了日本2006年5月29日實施的《肯定列表制度》涉及的全部限量標準。考慮到日本設置的具體限量標準數量龐大（超過50,000條），為避免不必要的浪費，本書僅收錄了2006年5月29日至2009年7月2日期間日本修訂的限量標準。之前的限量標準讀者可查閱圖書《日本肯定列表制度——食品中農業化學品限量標準（食品卷和藥品卷）》或者登錄中國WTO-TBT/SPS國家通報諮詢網日本《肯定列表制度》專題網站（www.tbt-sps.gov.cn）查閱。

2006年5月29日至2009年7月2日日本限量標準修訂見表2-2。

表 2-2　　　　　日本食品中農用化學品殘留限量標準

藥品名 Drugs name	食品名 Food name	限量 Limited quantity （mg/kg）	註釋號 Annotated number
莠滅淨 Ametryn	玉米（玉蜀黍、包括黃玉米和甜玉米） Corn（maize, including pop corn and sweet corn）	0.05	
	甘蔗 Sugarcane	0.05	
	菠蘿 Pineapple	0.05	
吲唑磺菌胺 Amisulbrom	干大豆 Soybeans, dry	0.3	
	馬鈴薯 Potato	0.05	
	番茄 Tomato	2	
	黃瓜（包括做泡菜的小黃瓜） Cucumber（including gherkin）	0.7	註釋1
	香瓜 Melins	0.05	
	葡萄 Grape	3	

第二章　日本食品貿易法規政策

表2-2(續1)

藥品名 Drugs name	食品名 Food name	限量 Limited quantity (mg/kg)	註釋號 Annotated number
雙甲脒 Amitraz	番茄 Tomato	0.9	
	黃瓜（包括做泡菜的小黃瓜） Cucumber (including gherkin)	0.9	註釋1
	溫州橘果肉 Unshu orange, pulp	0.5	
	夏橙 Citrus natsudaidai	0.5	
	檸檬 Lemon	0.5	
	橙（包括臍橙） Orange (including navel orange)	0.9	註釋2
	葡萄柚 Grapefruit	0.5	
	酸橙 Lime	0.5	
	其他柑橘類水果 Other citrus fruit	0.9	註釋3
	蘋果 Apple	0.9	
	日本梨 Japanese pear	0.9	
	梨 Pear	0.9	
	榅桲 Quince	0.9	
	枇杷 Loquat	0.9	
	桃 Peach	0.9	
	油桃 Nectarine	0.9	
	杏 Apricot	0.9	
	日本李（包括李脯） Japanese plum (including prune)	0.9	
	梅 Mume plum	0.9	
	櫻桃 Cherry	0.9	

表2-2(續2)

藥品名 Drugs name	食品名 Food name	限量 Limited quantity (mg/kg)	註釋號 Annotated number
雙甲脒 Amitraz	棉籽 Cotton seeds	0.9	
	其他油料種子 Other oil seeds	0.09	
	其他香料 Other spices	5	註釋4
	牛肉 Beef	0.9	
	豬肉 Pork	0.9	
	其他陸生哺乳動物肉 Other terrestrial mammal meat	0.2	註釋5
	牛脂肪 Cattle fat	0.2	
	豬脂肪 Pig fat	0.4	
	其他陸生哺乳動物脂肪 Other terrestrial mammal's fat	0.2	
	牛肝臟 Cattle liver	0.4	
	豬肝臟 Pig liver	0.4	
	其他陸生哺乳動物肝臟 Other terrestrial mammal's liver	0.4	
	牛腎臟 Cattle kidney	0.4	
	豬腎臟 Pig kidney	0.4	
	其他陸生哺乳動物腎臟 Other terrestrial mammal kidney	0.4	
	奶 Milk	0.02	
	蜂蜜(包括蜂王漿) Honey(including royal-jelly)	0.2	

第二章 日本食品貿易法規政策

表2-2(續3)

藥品名 Drugs name	食品名 Food name	限量 Limited quantity (mg/kg)	註釋號 Annotated number
腈嘧菌酯 Azoxystrobin	大米（糙米） Rice (brown rice)	0.2	
	小麥 Wheat	0.5	
	大麥 Barley	0.3	
	黑麥 Rye	0.3	
	玉米（玉蜀黍，包括黄玉米和甜玉米） Corn (maize, including pop corn and sweet corn)	0.05	
	其他糧谷 Other cereal grains	0.3	註釋6
	干大豆 Dired soybeans	0.5	
	豌豆 Peas	0.5	
	干豆類 Dried beans	0.5	註釋7
	蠶豆 Broad beans	0.5	
	干花生 Drved peanuts	0.2	
	其他豆類/豆莢類 Other legumes/pulses	0.5	註釋8
	馬鈴薯 Potato	0.05	
	芋頭 Taro	0.03	
	甘薯 Sweet potato	0.03	
	山藥 Yam	0.03	
	其他薯類 Other potatoes	0.03	註釋9
	甜菜 Sugar beet	0.5	
	日本蘿卜根（包括蘿卜） Japanese radish, roots (including radish)	0.5	
	日本蘿卜葉（包括蘿卜） Japanese radish, leaves (including radish)	50	

23

表2-2(續4)

藥品名 Drugs name	食品名 Food name	限量 Limited quantity (mg/kg)	註釋號 Annotated number
腈嘧菌酯 Azoxystrobin	蕪菁根 Turnip roots	0.5	
	蕪菁葉 Turnip leaves	15	
	山葵 Horseradish	0.5	
	豆瓣菜 Watercrees	3	
	大白菜 Chinese cabbage	3	
	卷心菜 Cabbage	3	
	球芽甘藍 Brussels sprouts	3	
	羽衣甘藍 Kale	5	
	小松菜(日本芥末菠菜) Komatsuna (Japanese mustard spinach)	5	
	京菜 Kyoan	5	
	青梗菜 Qing-geng-cai	5	
	花椰菜 Cauliflower	3	
	綠花菜 Broccoli	3	
	其他十字花科蔬菜 Other cruciferous vegetables	30	註釋10
	牛蒡 Burdeck	0.5	
	婆羅門參 Salsify	0.5	
	洋菊 Artichoke	4	
	菊苣 Cheicory	30	
	苦苣 Endive	30	
	萵苣(包括直立萵苣和散葉萵苣) Lettuce (including cos lettuce and leaf lettuce)	30	

第二章 日本食品貿易法規政策

表2-2(續5)

藥品名 Drugs name	食品名 Food name	限量 Limited quantity (mg/kg)	註釋號 Annotated number
腈嘧菌酯 Azoxystrobin	其他菊科蔬菜 Other composite vegetables	50	註釋11
	洋蔥 Onion	0.1	
	蔥（包括韭菜） Welsh (including leek)	7.5	
	韭菜 Nira	5	
	大蒜 Garlic	0.1	
	蘆筍 Asparagus	2	
	繁殖洋蔥 Multiplying onion	1	
	其他百合科蔬菜 Other liliaceous vegetables	50	註釋12
	胡蘿蔔 Carrot	0.5	
	歐洲防風 Parsnip	0.5	
	歐芹 Parsley	30	
	芹菜 Celery	30	
	其他傘形花科蔬菜 Other umbelliferous vegetables	50	註釋13
	番茄 Tomato	1	
	紅柿子椒（甜椒） Pimiento (sweet papper)	3	
	茄子 Egg plant	2	
	其他茄科蔬菜 Other solanceous vegetables	2	註釋14
	黃瓜（包括做泡菜的小黃瓜） Cufumber (including gherkin)	1	
	南瓜（包括西葫蘆） Pumpkin (including squash)	1	

表2-2(續6)

藥品名 Drugs name	食品名 Food name	限量 Limited quantity (mg/kg)	註釋號 Annotated number
腈嘧菌酯 Azoxystrobin	西瓜 Water melon	1	
	香瓜 Melon	1	
	甜瓜 Makuwauri melon	1	
	越瓜 Oriental pickling melon	1	
	其他葫蘆科蔬菜 Other cucurbitaceous vegetables	1	註釋15
	豌豆（未成熟，帶豆莢） Peas (immature, with pods)	3	
	扁豆（未成熟，帶豆莢） Kidney beans (immature, with pods)	3	
	毛豆 Green soybeans	3	
	菠菜 Spinach	30	
	黃秋葵 Okra	3	
	姜 Ginger	30	
	其他蔬菜 Other vegetables	3	註釋16
	黃秋葵 Okra	0.03	
	溫州橘果肉 Unshu orange, pulp	50	
	夏橙 Citrus natsudaidai	1	
	檸檬 Lemon	1	
	橙（包括臍橙） Orange (including navel orange)	1	
	葡萄柚 Grapefruit	1	
	酸橙 Lime	1	
	其他柑橘類水果 Other citrus fruit	1	註釋3

第二章 日本食品貿易法規政策

表2-2(續7)

藥品名 Drugs name	食品名 Food name	限量 Limited quantity (mg/kg)	註釋號 Annotated number
腈嘧菌酯 Azoxystrobin	蘋果 Apple	2	
	日本梨 Japanese pear	2	
	梨 Pear	2	
	枇杷 Loquat	0.1	
	桃 Peach	1.5	
	油桃 Nectarine	3	
	杏 Apricot	1.5	
	日本李（包括李脯） Japanese plum（including prune）	1.5	
	梅 Mume plum	1.5	
	櫻桃 Cherry	3	
	草莓 Strawberry	3	
	懸鈎子 Raspberry	5	
	黑莓 Blackberry	5	
	藍莓 Blueberry	3	
	蔓越橘 Cranberry	0.5	
	越橘 Huckleberry	3	
	其他漿果 Other berries	5	註釋17
	葡萄 Grape	10	
	日本柿子 Japanese persimmon	1	
	香蕉 Banana	2	

表2-2(續8)

藥品名 Drugs name	食品名 Food name	限量 Limited quantity (mg/kg)	註釋號 Annotated number
腈嘧菌酯 Azoxystrobin	番木瓜 Papaya	2	
	鱷梨 Avocado	1	
	番石榴 Guava	0.3	
	芒果 Mango	1	
	西番蓮果 Passion fruit	1	
	其他水果 Other fruit	3	註釋18
	紅花籽 Safflower seed	1	
	油菜籽 Rapeseed	0.02	
	銀杏果 Ginkgo fruit	1	
	栗子 Chestnuts	0.02	
	美洲山核桃 Pecan	0.02	
	杏仁 Almond	0.02	
	胡桃 Walnut	0.02	
	咖啡豆 Coffee bean	0.05	
	其他堅果 Other nuts	0.5	註釋19
	其他香料 Other spices	30	註釋4
	其他藥草 Other herbs	50	註釋20
	茶 Tea	10	
	啤酒花 Hops	20	
	牛肉 Beef	0.01	

第二章 日本食品貿易法規政策

表2-2(續9)

藥品名 Drugs name	食品名 Food name	限量 Limited quantity (mg/kg)	註釋號 Annotated number
腈嘧菌酯 Azoxystrobin	豬肉 Pork	0.01	
	其他陸生哺乳動物肉 Other terrestrial mammal meat	0.01	
	牛脂肪 Cattle fat	0.03	
	豬脂肪 Pig fat	0.01	
	其他陸生哺乳動物脂肪 Other terrestrial mammal fat	0.03	
	牛肝臟 Cattle liver	03	
	豬肝臟 Pig liver	0.3	
	其他陸生哺乳動物肝臟 Other terrestrial mammal liver	0.3	
	牛腎臟 Cattle kidney	0.07	
	豬腎臟 Pig kidney	0.06	
	其他陸生哺乳動物腎臟 Other terrestrial mammal kidney	0.07	
	奶 Milk	0.01	
	雞肉 Chicken	0.01	
	其他家禽肉 Other poultry	0.01	註釋21
	雞脂肪 Chicken fat	0.01	
	其他家禽脂肪 Other poultry fat	0.01	
	雞肝臟 Chicken liver	0.01	

表2-2(續10)

藥品名 Drugs name	食品名 Food name	限量 Limited quantity (mg/kg)	註釋號 Annotated number
腈嘧菌酯 Azoxystrobin	其他家禽肝臟 Other poultry liver	0.01	
	雞腎臟 Chicken kidney	0.01	
	其他家禽腎臟 Other poultry kidney	0.01	
	雞蛋 Egg	0.01	
	其他家禽蛋 Other poultry eggs	0.01	
	魚貝類 Fish and shellfish	0.08	
呋草黃 Benfuresate	大米（糙米） Rice (brown rice)	0.05	
	魚貝類 Fish and shellfish	0.07	
苯噻菌胺 Benthiava-licarb isoproryl	干大豆 Dry soybean	0.05	
	馬鈴薯 Potato	0.02	
	大白菜 Chinese Cabbage	2	
	卷心菜 Cabbage	0.05	
	洋蔥 Onion	0.02	
	蔥 Onion	0.7	
	番茄 Tomato	2	
	茄子 Eggplant	2	
	黃瓜 Cucumber	0.5	
	香瓜 Muskmelon	0.05	
	葡萄 Grape	2	

第二章 日本食品貿易法規政策

表2-2(續11)

藥品名 Drugs name	食品名 Food name	限量 Limited quantity (mg/kg)	註釋號 Annotated number
苯並雙環酮 Benzobicyc-lon	大米（糙米） Rice (brown rice)	0.05	
苯佐卡因 Benzocaine	魚貝類（限鮭形目） Fish and shellfish (limit order salmoniformes)	0.05	
	魚貝類（限鱸形目） Fish and shellfish (limit order Perciformes)	0.05	
	魚貝類（限鰻鱺目） Fish and shellfish (limit Anguilliformes)	0.05	
	魚貝類（限其他魚） Fish and shellfish (the other fish)	0.05	
	魚貝類（限有殼軟體動物） Fish and shellfish (limit shelled molluscs)	0.05	
聯苯肼酯 Bifenazate	馬鈴薯 Potato	0.05	註釋22
	芋頭 Taro	0.05	註釋22
	甘薯 Sweet potato	0.05	註釋22
	山藥 Chinese yam	0.05	註釋22
	番茄 Tomato	1	註釋22
	紅柿子椒（甜椒） Red bell pepper	2	註釋22
	茄子 Eggplant	2	註釋22
	其他茄科蔬菜 Other solanaceous vegetables	2	註釋22
	黃瓜 Cucumber	0.75	註釋22
	南瓜 Pumpking	0.7	註釋22
	西瓜 Watermelon	0.3	註釋22
	香瓜 Cantaloup	0.3	註釋22
	甜瓜 Muskmelon	0.75	註釋22
	越瓜 Oriental picking melon	0.75	註釋22

表2-2(續12)

藥品名 Drugs name	食品名 Food name	限量 Limited quantity (mg/kg)	註釋號 Annotated number
聯苯肼酯 Bifenazate	黃秋葵 Okra	2	註釋22
	溫州橘果肉 Wenzhou orange flesh	0.2	註釋22
	夏橙 Citrus natsudaidai	0.7	註釋22
	檸檬 Lemon	0.7	註釋22
	橙 Orange	0.7	註釋22
	葡萄柚 Grapefruit	0.7	註釋22
	酸橙 Lime	0.7	註釋22
	其他柑橘類水果 Other citrus fruit	0.7	註釋24
	蘋果 Apple	2	註釋22
	日本梨 Japanese pear	2	註釋22
	梨 Pear	2	註釋22
	榲桲 Cudonia oblonga Mill	1	註釋22
	枇杷 Loquat	1	註釋22
	桃 Peach	2	註釋22
	油桃 Nectarine	2	註釋22
	杏 Apricot	3	註釋22
	日本李（包括李脯） Japanese plum (including prune)	1	註釋22
	梅 Mume plum	3	註釋22
	櫻桃 Cherry	2	註釋22
	草莓 Strawberry	5	註釋22

第二章　日本食品貿易法規政策

表2-2(續13)

藥品名 Drugs name	食品名 Food name	限量 Limited quantity (mg/kg)	註釋號 Annotated number
聯苯肼酯 Bifenazate	梅 Mume plum	3	註釋22
	日本柿子 Japanese persimmon	1	註釋22
	芒果 Mango	0.2	註釋22
	其他水果 Other fruit	2	註釋25
	棉籽 Cottonseed	1	註釋22
	栗子 Chestnuts	0.2	註釋22
	美洲山核桃 Pecan	0.2	註釋22
	杏仁 Almond	0.2	註釋22
	胡桃 Walnut	0.2	註釋22
	其他堅果 Other nuts	0.2	註釋26
	溫州橘果皮 Wenzhou orange peel	10	註釋22
	其他香料 Other spices	10	註釋27
	其他藥草 Other herbs	25	註釋28
	茶 Tea	2	註釋22
	啤酒花 Hops	15	註釋22
	牛肉 Beef	0.01	註釋29
	豬肉 Pork	0.01	註釋29
	其他陸生哺乳動物肉 Other terrestrial mammals, muscle	0.01	註釋30
	牛脂肪 Cattle fat	0.1	註釋22
	豬脂肪 Pig fat	0.1	註釋22

表2-2(續14)

藥品名 Drugs name	食品名 Food name	限量 Limited quantity (mg/kg)	註釋號 Annotated number
聯苯肼酯 Bifenazate	其他陸生哺乳動物脂肪 Other terrestrial mammal fat	0.1	註釋22
	牛肝臟 Cattle liver	0.01	註釋29
	豬肝臟 Pig liver	0.01	註釋29
	其他陸生哺乳動物肝臟 Other terrestrial mammal liver	0.01	註釋29
	牛腎臟 Cattle kidney	0.01	註釋29
	豬腎臟 Pig kidney	0.01	註釋29
	其他陸生哺乳動物腎臟 Other terrestrial mammal kidney	0.01	註釋29
	奶 Milk	0.01	註釋29
	雞肉 Chicken	0.01	註釋29
	其他家禽肉 Other poultry	0.01	註釋29
	雞脂肪 Chicken fat	0.01	註釋29
	其他家禽脂肪 Other poultry fat	0.01	註釋29
	雞肝臟 Chicken liver	0.01	註釋29
	其他家禽肝臟 Other poultry liver	0.01	註釋29
	雞腎臟 Chicken kidney	0.01	註釋29
	其他家禽腎臟 Other poultry kidney	0.01	註釋29
	雞蛋 Egg	0.01	註釋29
	其他家禽蛋 Other poultry eggs	0.01	註釋29
	葡萄干 Raisins	2	註釋22

第二章 日本食品貿易法規政策

表2-2(續15)

藥品名 Drugs name	食品名 Food name	限量 Limited quantity (mg/kg)	註釋號 Annotated number
聯苯菊酯 Bifenthrin	小麥 Wheat	0.5	
	大麥 Barley	0.05	
	黑麥 Rye	0.05	
	玉米（玉蜀黍，包括黃玉米和甜玉米） Maize (Zea mays, including yellow corn and sweet corn)	0.05	
	蕎麥 Buckwheat	0.05	
	其他糧谷 Other grain	0.1	註釋6
	干大豆 Dry Soybean	0.1	
	干豆類 Dried beans	0.1	註釋32
	豌豆 Pea	0.05	
	蠶豆 Broad bean	0.05	
	干花生 Dry peanuts	0.1	
	其他豆類/豆莢類 Other beans/legumes	0.2	註釋8
	馬鈴薯 Potato	0.05	
	芋頭 Taro	0.05	
	甘薯 Sweet potato	0.05	
	山藥 Chinese yam	0.05	
	其他薯類 Other potato	0.05	註釋9
	甜菜 Beet	0.2	
	甘蔗 Sugar cane	0.01	
	日本蘿卜根（包括蘿卜） Japanese radish rooot (including radish)	0.1	

表2-2(續16)

藥品名 Drugs name	食品名 Food name	限量 Limited quantity （mg/kg）	註釋號 Annotated number
聯苯菊酯 Bifenthrin	日本蘿卜葉（包括蘿卜） Japanese radish leaves（including radish）	1	
	蕪菁葉 Turnip leaves	3.5	
	豆瓣菜 Watercress	2	
	大白菜 Chinese cabbage	0.5	
	卷心菜 Cabbage	2	
	球芽甘藍 Brussels sprouts	2	
	羽衣甘藍 Kale	3.5	
	小松菜（日本芥末菠菜） Komatsu food（Japanese mustard spinach）	3.5	
	京菜 Beijing cuisine	3.5	
	青梗菜 Green pedancle vegetable	3.5	
	花椰菜 Cauliflower	0.05	
	綠花菜 Green cauliflower	0.1	

註釋1：黃瓜（包括做泡菜的小黃瓜）。

註釋2：橙（包括臍橙）。

註釋3：其他柑橘類水果指除溫州橘果肉、夏橙全果、檸檬、橙（包括臍橙）、葡萄柚之外的柑橘類水果。

註釋4：其他香料指除山葵、山葵的根莖、大蒜、辣椒、生姜、檸檬皮、陳皮、柚子皮及芝麻之外的香料。

註釋5：其他陸生哺乳動物肉指除牛和豬之外的陸生哺乳動物。

註釋6：其他糧谷指除米、小麥、大麥、黑麥、玉米、蕎麥之外的谷類。

註釋7：干豆類包含扁豆、豇豆、蘇丹豆、奶油豆、白豆、利馬豆和豆莢。

註釋8：其他豆類/豆莢類指除大豆、小豆類、豌豆、蠶豆、干花生之外的豆類。

註釋9：其他薯類指除馬鈴薯、芋頭、甘薯、山藥、魔芋之外的薯類。

註釋10：其他十字花科蔬菜指除日本蘿卜根、日本蘿卜葉、山葵、豆瓣菜、卷心菜、球芽甘藍、羽衣甘藍、小松菜、京菜、青梗菜、花椰菜、綠花菜之外的十字花科蔬菜。

註釋11：其他菊科蔬菜指除牛蒡、婆羅門參、洋薊、菊苣、苦苣、茼蒿、萵苣之外的菊科蔬菜。

註釋12：其他百合科蔬菜指除洋葱、葱、韭菜、蘆笋、繁殖洋葱之外的百合科蔬菜。

註釋13：其他傘形花科蔬菜指除胡蘿卜、歐洲防風、歐芹、芹菜、鴨兒芹之外的傘形花科蔬菜。

第二章 日本食品貿易法規政策

註釋 14：其他茄科蔬菜指除番茄、紅柿子椒、茄子之外的茄科蔬菜。

註釋 15：其他葫蘆科蔬菜指除黃瓜、南瓜、越瓜、西瓜、香瓜、甜瓜之外的葫蘆科蔬菜。

註釋 16：其他蔬菜指除芋類、甜菜、甘蔗、十字花科蔬菜、菊科蔬菜、百合科蔬菜、傘形花科蔬菜、茄科蔬菜、葫蘆科蔬菜、菠菜、豌豆（未成熟，帶豆莢）、扁豆（未成熟，帶豆莢）、毛豆之外的其他蔬菜。

註釋 17：其他漿果指除草莓、懸鉤子、黑莓、藍莓、蔓越橘、越橘之外的漿果。

註釋 18：其他水果指除蘋果、日本梨、梨、榲桲、枇杷、油桃、杏、日本李、梅、櫻桃、漿果、葡萄、獼猴桃、番木瓜、鱷梨、菠蘿、番石榴、芒果、西番蓮果、椰棗之外的水果。

註釋 19：其他堅果指除銀杏果、栗子、美洲山核桃、杏仁、胡桃之外的堅果。

註釋 20：其他藥草指除豆瓣菜、韭菜、歐芹的莖和葉、芹菜的莖和葉之外的草藥。

註釋 21：其他家禽指除雞之外的家禽。

註釋 22：設定了駕留標準的聯苯肼酯在農產品及畜產品（限於脂肪）中是指異丙基＝（4-甲氧苯基-3-基）換算成聯苯肼酯含量後與聯苯肼酯的和。

註釋 23：其他茄科蔬菜指除番茄、紅柿子椒、茄子之外的茄科蔬菜。設定了殘留標準的聯苯肼酯在農產品及畜產品（限於脂肪）中是指異丙基＝（4-甲氧苯基-3-基）換算成聯苯肼酯含量後與聯苯肼酯的和。

註釋 24：其他柑橘類水果指除溫州橘果肉、夏橙全果、檸檬、橙（包括臍橙）、葡萄柚之外的柑橘類水果。設定了殘留標準的聯苯肼酯在農產品及畜產品（限於脂肪）中是指異丙基＝（4-甲氧苯基-3-基）換算成聯苯肼酯含量後與聯苯肼酯的和。

註釋 25：其他水果指除蘋果、日本梨、梨、榲桲、枇杷、油桃、杏、日本李、梅、櫻桃、漿果、葡萄、獼猴桃、番木瓜、鱷梨、菠蘿、番石榴、芒果、西番蓮果、椰棗之外的水果。設定了殘留標準的聯苯肼酯在農產品及畜產品（限於脂肪）中是指異丙基＝（4-甲氧苯基-3-基）換算成聯苯肼酯含量後與聯苯肼酯的和。

註釋 26：其他堅果指除銀杏果、栗子、美洲山核桃、杏仁、胡桃之外的堅果。設定了殘留標準的聯苯肼酯在農產品及畜產品（限於脂肪）中是指異丙基＝（4-甲氧苯基-3-基）換算成聯苯肼酯含量後與聯苯肼酯的和。

註釋 27：其他香料指除山葵、山葵的根莖、大蒜、辣椒、生姜、檸檬皮、陳皮、柚子皮及芝麻之外的香料。設定了殘留標準的聯苯肼酯在農產品及畜產品（限於脂肪）中是指異丙基＝（4-甲氧苯基-3-基）換算成聯苯肼酯含量後與聯苯肼酯的和。

註釋 28：其他藥草指除豆瓣菜、韭菜、歐芹的莖和葉、芹菜的莖和葉之外的草藥。設定了殘留標準的聯苯肼酯在農產品及畜產品（限於脂肪）中是指異丙基＝（4-甲氧苯基-3-基）換算成聯苯肼酯含量後與聯苯肼酯的和。

註釋 29：在畜產品（脂肪除外）中是指代謝物 B、4-羥基聯苯、4-硫酸根聯苯的和換算成聯苯肼酯含量後與聯苯肼酯的和。

註釋 30：其他陸生哺乳動物肉指除牛和豬之外的陸生哺乳動物。在畜產品（脂肪除外）中是指代謝物 B、4-羥基聯苯、4-硫酸根聯苯的和換算成聯苯肼酯含量後與聯苯肼酯的和。

註釋 31：其他家禽指除雞之外的家禽。在畜產品（脂肪除外）中是指代謝物 B、4-羥基聯苯、4-硫酸根聯苯的和換算成聯苯肼酯含量後與聯苯肼酯的和。

註釋 32：含扁豆、豇豆、奶油、白豆、紅花豆。

第四節　日本寵物食品法規標準要求

一、管理機構

機構名稱：日本農林水產省

職能：全面負責全國的農業、林業和漁業的管理工作，致力於提高全面的生活質量

聯繫方式：1-2-1, kasumigaseki, chiyoda-ku, Tokyo 100-8950, Japan

電話：0335028111

二、相關法律法規概況

《寵物食物安全法》（關於確保玩賞動物飼料安全的法律）：以規章的形式規範寵物食品生產商、進口商、銷售商行為。確保寵物食品工廠生產安全及寵物食品安全，保護寵物健康和維護動物福利。法規來源：http//www.maff.go.jp/j/syouan/tikusui/petfood/pdf/manual.pdf。

三、檢驗檢疫要求

1. 生產加工過程

（1）不得使用含有有毒物質和受病原微生物污染的物質。疑似含有這些物質的原材料也不得使用。

（2）加熱或烘烤銷售用寵物飼料時，須使用有效的方法除去原材料帶有的或發育而成的微生物。

（3）寵物飼料的食用對象為貓時，不能含有丙烯化學物。

2. 成品

（1）成分規格

①每噸用於銷售的寵物飼料［銷售（法律第 6 條第 1 號規定的銷售）用的寵物飼料，除給該寵物飼料生產車間的寵物喂食的飼料外］中乙氧喹啉、BHT 抗酸化劑、飼料添加劑的含量不得超過 150 g。但是若食用對象是狗的話，每噸銷售用的寵物飼料中乙氧喹啉含量必須少於 75 g。

②銷售用寵物飼料中黃曲霉毒素 B1 的含量必須少於 0.02 mg/kg。

③表 2-3 中所示的農藥［農藥管理法（昭和 23 年法律第 82 號）］（包括物質發生化學變化後生成的物質）在銷售用寵物飼料中的含量，必須在所規定的限量以下。

第二章　日本食品貿易法規政策

表 2-3　　　　　　　　　　　農藥限量

農藥名稱	限量（mg/kg）
草甘磷	15
甲基毒死蜱	10
甲基蟲蟎磷	2
馬拉硫磷	10
甲胺磷	0.2

④計算①~③項規定的物質在銷售用寵物飼料中的含量時，若該寵物飼料的水分含量超過10%，其超過的量不算在該銷售用寵物飼料重量內；若水分的含量不足10%，則不足的量算在該銷售用寵物飼料的重量內。

（2）標籤

銷售用的寵物飼料，必須標示以下各個事項：

①銷售用寵物飼料的名稱；

②原材料名；

③保質期（指按照規定的方法進行保存時，能保證產品質量良好的最長時間。但也有可能出現即使超過保質期，產品質量仍良好的情況）；

④生產者、輸入者和銷售者的姓名（名稱）和地址；

⑤原產國名。

2. 官方監督

玩賞動物飼料的生產者或進口者須建立記錄本，根據農林水產省和環境省法令的規定，在生產或進口相關玩賞動物飼料時，應記錄名稱、數量以及其他農林水產省和環境省所規定的事項，並保留記錄本。（第十條）

法律第十條第一項農林水產省和環境省法令規定的事項，如下所示：

①寵物飼料的生產日期或輸入日期。

②生產者必須填寫以下事項：

a. 生產寵物飼料所用的原材料名稱和數量；

b. 若寵物飼料的原材料是從其他地方轉讓來的，需要填寫轉讓的日期和對方的姓名或者名稱。

③輸入者必須填寫以下事項：

a. 寵物飼料的出口國名和出口方的姓名或名稱；

b. 寵物飼料輸入時的包裝狀態；

c. 寵物飼料的原產國和生產者的姓名或名稱及原材料的名稱。

從該帳簿的最後登記日期起算，必須保存兩年以上。

中日韓食品貿易法規與案例解析

(關於確保玩賞動物飼料安全的法律實施規則見第五條)

農林水產大臣和環境大臣,在執行本法的必要範圍內,可以要求相關從業人員,包括生產者、進口者、銷售者、飼料運送者和倉庫看管者在內,遞交相關報告。(第十一條)

農林水產大臣和環境大臣,在執行本法的必要範圍內,可以要求其官員進入生產者、進口者、銷售者、飼料運送者和倉庫看管者所擁有的與玩賞動物飼料生產、出口、零售、運輸、儲存活動有關的營業場所、倉庫、船只、車輛和其他相關地點,檢查與經營有關的玩賞動物飼料、原材料、記錄本、文件和其他項目,詢問有關各方,抽取檢查所需的飼料和原材料。儘管抽取飼料和原材料是檢查所需,仍必須根據市場價格進行適當補貼。(第十二條)

農林水產大臣可以要求食品及農業物料檢驗中心(FAMIC)進入生產者、進口者、銷售者、飼料運送者和倉庫看管者所擁有的與玩賞動物飼料生產、出口、零售、運輸、儲存活動有關的營業場所、倉庫、船只、車輛和其他相關地點,檢查與經營有關的玩賞動物飼料、原材料、記錄本、文件和其他項目,詢問有關各方,抽取檢查所需的飼料和原材料。儘管抽取飼料和原材料是檢查所需,仍必須根據市場價格進行適當補貼。(第十三條)

四、從業者的申報

1. 申報者的範圍

(1) 生產者的範圍

需要申報的生產者:

①自主買入原材料並進行加工、包裝的從業人員;
②將其他生產者生產的寵物飼料進行單品包裝或者混合再包裝的人員;
③受其他生產者委託,參與生產的從業人員(如:OEM產品的生產委託);
④將人用食品(魚干、圓松餅等)放入容器,並作為寵物飼料出售的人員;
⑤從事將生產、輸入的寵物飼料改裝成小容量產品等其他類型的寵物飼料的包裝人員;
⑥將生產輸入的寵物飼料在店鋪裡開封、分量再包裝並用於銷售的人員。

不需要申報的生產者:

①只在國外從事生產的人員;
②只從事原材料生產的人員;
③委託他人生產,自己並未參與的人員(如:OEM產品的生產委託);
④從事貼標籤、修補容器、分組等流通加工的人員;
⑤在寵物店或者寵物所,其生產(調製)的飼料只用於店內寵物的人員(如調

第二章　日本食品貿易法規政策

制的飼料可外帶的話則需要申報）；

⑥將生產、輸入的寵物飼料在店內開封，進行散裝出售（包括方便外帶的建議包裝）的人員。

（2）輸入者的範圍

需要申報的輸入者：

①為了能在日本銷售，將國外工廠生產的寵物飼料輸入國內的從業人員（等於貨物輸入者）；

②將在國外生產或者銷售的寵物飼料，經過船運和容器包裝後輸入國內的從事人員（包括同時也是銷售者的貨物輸入者）。

不需要申報的輸入者：

①只輸入原材料，並在國內進行生產的人員（如是生產銷售用的寵物飼料，需要提交生產者的申報）；

②只進行貨物運輸等從事輸入通關工作的人員；

③受輸入者的委託，將輸入的銷售用寵物飼料進行運輸、存庫的人員。

④受銷售者的委託，代行輸入國外生產和銷售的銷售用寵物飼料，不能成為通關時貨物輸入者的人員。

2. 申報的內容

玩賞動物飼料的生產者和輸入者（不包括農林水產省和環境省法令中規定的人員），依照農林水產省和環境省法令，在開展相關業務前，須通報農林水產省和環境省下列事項：

（1）名稱和地址（名稱、代表姓名和公司主要業務部門的地址）；

（2）生產者生產相關玩賞動物飼料的營業場所的名稱和地址；

（3）銷售和存儲相關玩賞動物飼料的場所地址；

（4）其他農林水產省和環境省法令規定的事項。

根據《寵物食物安全法》第九條提交的申報，必須向農林水產大臣和環境大臣寄交申報表。（適用申報業務的除外）

（關於確保玩賞動物飼料安全的法律實施規則見第二條）

《寵物食物安全法》第九條第一項第四號農林水產省和環境省法令規定的事項，如下所示：

（1）生產和輸入的寵物飼料所適用的寵物種類；

（2）該寵物飼料生產和輸入的開始日期；

（3）輸出型寵物飼料的生產和輸入，其主要內容。

（關於確保玩賞動物飼料安全的法律實施規則見第四條）

五、查驗制度

農林水產大臣和環境大臣當確認由於使用以下所示的寵物飼料而引起寵物健康問題時，有權聽取農業材料審議會和中央環境審議會的意見，禁止生產者、輸入者和銷售者的各項作業：

（1）含有或懷疑含有有毒物質的寵物飼料；

（2）受病原微生物污染或懷疑受病原微生物污染的寵物飼料。

《寵物食物安全法》第七條規定，生產者、輸入者和銷售者當銷售或者保管以下所示的寵物飼料，並確定由於此類寵物飼料的使用造成寵物健康受危害時，在必要的限度內，農林水產大臣和環境大臣有權命令生產者、輸入者和銷售者停止該寵物飼料的生產並採取回收等必要措施：

（1）從第六條第二項到第四項所規定的寵物飼料；

（2）根據上一條第一項的規定所禁止的寵物飼料。

《寵物食物安全法》第八條規定，國家及獨立行政法人農林水產消費安全技術中心（FAMIC）應對相關的從業者，進行報告徵收、出入檢查等工作，從而保證實際的生產、銷售和輸入符合標準和規格。

第二章　日本食品貿易法規政策

附件1

玩賞動物飼料安全法（2008年第83號法律）

頒布日期：2008年6月18日

一、總則

（目的）

第一條　本法律目的是通過規範玩賞動物飼料的生產等來保障飼料安全，從而達到保護玩賞動物以有利於其生存的目的。

（定義）

第二條　（1）本法中，玩賞動物是指內閣法令中規定的以作為寵物為目的而飼養的動物。

（2）本法中，玩賞動物飼料是指以向玩賞動物提供營養為目的的飼料。

（3）本法中，生產者是指從事玩賞動物飼料生產（包括混合與加工，下同）的人員，進口者是指從事玩賞動物飼料進口的人員，銷售者是指從事玩賞動物飼料銷售，同時不是生產者與進口者的相關人員。

（從業者的責任）

第三條　在開展業務活動時，生產者、進口者與銷售者必須瞭解其首要責任是要保證玩賞動物飼料的安全，盡力掌握與保障玩賞動物飼料安全有關的經驗與技術，保障玩賞動物飼料原材料的安全，必要時召回飼料，以防止可能對動物健康造成的傷害，並採取其他必要措施。

（國家政府的責任）

第四條　國家政府應該盡力收集、整理、分析和提供與玩賞動物飼料安全有關的信息。

二、玩賞動物飼料生產等規章

（標準和規格）

第五條　（1）農林水產大臣和環境大臣要從防止玩賞動物飼料對動物健康造成損害的角度，制定飼料生產和標記的相關標準，並根據農林水產省和環境省法令制定玩賞動物飼料成分的規格。

（2）在農林水產省和環境省在考慮要制定、修改或廢除前面條例中涉及的標準和規格時，須聽取農業物料理事會和中央環境委員會的意見。

（生產等的禁止事項）

第六條　前一章第一條規定的標準和規格制定後，任何人不得從事下列活動：

（1）以銷售為目的（包括除銷售外的向不確定的或大量人群提供，以及其他根

據農林水產省和環境省法令規定具有相同效果的提供，下同），用不符合規定的方式生產玩賞動物飼料。

（2）用不符合規定的方式生產的玩賞動物飼料的銷售以及以銷售為目的的進口。

（3）缺少符合相關規定標示的玩賞動物飼料的銷售。

（4）不符合相關規定的玩賞動物飼料的銷售、生產和以銷售為目的的進口。

（含有有害物質的玩賞動物飼料生產的禁止事項）

第七條 （1）如農林水產省和環境省認為有必要通過使用下列玩賞動物飼料來防止動物健康遭受損害，需聽取農業物理事會和中央環境委員會的意見，同時可以禁止生產者、進口者和銷售者進行相關玩賞動物飼料的生產、進口和銷售。

①含有或懷疑含有有害物質的玩賞動物飼料。

②含有或懷疑含有病原微生物的玩賞動物飼料。

（2）在農林水產省和環境省根據上述章節規定制定了禁止事項時，須在官方報紙上公布。

（銷毀等規定）

第八條 如生產者、進口者或銷售者銷售了或以銷售為目的儲備了下列玩賞動物飼料，同時農林水產省和環境省有必要通過使用相關玩賞動物飼料來防止可能對動物健康產生的損害，在保證動物安全的必要範圍內，農林水產省和環境省可以命令相關生產者、進口者和銷售者銷毀或召回相關玩賞動物飼料，並採取其他必要措施。

（1）第六條第二項到第四項中的玩賞動物飼料。

（2）前一條第一段中禁止的玩賞動物飼料。

（生產者等的通告）

第九條 （1）根據本法第五條第一段規定已制定了相關標準和規格的玩賞動物飼料的生產者和進口者（不包括農林水產省和環境省法令中規定的人員），依照農林水產省和環境省法令，在開展相關業務前，須通報農林水產省和環境省下列事項：

①名稱和地址（名稱，代表姓名和公司主要業務部門的地址）。

②生產者生產相關玩賞動物飼料的營業場所的名稱和地址。

③銷售和存儲相關玩賞動物飼料的場所的地址。

④其他農林水產省和環境省法令規定的事項。

（2）由於根據第五條第一段中的規定而制定了新的標準和規格，前述章節所規定的生產者或進口者，根據農林水產省和環境省法令規定，應在標準和規格制定後的30天內，向農林水產省和環境省通告前述章節中提及的每個項目。

（3）根據前兩段的規定進行了通告的從業者，根據農林水產省和環境省法令的

第二章　日本食品貿易法規政策

規定，如通告事項發生變化，須在變化發生30天內通告農林水產省和環境省。業務終止時須採取同樣的做法。

（4）如進行了通告的從業者將全部業務轉讓給了與本條第一和第二段中規定的通告有關的人員，或發生了與進行了通告的從業者有關的繼承、兼併或拆分（限於與通告有關的全部業務的繼承），接受全部業務轉讓的人員，或繼承者（如存在兩名或兩名以上的繼承者時，應通過一致同意挑選出一名繼承者），兼併後存在的企業，通過兼併建立的企業，或由於拆分而繼承了全部業務的公司，須接任進行通告從業者的位置。

（5）根據上段規定而接任了進行通告從業者位置的從業者，根據農林水產省和環境省法令的規定，須在繼承發生30天的時間內，通告農林水產省和環境省，並附帶可以提供事實證據的文件。

（記錄本的保存）

第十條　（1）根據第五條第一段的規定而制定了標準和規格的玩賞動物飼料的生產者或進口者須建立記錄本，根據農林水產省和環境省法令的規定，在生產或進口相關玩賞動物飼料時，應記錄名稱、數量以及其他農林水產省和環境省所規定的事項，並保留記錄本。

（2）根據第五條第一段的規定而制定了標準和規格的玩賞動物飼料的生產者、進口者或銷售者，需建立記錄本，根據農林水產省和環境省的規定，在相關玩賞動物飼料轉讓給其他生產者、進口者或銷售者時，應記錄名稱、數量、轉讓另一方的名稱和其他農林水產省和環境省規定的項目，並保留記錄本。

三、雜項條例

（報告的收集）

第十一條　（1）農林水產大臣和環境大臣，在執行本法的必要範圍內，可以要求相關從業人員，包括生產者、進口者、銷售者、飼料運送者和倉庫看管者在內，遞交相關報告。

（2）下面列項中提及的大臣，應及時通知每一相關項中提及的大臣執行上一段規定的結果。

①農林水產大臣、環境大臣。

（注意：農林水產大臣獨立收集報告時，應通知環境大臣結果）

②環境大臣、農林水產大臣。

（注意：環境大臣獨立收集報告時，應通知農林水產大臣結果）

（現場檢查等）

第十二條　（1）農林水產大臣或環境大臣，在執行本法的必要範圍內，可以要求其官員進入生產者、進口者、銷售者、飼料運送者和倉庫看管者所擁有的與玩賞

動物飼料生產、出口、零售、運輸、儲存活動有關的營業場所、倉庫、船只、車輛和其他相關地點，檢查與經營有關的玩賞動物飼料、原材料、記錄本、文件和其他項目，詢問有關各方，抽取檢查所需的飼料和原材料。儘管抽取飼料和原材料是檢查所需，仍必須根據市場價格進行適當補貼。

（2）官員在根據上段規定進行現場檢查、詢問和抽樣時，應攜帶證明其身分的文件，並向相關各方出示。

（3）根據第一段的規定而進行的現場檢查的權利，不可以用於批准犯罪調查。

（4）下面列項中提及的大臣，應及時通知每一相關項中提及的大臣執行第一款規定的結果。

①農林水產大臣，環境大臣。

②環境大臣，農林水產大臣。

（5）如農林水產大臣或環境大臣根據第一款的規定而進行了玩賞動物飼料或原材料的抽樣，必須公布相關玩賞動物飼料或原材料檢查結果的總結。

（FAMIC 進行的現場檢查等）

第十三條 （1）在上一條第一款所說明的必要情形下，農林水產大臣可以要求食品及農業物料檢驗中心（FAMIC）進入生產者、進口者、銷售者、飼料運送者和倉庫看管者所擁有的與玩賞動物飼料生產、出口、零售、運輸、儲存活動有關的營業場所、倉庫、船只、車輛和其他相關地點，檢查與經營有關的玩賞動物飼料、原材料、記錄本、文件和其他項目，詢問有關各方，抽取檢查所需的飼料和原材料。儘管抽取飼料和原材料是檢查所需，仍必須根據市場價格進行適當補貼。

（2）如農林水產省根據前面條款的規定，要求 FAMIC 開展現場檢查，應給予 FAMIC 開展現場檢查的相關指示，說明日期、地點和其他相關事項。

（3）在 FAMIC 根據上款的指示，開展第一款中規定的現場檢查時，必須根據農林水產省法令向農林水產省報告結果。

（4）在收到上款規定的報告後，農林水產大臣應及時向環境大臣通告其內容。

（5）前一條第二和第三款的規定，應當根據第一款適用作出修改，同樣，同條第五款的規定也應當根據第一款適用所作出修改。

（對 FAMIC 的要求）

第十四條 在認為有必要採取措施保證前一條第一款規定的現場檢查的順利執行時，農林水產大臣要告知 FAMIC 進行相關活動的要求。

（用於出口的玩賞動物飼料的例外情況）

第十五條 執行本法的部分例外情況及其他與出口玩賞動物飼料有關的必要例外情況，須通過內閣法規制定。

（授權）

第二章　日本食品貿易法規政策

第十六條　（1）本法所賦予的農林水產省的權力可以根據農林水產省法令的規定，下放給地區農業管理辦公室主任。

（2）本法所賦予的環境部的權力可以根據環境省法令的規定，下放給地區環境辦公室主任。

（臨時措施）

第十七條　如在本法的基礎上制定、修改或廢除了有關法令，應在保證法令制定、修改或廢除一致性的合理範圍內制定相關的臨時措施（包括處罰條款的臨時措施）。

四、處罰條例

第十八條　適用下列各項的人員可被處以一年以下監禁，100萬日元以下的罰款，或兩者合併執行。

（1）違反第六條規定的人員。

（2）違反第七條第一款規定的禁止事項的人員。

（3）違法第八條規定的相關法令的人員。

第十九條　適用下列各項的人員可被處以30萬日元以下的罰款。

（1）沒有根據第九條第一、第二款規定進行有關通告的人員或進行了錯誤通告的人員。

（2）沒有根據第十一條第一款規定上交報告的人員或上交了錯誤報告的人員。

（3）拒絕、破壞或逃避第十二條第一款或第十三條第一款規定的檢查或抽樣的人員，沒有對這些條款中規定的問題做出回答的人員以及做出了錯誤回答的人員。

第二十條　如企業代表、代理商、企業其他員工、個人或企業行為違反了下列各項的規定，企業將被處以具體項的罰款，除對違反者罰款外，其他相關個人也將按每條具體規定處以一定罰款。

（1）第十八條不多於一億日元的罰款。

（2）上一條款中規定的罰款。

第二十一條　沒有按第九條第三和第五款的規定進行通告的人員或進行了錯誤通告的人員，將被處以20萬日元以下的罰款。

第二十二條　如違反了在第十四條規定的基礎上制定的法令，違反了規定的FAMIC官員將被處以20萬日元以下的罰款。

第二十三條　沒有建立記錄本的人員，沒有登記相關條目的人員，登記了錯誤條目的人員或沒有保存記錄本的人員，違反了第十條第一、第二款的規定，將被處以10萬日元以下的罰款。

五、附則

（實施日期）

第一條 本法將自內閣法令規定的，不超過制定日期一年內的具體時間起生效。但附則裡第二與第三條的規定將自制定之日起生效。

（實施的準備）

第二條 農林水產大臣和環境大臣在本法施行前，有關根據第五條第一款規定制定標準規格的事宜，應分別聽取農業物料理事會和中央環境委員會的意見。

（內閣法令的授權）

第三條 除前一條的規定之外，內閣法令將決定執行本法所需的必要臨時措施。

（檢查）

第四條 如國家政府在本法實施五年後認為有必要評估本法的執行情況，須檢查本法的相關條款，並根據檢查結果採取必要措施。

（基本環境法的部分修改）

第五條 基本環境法（1993年第91號法律）將作如下部分修改：第四十一條第2款第3項中「……生物多樣性基本法（2008年第58號法律）」將改為「……生物多樣性基本法（2008年第58號法律）和保障玩賞動物飼料安全法（2008年第83號法律）」。

（食品與農業物料檢驗中心法令的部分修改）

第六條 食品與農業物料檢驗中心法令（1999年第183號法律）將作如下部分修改：

第十條 第二款第六項將被改為第七項，第五項改為第六項，下面的項目將添加作為第四項。

「依照保障玩賞動物飼料安全法（2008年第83號法律）第十三條第一款的規定進行的現場檢查、詢問和抽樣。」

（農林水產省建立法令的部分修改）

第七條 農林水產省建立法令（1999年第98號法律）將作如下部分修改：

第七條第一款中的「……種子和幼苗法案（1998年第83號法律）」將被改為「……種子和幼苗法案（1998年第83號法律）和保障玩賞動物飼料安全法（2008年第83號法律）」。

第二章　日本食品貿易法規政策

附件2
寵物飼料成分規格的相關省令

　　根據關於確保玩賞動物飼料安全的法律（平成二十年法律第八十三號）第五條第一項的規定，寵物飼料成分規格的相關省令規定如下：

　　關於確保玩賞動物飼料安全的法律（以下簡稱「法」）第五條第一項規定的有關寵物飼料成分規格和製造方法的表示標準，請參考表2-4。

一、附則
（實施日期）

　　第一條　本省令從法律實施日（平成二十一年六月一日）起開始實施。

（過程措施）

　　第二條　1. 法律第六條第一號、第二號和第四號所列的行為，若涉及平成二十一年十二月一日前生產的寵物飼料，同條規定則不置用。

　　2. 法律第六條第三號規定的行為，若涉及平成二十一年十二月一日前生產的寵物飼料，同條規定則不適用。

　　3. 生產者、輸入者和銷售者於平成二十一年十二月一日前生產的寵物飼料，若是法律第六條第二號和第四號規定的在銷售或者在倉庫保管等待銷售的寵物飼料，法律第八條（限於第一號有關的部分）的規定則不適用。

　　4. 生產者、輸入者和銷售者於平成二十二年十二月一日前生產的寵物飼料，若是法律第六條第三號規定的在銷售或者在倉庫保管等待銷售的寵物飼料，法律第八條（限於第一號有關的部分）的規定則不適用。

二、別表

1. 銷售用寵物飼料的成分規格

　　（1）每噸用於銷售的寵物飼料［銷售（法律第6條第1號規定的銷售）用的寵物飼料，除給該寵物飼料生產車間的寵物喂食的飼料外］中乙氧喹啉、BHT抗酸化劑、飼料添加劑的含量不得超過150 g。但是若食用對象是狗的話，每噸銷售用的寵物飼料中乙氧喹啉含量必須少於75 g。

　　（2）銷售用寵物飼料中黃曲霉毒素B1的含量必須少於0.02 mg/kg。

　　（3）下表中農藥名稱所示的農藥［農藥管理法（昭和二十三年法律第82號）］（包括物質發生化學變化後生成的物質）在銷售用寵物飼料中的含量，必須在所規定的限量以下。

表 2-4　　　　　　　　　　農藥限量

農藥名稱	限量（mg/kg）
草甘磷	15
甲基毒死蜱	10
甲基蟲蟎磷	2
馬拉硫磷	10
甲胺磷	0.2

（4）計算（1）～（3）項規定的物質在銷售用寵物飼料中的含量時，若該寵物飼料的水分含量超過 10%，其超過的量不算在該銷售用寵物飼料重量內；若水分的含量不足 10%，則不足的量算在該銷售用寵物飼料的重量內。

2. 銷售用寵物飼料生產方法的標準

（1）不得使用含有有毒物質和受病原微生物污染的物質。有疑似含有這些的原材料也不得使用。

（2）加熱或烘烤銷售用寵物飼料時，須使用有效的方法除去原材料帶有的或發育而成的微生物。

（3）寵物飼料的食用對象為貓時，不能含有丙烯化學物。

3. 銷售用寵物飼料的標示標準

銷售用的寵物飼料，必須標示以下各個事項：

a. 銷售用寵物飼料的名稱；

b. 原材料名；

c. 保質期（指按照規定的方法進行保存時，能保證產品質量良好的最長時間。但也有可能出現即使超過保質期，產品質量仍良好的情況）；

d. 生產者、輸入者和銷售者的姓名（名稱）和地址；

e. 原產國名。

第二章 日本食品貿易法規政策

附件 3

出口日本的熱處理禽肉及其製品的動物衛生要求

（1）這份文件規定了對於出口到日本的熱處理禽肉及其製品的要求。

（2）在這份文件中，一些詞的定義如下：

①熱處理是指條款 7 中提到的授權工廠在以下條件中所作的處理：

a. 通過煮沸或者暴露在熱蒸汽中或者深度油炸的方式，使禽肉及製品中心的溫度在 70℃ 或者更高溫度保持 1 分鐘或者 1 分鐘以上；

b. 通過 a 以外的方法，使禽肉及製品的中心的溫度在 70℃ 或更高溫度保持 30 分鐘或 30 分鐘以上。

②這裡的家禽是指雞、鴨、火雞、鵪鶉、鵝。

③這裡的禽肉及其製品是指家禽的肉、脂肪、肌腱、內臟和用以上提到的這些原料制成的產品（肉粉和肉骨粉除外）。

④高致病性禽流感（以下簡稱「HPAI」）是指由以下原因引起的一種家禽傳染病：

a. H5 或 H7 亞型禽流感病毒；

b. 世界動物衛生組織關於診斷和疫苗標準手冊上指出的其他高致病性禽流感病毒。

⑤高致病性禽流感及其他（以下簡稱「HPAI 及其他」）指高致病性禽流感、雞新城疫、家禽霍亂、沙門氏菌病［僅指雞白痢沙門氏菌（Salmonella prullorum）或雞沙門氏菌（Salmonella gallinarum）］。

⑥疫情暴發指臨床症狀的出現，疾病的抗原或抗體（僅指 HPAI 的抗體）的發現，或對病原體的確認。

⑦出口國為中華人民共和國。

⑧日本動物衛生當局是指動物健康和動物產品安全局、食品安全和消費管理科、日本農林水產省。

（3）當出口國出口禽肉及其製品到日本時，在出口國必須完成以下要求：

①HPAI 及其他被規定為必須向動物衛生當局報告的疾病；

②根據國際動物衛生組織的要求實施對 HPAI 的監測並使動物衛生當局完全知曉監測結果。

（4）對於被用來生產熱處理禽肉及其製品的家禽，必須滿足以下要求：

51

中日韓食品貿易法規與案例解析

①在它們被屠宰前的21天內,於被飼養的農場確認沒有爆發過HPAI;

②飼養家禽的農場沒有接種過HPAI疫苗;

③在條款(5)中所規定的經過認證的屠宰廠,由出口國政府的官方檢測人員進行宰前、宰後檢疫,確認這些家禽沒有感染任何禽類傳染病。

(5) 熱處理的禽肉及其製品,其屠宰廠(以下簡稱「經過認證的屠宰廠」),必須經過出口國政府的認證。

(6) 禽肉及其製品的熱處理工廠,必須經過出口國政府認證。經出口國動物衛生部門的申請,對於符合標準(以下簡稱「指定的標準」)的熱處理工廠,日本衛生當局會批准他們在兩年內出口加熱處理的禽肉及其製品到日本。

(7) 經出口國動物衛生部門的申請,對於符合標準(以下簡稱「指定的標準」)的熱處理工廠,日本衛生當局會批准他們在兩年內出口加熱處理的禽肉及其製品到日本。

(8) 條款(7)中說到的出口國提交申請後,作為回應,日本衛生當局會到生產工廠進行現場檢查,所有費用由出口國承擔。

(9) 當條款(7)中提到的指定加工廠(以下簡稱「被批准的工廠」)計劃進行重建、擴張或其他建築的結構改變時,出口國的動物衛生部門必須提前向日本衛生當局遞交申請。

(10) 如果被批准的工廠變更名稱或地址,出口國的動物衛生部門必須立即通知動物衛生當局。

(11) 被批准的工廠經理每個月至少確認一次工廠實施了預防衛生危害風險的措施並確保在熱處理過程中產品質量合格,結果必須以書面形式保存至少2年。

(12) 被批准的工廠經理必須記錄以下事項並保存這些記錄至少2年:

①加熱處理的日期;

②每款禽肉及其製品的加熱數量及它們的加熱記錄;

③每批貨物到達目的國的日期和數量。

(13) 出口國的動物衛生部門必須每6個月到工廠檢查至少一次,以確定工廠是否保持達到了日方「指定的標準」和這份文件中所規定的動物衛生條件要求。

(14) 出口國的動物衛生部門必須以書面形式,就條款(13)中要求的對工廠的檢查,每6個月向日本的動物衛生當局提交一份檢查結果報告,這些報告的記錄要保存2年。

(15) 如果出口國的動物衛生部門發現被批准的工廠有不符合指定標準和這份文件所規定的動物衛生條件要求的地方,衛生部門必須立即停止這些熱處理的禽肉及其製品的出貨,並盡快通知日本衛生當局相關信息。

第二章　日本食品貿易法規政策

（16）如果條款（15）中提到的情況發生了，被批准的工廠採取了恰當的矯正，出口國的衛生部門向日本衛生當局報告相關信息，然後可以繼續出貨。

（17）當日本衛生當局認為必要時，出口國的衛生部門，一經要求，要向日本衛生當局提供條款（13）所提的視察結果的書面記錄副本。

（18）當日本衛生當局認為必要時，可以對指定的熱處理工廠進行現場視察以確認被批准的工廠是否滿足指定的標準和這份文件所規定的動物衛生條件要求。

（19）當日本衛生當局認為被批准的工廠不符合指定的標準或沒有實現這份文件所規定的動物衛生條件要求時，他們可以撤銷對工廠的授權並立即暫停進口該廠熱處理的禽肉及其製品。

（20）出口國的衛生部門要確保熱處理的禽肉及其製品被儲存在於淨衛生的包裹或容器中並以正確的操作方式，能有效地防止產品被任何動物傳染性疾病的病原體感染直到發貨。

（21）如果熱處理的禽肉製品運輸時要經過第三方國家到達日本，這些產品必須裝在密封的集裝箱內，集裝箱要由出口國的動物衛生部門加以鉛封，並且這些鉛封要能明顯地區別於第三方國家的。

（22）如果確認或懷疑「HPAI及其他」疫情暴發，出口國的動物衛生部門必須在24小時內通知日本衛生當局，必須每月向日本衛生當局報告疫情的主要狀況。

（23）對於熱處理的禽肉製品，出口國衛生部門要出具檢疫證書，證書要用英文詳細列明以下事項：

①符合條款（3）到條款（6）以及條款（20）的各條款要求；

②被授權的屠宰廠和被授權的生產工廠的名稱、地址及註冊號；

③被日方批准的工廠的名稱、地址和批准號；

④屠宰、生產加工和熱處理的日期；

⑤集裝箱的鉛封號；

⑥出運的日期及港口名稱；

⑦檢疫證書簽發的時間和地點，簽發人的姓名和職位。

（24）對於用2004年3月19日或該日期以後屠宰的家禽制成的出口到日本的禽肉製品，本文件列明的動物衛生條件要求必須予以實施。

第五節　日本食品衛生相關法規

一、食品和食品添加劑（摘編）

（全面衛生控制的生產流程）

第十三條

（1）當厚生勞動省收到依據全面衛生控制的生產流程（在本法中，上述流程是指在生產或加工中針對生產或加工方法和衛生控制方法採取全面措施來防止發生食品衛生危害的過程）來生產或加工食品的工廠（包括有意在海外生產或加工該種食品的人）提交的關於生產或加工某種食品的申請材料時，厚生勞動省針對每種類型的食品和生或加工工廠，要求其採取全面衛生控制的生產流程或加工過程。

（2）若對前款中採取全面衛生控制的生產流程的生產或加工方法及衛生控制方法提出申請時，上述生產或加工方法及衛生控制方法不符合《省令》規定的相關標準，厚生勞動省則不得對前款規定中的申請予以批准。

（3）根據《省令》規定，欲取得第（1）款規定的批准許可，申請人應提交申請材料及必要文件資料，包括根據全面衛生控制的生產流程生產或加工食品的試驗數據。

（4）獲得第（1）款規定批准證的人（在下一款中稱之為「批准證持證人」）欲變更該批准證所批准的全面衛生控制的生產流程的部分內容時，該持證人可對上述變更內容部分提出批准申請。在此種情況下，適用前兩款中的相關規定。

（5）出現下列情況之一的，厚生勞動省可撤銷批准證持證人取得的部分或全部相關批准內容：

①該批准證所批准的採取全面衛生控制的生產流程的生產或加工方法及衛生控制方法不再符合第（2）款中的《省令》所規定的相關標準。

②未獲得前款規定中的批准，批准證持證人擅自變更其批准證所批准的全面衛生控制的生產流程。

③當厚生勞動省要求批准證持證人提交必要報告時（厚生勞動省裁定有必要提出上述要求時），持證人未提交報告或提交虛假報告的。

④厚生勞動省認為有必要要求相關官員在批准證持證人在生產流程中檢驗其食品生產或加工廠、辦事處、倉庫或其他地點時，持證人拒絕、阻礙或逃避檢驗的。

（6）根據第（1）款規定批准證所批准的按照全面衛生控制的生產流程生產或加工食品應視為食品生產或加工所使用的方法符合第十一條第（1）款規定標準，適用本法規定或基於本法所做出的所有命令。

（7）如欲獲得第（1）款規定批准證或申請第（4）款規定的變更內容時，申

第二章 日本食品貿易法規政策

請人須承擔《內閣令》所規定的檢查申請材料所需的費用。

（全面衛生控制的生產流程批准證有效期）

第十四條

（1）如欲申請對前條第（1）款規定批准證進行續期時，根據《內閣令》規定，除非申請人每次在必要時都申請續期，否則，申請人的批准證在三年後將失效。

（2）上條中的第（2）款和第（3）款規定適用於前款批准的續期申請。

（3）若已提交前款規定的續期申請而在批准證有效期屆滿之日未做出處理的，儘管原批准證在做出處理前其有效期已屆滿，則原批准證仍然有效。

（4）在前款規定中，若批准證的續期申請程序已經完成，則批准證的有效期應從原批准證有效期屆滿之日的次日起開始計算。

（5）申請對第（1）款規定批准證進行續期的申請人，應負擔《內閣令》規定的用於進行必要檢驗的實際費用。

二、食品衛生法實施令（摘編）

（全面衛生控制的生產流程批准證的有效期）

第一條

（1）根據《食品衛生法》（第233號法律，下稱「本法」）第十三條第（1）款的規定，第229號內閣令（下稱「內閣令」）指定的食品範圍如下：

①牛奶、羊奶、脫脂乳及加工乳製品。

②奶酪、冰激凌、煉乳、脫水脫脂乳、發酵牛奶、乳酸菌發酵飲料及乳製品飲料。

③不含酒精的飲料。

④肉類產品（在本部分及第十三條中，所指肉類產品包括火腿、香腸、熏肉及其他類似產品）。

⑤魚醬類產品（魚醬類產品是指魚類火腿、魚類香腸、熏鯨肉及其他類似產品）。

⑥包裝在食品容器或器皿中並經過高壓滅菌的食品。

（下文中這些產品是指包裝在密封容器/包裝器皿中、嚴格密封並經高壓殺菌的食品，但不包括本條其他子款中所列的食品和除熏鯨肉外的鯨肉產品）。

（2）根據本法第十三條第（7）款，本內閣令規定不同情況下申請人應承擔的費用如下：

①申請獲得第十三條第（1）款規定的批准證的申請人，其應負擔的費用為239,700日元。

②申請變更第十三條第（4）款規定內容的申請人，其應負擔的費用為96,900日元。

三、食品、食品添加劑、器具和容器以及包裝相關衛生法實施條例

第十三條　根據本法第十三條第（2）款，在該省令中規定的標準如下所示：

（1）應準備下列與該產品的全面衛生控制的生產流程相關的各種文件：

①產品說明，包括產品名稱、種類、原材料和其他必要項目；

②與生產或加工過程相關的各種文件，說明生產或加工中所使用的機械和儀器的性能及其他必要項目；

③設備圖紙，說明設施或設備結構、產品的運輸路徑（從原材料進廠到產品裝運等全部環節的整個路徑）及其他必要事項。

（2）應準備與產品的全面衛生控制的生產流程相關的各種文件，說明以下各項規定的事項：

①產品可能出現的食品衛生危害，應針對可能引起危害的物質和可能發生危害的過程，制定預防各種危害發生的各項措施；

②在①項的措施中，應規定為預防與產品相關的衛生危害而採取措施（上述措施需要持續頻繁地進行確認）的實施情況；

③應規定②項下所規定的確認方法。

（3）應準備以下相關文件：當第（2）②項規定的確認過程發現該項下規定的措施執行不當時，說明所採取的改正措施文件。

（4）應準備以下相關文件：全面衛生管理生產流程規定的與設施設備的衛生控制和公司員工的衛生培訓相關的產品衛生控制方法及其他必要事項。

（5）應準備以下相關文件：指出針對產品的全面衛生控制的生產流程的驗證方法（如：產品的測試方法），以證明所出現的食品衛生危害已得到妥善預防。

（6）還應準備說明以下事項記錄方法的文件及記錄保存的時間和方法：

①與第（2）②款規定的確認程序相關的事項；

②與第（3）款規定的糾偏措施相關的事項；

③與第（4）款衛生控制方法相關的事項；

④與前款規定的驗證程序相關的事項。

（7）在產品的全面衛生控制的生產流程中，工廠應將負責以下工作任務的專職人員落實到位。該專職人員應親自履行其工作（以下各項所列工作除外）或指定專門人員（這些人員以前的工作任務應與其現在的工作內容相適應）執行上述工作的部分或全部：

①檢查第（2）②款規定的措施是否被充分採用，核對第（2）②款規定的確認過程是否被充分執行，並保存與檢驗有關的各種記錄；

②對第（2）②款項確認過程中所使用機械和儀器進行維護保養（包括計量表

第二章　日本食品貿易法規政策

的校準），並保存上述維護保養的記錄；

③其他必要工作。

（8）關於第（5）款規定的驗證過程，負責以下工作的人員應落實到位。上述人員應親自執行這些工作或指定專人（指定人以前曾擔任與上述工作相符的工作）執行這些工作：

①對產品進行測試；

②對上面①規定測試中使用的機械和儀器進行維護保養（包括計量表的校準），並保存維護保養的記錄；

③其他必要工作。

（申請批准證）

第十四條

（1）申請第十三條第（1）款規定的批准事項須向厚生勞動省提交包括以下事項的申請材料：

①申請人的姓名、地址和出生年月（如申請人為公司，應註明公司名稱、主要辦公地址及其法定代表的姓名）；

②產品的種類；

③生產廠或加工廠的名稱和地址；

④產品全面衛生控制的生產流程要點。

（2）前款規定的申請應隨附以下材料：

①前條第（1）到（6）款規定的申請文件；

②說明前條第（2）②款規定措施效果的材料；

③根據前條第（6）款規定文件制定的第（2）款規定產品的說明材料及保存記錄。

（3）對於本條第（1）款規定的申請人，應負擔與印花稅票數目相等的費用。

（申請批准證的變更）

第十五條

（1）申請批准對本法第十三條第（4）款規定內容進行變更時，應向厚生勞動省提交包括以下事項的申請材料：

①前條第（1）至（4）款規定的事項；

②已獲得批准的文件編號和獲準日期。

（2）前款規定的申請文件應隨附以下材料：

①擬變更的事項，針對前條第（2）①款文件及前條第（2）②款規定材料的描述進行變更［對於變更前條第（2）①款的文件，還應提供新舊產品描述性能對照表］；

(2) 前條第（2）③款規定的提交材料。

(3) 對於第（1）款規定的申請人，應負擔相等數目的印花稅票。

（申請批准證的續期）

第十六條

(1) 申請本法第十四條第（1）款規定批准證的續期申請，應向厚生勞動省提交包括前條第（1）款中各項規定事宜的申請材料。

(2) 前款規定的申請材料應隨附以下材料：

①第十三條中第（1）款、第（4）款至第（6）款規定的文件（可不隨附內容不發生變更的文件，應提供與各項規定產品新舊描述性能的對照表）；

②第十三條第（2）款及第（3）款規定的文件；

③根據第十三條第（6）款規定文件制定的第13條第（6）①、②和④款規定申請材料及保存記錄。

四、標籤

（標籤標準）

對食品和食品添加劑的商標標籤粘貼標準規定如下：

(1) 食品容器或包裝器皿的顯著位置應標明以下各項所規定的事宜（或當產品包裹起來零售時，在其包裝器皿上應對本項規定的各項事宜及本條第5至8款、第16款及第19款規定的各項事宜進行說明），上述各項事宜的包裝說明應在不打開食品容器或包裝器皿的情況下，消費者容易看到：

①對於在特定儲存條件下其質量迅速變壞的食品或食品添加劑，標註的日期（包括年份，前邊可添加某些字母）應標明產品的「有效期」[本法中所稱的「有效期」]是指某一個具體時期，在這一時期內，可以確定食品或食品添加劑在規定儲存條件下不會引起產品質量變壞（如：腐爛），而產生任何對健康不利的危害]。除上述食品或食品添加劑外，食品或食品添加劑包裝上標註的日期（前面可加上某些具體字母）應說明產品的「保質期」（本法中所稱的「保質期」是指某一個具體時期，在這一時期內產品儲存在規定條件下可保持產品的質量）。

②食品生產或加工廠的地址（或根據下文規定，若為進口產品，應標明進口商的營業地址）及生產商或加工商的名稱（或根據下文規定，若為進口產品，標明進口商名稱；若從事上述生產、加工或進口活動的為公司，應標明公司名稱）。

③對於食品添加劑，應標明食品添加劑的名稱及食品添加劑中每種成分（用於調味的配料成分除外）所占的質量比例，當某種配料成分為維生素A衍生物時，應標明維生素A的質量比。

④對於包含附錄附表5中所列的一種或多種食品添加劑的食品，應標明每一種

第二章　日本食品貿易法規政策

食品添加劑的名稱。

⑤對於用附錄附表 6 所列食品（乳製品除外）作為原材料的已加工食品，應說明這些產品功效。

⑥對於包含由附錄附表 6 規定食品（下稱「規定食品原材料」）所衍生出的食品添加劑（不含抗原特性和調味劑的食品除外，同⑩項規定）的食品，應說明包含上述食品添加劑的食品功效及食品中的添加劑來源於特定材料。

⑦對於已根據本法第十一條第（1）款規定制定使用方法標準的食品或食品添加劑，應標明其使用方法符合上述標準。

⑧對於食品添加劑（⑩項中規定的食品添加劑除外），應標明「食品添加物」日語字樣。

⑨對於從特定原材料中衍生出的食品添加劑，應標明「食品添加物」日語字樣，並註明該食品添加劑來源於特定的原材料。

⑩對於焦油色制劑，應標明食品中實際製作的色劑名稱，並在色劑名稱前加上日語「制劑」字樣。

⑪對於食品添加劑，若其申報內容在根據本法第十一條第（1）款規定制定的規格中有規定，則應標明食品添加劑的質量比例。

⑫對於含有食品添加劑的維生素 A 衍生物的食品，應標明維生素 A 的質量比例。

⑬對於致甜劑、制備劑或食品中包含的致甜劑，應在食品功效說明中註明該產品為一種 L-苯基丙氨酸化合物或該產品中包括 L-苯基丙氨酸。

⑭對於礦泉水和其他類似產品（「礦泉水和其他類似產品」是指僅由水組成的所有非酒精飲料），其容器或包裝器皿中二氧化碳的壓力在 20℃ 時小於 98 kPa，且二氧化碳經過巴氏法滅菌處理除去細菌（本法中所稱「除去細菌」是指通過過濾或其他方式除去因水源問題而產生並在上述食品中繁殖的微生物細菌），應標明水源未經巴氏法滅菌處理。

⑮對於冷凍果汁（「冷凍果汁」系指由冷凍的壓榨果汁或其濃縮物製成的產品，不包括用作成分配料的果汁），應用日文標明「冷凍果實飲料」。

⑯對於罐裝食品，應標明食品主要組成成分的名稱。

⑰對於肉製品，應標明家畜或家禽的種類。

⑱對於經過以下處理的肉製品，須標明下述處理過程並須說明肉製品在供人們食用前必須進行完全加熱：利用利器打斷肌腱和纖維而保持其原始形式不變，在調味劑中進行浸泡處理及在處理過程中可能導致致病細菌污染的其他處理。

⑲對於附錄附表 3 中第 4 條目中所列的全部食品，應標明用作食品成分肉製品名稱，應將食品成分按照食品中該成分的質量由大到小排列；當某種食品成分為魚

59

肉時，應在標籤上用日語文字標明「魚肉」字樣。

⑳對於干肉製品（本法所稱「干肉製品」是指通過烘干肉製品制得並用於銷售的干肉製品），應標明本產品為干肉製品。

㉑對於未經加熱的肉製品（本法中所稱「未經加熱的肉製品」是指通過鹽漬、菸熏或烘干肉類而得到的產品，上述產品未通過將其中心部分放在63℃下保持30分鐘進行殺菌，也沒有通過其他同等的或更好的消毒方式進行滅菌即用於出售的未經加熱肉製品，干肉製品除外），應標明本產品為未經加熱的肉製品，且應註明其pH值與水化活性。

㉒對於特殊加熱肉製品（本法中所稱「特殊加熱肉製品」是指通過將產品中心放在63℃下保持30分鐘以外的其他方式制得，或通過效果相同或更好的其他方式制得的產品，但干肉製品和未經加熱的肉製品應除外），應標明本產品是經特殊加熱處理的肉製品，且應註明其水化活性。

㉓對於經加熱的肉製品（本法中所稱「經加熱的肉製品」是指除干肉製品、未經加熱的肉製品和經特殊加熱的肉製品以外的肉製品），應標明本產品為經加熱的肉製品且本產品在包裝後（或包裝前）已進行殺菌處理。

㉔對於嚴密包裝在封閉容器或包裝器皿內，且在120℃溫度下消毒4分鐘或通過其他效果相同或更好的消毒方式進行滅菌處理的某種肉製品、鯨肉製品、魚肉香腸、魚肉火腿或經特殊包裝的魚醬蛋糕（罐裝產品或瓶裝產品除外），須標明殺菌方式。

㉕對於pH值不大於4.6、水化活性不大於0.94的魚肉香腸、魚肉火腿或經特殊包裝的魚醬蛋糕（罐裝產品或瓶裝產品除外），應標明其pH值或水化活性。

㉖對於通過已冷凍或已加工食品而獲得的產品（本法中所稱的此類產品不包括非酒精飲料、肉製品、鯨肉製品、魚醬產品、煮熟的章魚或螃蟹），應標明本產品在食用前是否需要加熱。

㉗對於食用前需加熱的已冷凍食品（本法中所稱「食用前需加熱的已冷凍食品」是指通過已冷凍製作或已加工食品而獲得的產品，該產品在食用前需加熱），此類產品應標明其冷凍前是否經過加熱。

㉘對於生牡蠣或鮮魚片或去殼鮮貝類的冷凍食品（生牡蠣除外），應註明該產品是否可以用於生食。

㉙對於用於生食（冷凍產品除外）的鮮魚片或去殼鮮貝類（生牡蠣除外），應標明該產品是否可用於生食。

㉚對於帶殼的家禽蛋（僅適用於生食的產品），應標明本產品用於生食，且最好儲存在不高於10℃的溫度下，若產品過了保質期後，在人們食用前應通過加熱進行滅菌處理。

第二章　日本食品貿易法規政策

㉛對於帶殼家禽蛋（生食家禽蛋除外），應標明本產品用於製作其他食品，若用於人們食用時，應註明需進行加熱滅菌處理。

㉜對於液態家禽蛋（家禽蛋去殼後所得產品，本條以下同），若該產品經過滅菌處理時，應註明加熱滅菌的條件。

㉝對於液態家禽蛋（未經滅菌處理的產品除外），應標明該產品未經加熱殺菌處理，且該產品用於人們食用時應標明需進行加熱殺菌處理。

㉞對於生牡蠣（僅對用於生食的牡蠣），應標明它們被捕獲的海洋、湖泊或沼澤的位置。

㉟對於煮熟的螃蟹，應標明其供人們食用時，是否需進行高溫滅菌處理。

㊱對於用脂肪或油類處理即食麵類產品，應標明該產品已用脂肪或油類處理過。

（2）若使用了前項中規定的各類內容，使用方應使用通俗易懂的日語文字向購買或使用上述食品或儀器添加劑的廣大群眾給予準確說明。

（3）具有營養功效的某種食品，若食品標籤上涉及如下內容，應予以禁止。

①涉及與厚生勞動省所頒布標準相關的營養成分以外的食品成分功效；

②標註說明該種食品可促進和保持以保健為目的食用該食品的人們的健康。

（4）若為保健類專用食品以外的食品及具有某種營養功效的食品（下稱「具有特殊食用用途的食品」），如其名稱可導致對食品的食用用途發生誤解，標籤標明營養成分具有某種功效或可實現健康保健目的，上述內容應予以禁止；若具有某種營養功效的食品不屬於保健類專用食品，則其標籤上不得標註為保健類專用食品字樣。

（5）對於不使用重組DNA技術獲得的農產品生產的食品以外的食品（若已確認實現了特等生產與配售管理）或含有以不使用重組DNA技術獲得的農產品作為原材料（包括用已加工食品作為原材料的情況）的已加工食品以外的產品，且已確認實現了特等生產與配售管理，則標籤上應禁止標明相關農產品食物沒有使用重組DNA技術而獲得的。

五、水產品進口法規與程序要求

1. 檢疫

水產品沒有指定的禁止進口地區。但是根據《檢疫法》，被霍亂污染的地區或懷疑被污染的地區進口水產品應接受檢驗。

2. 關於添加劑的法規

（1）根據《食品衛生法》，包括金槍魚、鯡魚在內的鮮魚不能含有添加的二氧化碳。

（2）養殖水產品允許含有為增加產量而使用的抗生素和抗菌物質，但在使用時

應確保滿足日本的規格標準。例如，抗生素類土霉素的允許殘留量僅為 0.10 ppm。

（3）水產品中，河豚必須附有出口國政府機構簽發的「健康證書」，證書作為進口通報的一部分必須包括河豚的種類名稱和捕獲地區。

（4）此外，如果需要進行檢驗，檢驗官將進行現場檢驗。檢驗以後如發現沒有問題，則在食品進口通知單上加蓋「通過」，如果發現不合格，將通知進口商採取銷毀或退運的措施。

（5）冷凍食品的規格標準適用於冷凍魚片和用於生魚片的去殼的甲殼類動物，此標準規定每 1g 樣品的細菌總數小於等於 100,000 個，並且大腸杆菌檢驗為陰性。

（6）此外，熱加工後冷凍的加工水產品（加熱後冷凍加工）每 1g 樣品細菌總數應小於等於 3,000,000 個，並且大腸杆菌檢驗為陰性。

（7）其他干制、腌制、加工的水產品必須符合添加劑的標準，包括貯藏材料等。

3.《食品衛生法》中的檢驗程序

根據《食品衛生法》，進口商要向入境地檢疫站的食品衛生檢驗處遞交兩個進口通知單的副本。如果檢疫站檢驗以後沒有發現問題，其將在通知單副本上加蓋「通過」，並將其中一份返給進口商。

4.《食品衛生法》中的過敏原標籤

自 2002 年 4 月起，日本開始對含有過敏性物質的食品進行標籤管理。對含有以鮑魚、墨魚、鮭魚卵、小蝦、螃蟹、鮭魚和鯖魚作為原材料的食品，建議標示含有過敏性物質。

5. 日本農業標準體系

（1）質量標籤

對於鮮魚標籤中應包括食品名和原產國，對於加工的水產品標籤中應包括食品名、原料、內容物含量、生產商、保質期和保存方法。

（2）附帶 JAS 標誌

a. 包含魚、肉、火腿、香腸等的水產品在清關以後，生產商（進口商）向 JAS 標準等級組織申請，可以附帶 JAS 標誌。是否使用 JAS 標誌由生產商（進口商）自行決定，而非強制性的。加工的水產品包括特殊包裝的熟魚醬、加工的海膽、調味品、調味海膽、柴魚片、魚、火腿、香腸、魚糕（調味的熟魚醬）、小沙丁魚干等。

b. 此外，2005 年 6 月對 JAS 標準進行了修訂。已在日本註冊的外國認證機構對國外的企業進行 JAS 標誌認證的體系已經經過復審，並且國外有機標準必須等同 JAS 標準的要求已經取消。

第二章 日本食品貿易法規政策

6. 水產品的主要衛生要求（見表 2-5）

表 2-5　　　　　　　　　　　　水產品的主要衛生要求

項目	標準
魚糕	大腸杆菌：陰性（不包括魚糕）（在 1g×3 中的 BGLB 培養基法） 硝酸鉀：小於等於 0.05g/kg（不同於魚腸和魚火腿）
馬哈魚卵 腌制馬哈魚卵 鱈魚卵	硝酸鉀：小於等於 0.05g/kg
冷凍的熟章魚	細菌總數：小於等於 100,000 個/g（標準平板法） 大腸杆菌：陰性（在 0.01g×2 中的 Desokishicorrat 培養基法）
可生食的牡蠣	細菌總數：小於等於 50,000 個/g（標準平板法） 大腸杆菌的允許值：小於等於 230 個/100g（EC 培養基法）
可生食的冷凍海產品	細菌總數：小於等於 100,000 個/g（標準平板法） 大腸杆菌：陰性（在 0.01g×2 中的 Desokishicorrat 培養基法）

第六節　日本食品添加劑的規格與標準

一、日本食品添加劑的標準

1. 適用於所有食品添加劑的通用標準

（1）酸性白土、膨潤土、硅藻土、高嶺土、碳酸鎂、沙子、二氧化硅、滑石或此類非水溶性礦物質不應用於生產加工任何食品添加劑，除非它們在生產加工食品添加劑過程中是不可缺少的。

（2）除非另有規定，添加劑的制備僅限使用添加劑（僅限根據日本食品衛生法第六條指定的物質、天然調味劑、通常既可作為食品或飲料也可作為添加劑的物質和 1996 年 4 月厚生勞動省公告的即存食品添加劑清單上所列的物質）和食品。所用食品和添加劑應符合日本食品衛生法第七條第 1 款制定的規格，所用水應為可飲用水。

2. 適用於個別添加劑及制劑的標準

（1）「鹼水」（僅限於化學合成物質）：鹼水的主要成分應是碳酸鉀、碳酸鈉、碳酸氫鈉、磷酸鉀或磷酸鈉鹽，其中每種成分都應符合相關規格。鹼水可以是包含上述單一物質或兩種及兩種以上化合物的混合物，也可以是單一物質或混合物的水溶液，還可以是通過蒸餾單一物質或蒸餾與小麥粉的混合物所得到的物質。

（2）「苦艾提取物」「辣椒水溶物」「胡蘿蔔素」「丁香提取物」「除去茴香的香精油提取物」「梔子黃」「大蒜提取物」「姜提取物」「山葵提取物」「甘草提取物」

中日韓食品貿易法規與案例解析

「甘草油提取物」「芥菜提取物」「洋蔥色」「橙色」「牛至提取物」「辣椒色素」「胡椒提取物」「紫蘇提取物」「迷迭香提取物」「鼠尾草提取物」「芝麻油不皂化物」「香料提取物」「羅望子色素」「羅望子膠」「丹寧提取物」「姜黃提取物」「日本辣根提取物」和「天然調味劑」（下文所述只從下列物質中制得的物質：香旱芹、多香果、當歸、茴芹、阿魏、羅勒、香菜、小豆蔻、胡蘿卜、刺山柑、辣椒、中國肉桂、旱芹、甘菊、中國胡椒、細香蔥、肉桂、丁香、胡荽、水芹、孜然芹、咖喱葉、蒔蘿、茴香、梔子、大蒜、姜、大麻籽、山葵、香蜂草、牛膝草、日本胡椒、歐洲刺柏子油、月桂、薰衣草、蜜蜂花、檸檬香草、甘草、椴樹、甘牛至、薄荷、芥菜、黑種草、肉豆蔻、洋蔥、橙皮、牛至、辣椒、歐芹、胡椒、胡椒薄荷、紫蘇、罌粟籽、玫瑰、迷迭香、藏紅花、鼠尾草、檫木、香薄荷、芝麻籽、葉蔥、酸模、荷蘭薄荷、八角茴香、羅望子、龍蒿、百里香、姜黃、香子蘭、日本辣根或苦艾）。

在制備姜黃提取物、牛至提取物、橙色、芥菜提取物、甘草提取物、甘草油提取物、梔子黃、丁香提取物、香料提取物、芝麻油不皂化物、紫蘇提取物、姜提取物、除去茴香的香精油提取物、山葵提取物、鼠尾草提取物、洋蔥色、羅望子色、羅望子膠、丹寧、辣椒色素、辣椒水溶物、苦艾提取物、胡蘿卜素、大蒜提取物、胡椒提取物、迷迭香提取物、日本辣根提取物和天然調味劑時，只允許使用表2-6所列溶劑。其中：最終食品中甲醇和2-丙醇的殘留量不能超過 50μg/g、丙酮不超過 30μg/g、二氯甲烷和1，1，2-三氯乙烯的總量不超過 30μg/g。

表 2-6 允許使用的溶劑

英文名稱	中文名稱	英文名稱	中文名稱
Acetone	丙酮	Glycerin	丙三醇
Butane	丁烷	Hexane	正己烷
1-Butanol	1-丁醇	Methanol	甲醇
2-Butanol	2-丁醇	Methyl acetate	乙酸甲酯
Carbon dioxide	二氧化碳	Nitrous oxide	一氧化二氮
Cyclohexane	環己胺	Propane	丙烷
Dichloromethane	二氯甲烷	1-Propanol	1-丙醇
Diethy lether	乙醚	2-Propanol	2-丙醇
Ethanol	乙醇	Propylene glycol	丙二醇
Ethy acetate	乙酸乙酯	1,1,1,2-Tetrafluoroethane	1,1,1,2,-四氯乙烷
Eehyl methyl ketone	2-丁酮	1,1,1,2-Tirchloroethane	1,1,1,2-三氯乙烯
Fats and oil for food use	食用油脂	Water	水

第二章 日本食品貿易法規政策

（3）使用轉基因微生物生產的添加劑，應通過相應的方法進行鑒定以確認符合厚生勞動省規定的標準。

（4）就生產或加工的食品添加劑而言，不應使用特定牛的脊骨作為原材料。不過，在高溫高壓下水解、皂化或酯化，源自特定牛的油脂用作原材料的情形，此項規定不適用。

二、日本食品添加劑標示規則解析

食品添加劑是水產食品加工中不可缺少的輔料，它在食品的色、香、味、形以及保質期等方面起著十分重要的作用。舉例來說，魚罐頭中使用的增黏劑、蚝油中使用的香料、人造蟹肉中使用的色素、魚肉香腸中使用的山梨酸鉀等，甚至家庭中烹飪水產菜肴日常使用的食鹽、糖、醬油、醋、味精、辣椒、花椒、姜粉、八角和桂皮等調味品也屬於食品添加劑的範疇。可以說，沒有食品添加劑就沒有水產食品加工業。在中國，由於近年來加工的水產食品中偶爾出現違反食品衛生法規定的添加物，人們往往會「談添加劑色變」，形成了只要是食品添加劑就一定對人體有害的偏見，致使許多水產食品加工企業不得不牽強附會地聲稱本食品「不含任何食品添加劑」等違背科學的表述。然而，食品添加劑必須要與禁用的防腐劑、染色劑等嚴格地區分開來。因此，將符合《食品添加劑使用衛生標準》（GB 2760—2007）國家標準規定的食品添加劑標示在加工食品的包裝物上，為消費者提供選購加工食品的正確信息顯得十分重要。

日本厚生勞動省從 1991 年以來出抬了一系列法律法規，規定無論使用天然的還是合成的食品添加劑，必須全部標示在加工食品的包裝物上，供消費者在選購食品時參考。這裡就日本食品添加劑的標示規則作一解析。

1. 資料來源

日本資料來自日本食品添加劑標示實務、日本食品衛生法實施省令及日本福井縣農林水產部《食品標示手冊》等，中國資料來自中華人民共和國國家標準：《食品添加劑使用衛生標準》（GB 2760—2007）、《預包裝食品標籤通則》（GB 7718—2004）及其他文獻。

2. 日本食品添加劑的標示原則

（1）日本食品添加劑的使用範疇與規格

依據日本在 1947 年制定的《食品衛生法》第二條第 2 款的規定，將食品添加劑定義為在食品加工的過程中或以貯藏為目的所使用的添加物；它本身也可以作為食品，但通常不直接食用；或雖然不作為食品的典型原料，但是在食品的加工過程中或為了貯藏食品所必須使用的一種輔助原料。

①日本規定的食品添加劑的種類。日本指定可作為食品添加劑的種類有 349 種，包括通常存在於食品原料中，但通過人工合成的添加劑 40 種、氨基酸類 28 種、維生素類 28 種、有機酸類 33 種、非食品的天然化合物 18 種、無機化合物 80 種及其

他 27 種。還有指定以外的天然添加劑 489 種及一般既可作為食品，同時也作為食品添加劑使用的 72 種。從使用的目的來分類，除香料、著色劑、甜味劑、抗氧化劑、增稠劑、調味劑、酸味劑、乳化劑、保存劑、酶和營養強化劑等以外，還有食品加工過程中使用的漂白劑、殺菌劑及鹽酸和碳酸氫鈉等無機化合物。

②食品添加劑的法律規定。日本《食品衛生法》第七條規定了食品添加劑的規格基準，包括成分規格、貯藏規格、生產規格、使用規格和標示規格，等等。除香料之外，所有的食品添加劑都規定了添加量、定量分析方法、確認檢驗方法及純度檢查方法等相關的規定。

（2）日本食品添加劑的標示原則

①食品添加劑的標示方法。食品中所含有的所有添加劑必須全部標示在食品的包裝物上，包括 349 種指定的食品添加劑、指定以外的 489 種天然添加物和 72 種一般飲食添加物。食品添加劑標示的方法有物質名標示、用途標示、複合名稱標示和免予標示等。

物質名標示：以食品添加劑的物質名稱進行標示是最基本的原則。為了避免消費者的誤解，必須按照《指定食品添加劑》《現有食品添加劑》《指定以外的天然添加劑》和《一般飲食添加劑》表中列出的添加劑名稱進行標示。

用途標示：為了便於消費者的理解，對於某些食品添加物也可以用其用途名稱來標示。用途名稱包括甜味劑、著色劑、保存劑、糊料、增稠劑、穩定劑、凝固劑、抗氧化劑、發色劑、膨化劑、漂白劑及抗菌劑等。譬如添加卡拉膠作為增稠作用時，可用增稠劑名稱來標示。

複合名稱標示：許多食品添加劑是多種物質的複合體，在沒有必要對其中的每一種成分都進行標示時可以用複合名稱來標示。

免予標示：免予標示的食品添加劑，例如一些加工輔助劑，僅在食品的加工過程中使用，加工成成品時又予以除去或消失的添加物。常見的加工輔助劑有消泡劑、沉澱劑、清澄劑、清洗劑、酶制劑、酶抑制劑、軟化劑、凝集劑、變性劑和酵母等。又或是出於營養強化目的添加的維生素、氨基酸、核酸和礦物質等，天然的食品本來就含有這些成分，也可以免予標示。

對於某些食品添加劑可以使用縮寫名或略名。如某種酸和鹽同時添加時，可在酸的名稱後加括弧，內註鹽的金屬名稱。例：檸檬酸（鈉）意味著同時添加了檸檬酸及檸檬酸鈉。

②被標示的水產對象食品。被標示的水產製品有魚糜製品、水產冷凍食品、高溫高壓殺菌的軟包裝水產菜肴食品和水產休閒食品、水產罐頭及由水產原料加工的調味品等加工食品。包裝容器的表面積小於 30 mm^2 或散賣的食品可以不標示。

③標示的位置與字體的大小。必須使標示的內容在包裝容器不開封的情況下清晰可見。小包裝的食品在又進行外包裝時，外包裝上也需要進行標示。當包裝物的面積狹窄時，字體也不得小於 7 號字體。

第二章　日本食品貿易法規政策

（3）日本魚糜製品加工工藝與添加劑標示舉例

該產品需使用鮮魚，先將魚肉分離，經水洗和脫水制成魚糜，後加入食鹽、白糖、氨基酸增味劑等攪拌、成型，再經蒸汽加熱和殺菌加工為成品。魚肉水洗前 pH 值偏低，需要加入碳酸氫鈉中和，水洗的同時將碳酸氫鈉除去。為防止魚糜冷凍時蛋白質變性，需要加入糖類，包括山梨醇與磷酸鹽（鈉）混合物添加劑。為改善魚糜製品的品質，尚需要加入山梨醇、磷酸鹽（鈉）及增稠劑瓜爾豆膠。如為人造蟹肉，表面需要添加色素。在高溫季節加工為延長保質期，需要添加山梨酸（鉀）防腐劑和噴霧食用酒精消毒。魚糜加工中加入添加劑的工藝流程如圖 2-1 所示。

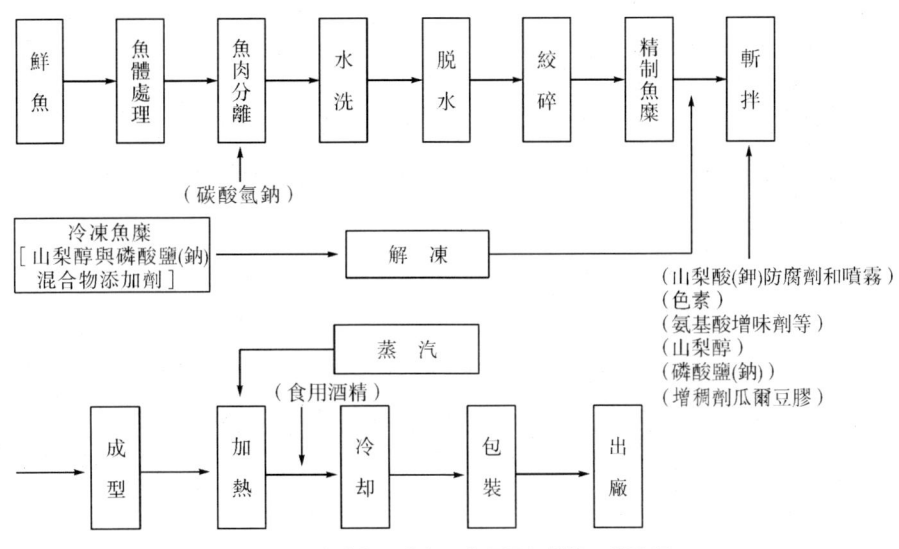

圖 2-1　魚糜加工中加入食品添加劑的工藝流程

3. 討論

中國於 2009 年 6 月 1 日開始實施《中華人民共和國食品安全法》（以下簡稱《食品安全法》）。《食品安全法》第四十二條規定預包裝食品的包裝上應當有標籤。標籤應當明確所使用的食品添加劑。《預包裝食品標籤通則》（GB 7718—2004）也強制（除 5.3 以外）規定食品添加劑在內的食品配料須標示在食品標籤上。若食品添加劑為由兩種或兩種以上配料構成的複合食品添加劑，可在配料清單中標示複合食品添加劑的名稱，再在其後括號內按加入量的遞減順序標示複合配料的原始配料名稱；甜味劑、防腐劑、著色劑應標示具體名稱，其他食品添加劑可以按 GB 2760—2007 的規定標示名稱。但是，GB 7718—2004 只對應該標示的食品添加劑和複合食品添加劑作出了規定，而對一些加工輔助劑是否需要標示未作明確規定，這就給某些食品加工企業故意不標示提供了便利。日本的食品添加劑標示規則與中國的有所不同。日本明確規定了加工輔助劑必須要在食品標籤中作標示。

經全國食品添加劑標準化技術委員會審定，由原衛生部（現已整合為國家衛生

健康委員會，下同）批准實施的《食品添加劑使用衛生標準》（GB 2760—2007）列出了中國允許使用的食品添加劑的所有品種名稱及允許的使用範圍和最大使用量，其他不在其中的一律不得使用。而日本的食品添加劑法規規定除須標示指定的食品添加劑外，還規定了不能允許的品種。

此外，日本僅就單純食品添加劑的標示制定有專門的法律法規，而中國則將食品添加劑的標示包括在食品標籤通則內，從而說明日本對食品添加劑標示規則的重視程度。

對於進口食品，日本厚生勞動省每年修訂食品衛生法項下的食品和食品添加劑標準與規範。中國在《食品安全法》的第六十六條中規定，進口的預包裝食品應當有中文標籤，標籤應當標明成分或者配料表，但是其中是否包括食品添加劑沒有明確說明。

瞭解日本食品添加劑的標示規則對中國杜絕水產加工食品中使用禁止使用的添加劑、超範圍及超量使用添加劑、使用偽劣添加劑或故意不標示添加劑等違法問題及食品安全立法的完善具有重要的參考價值。同時，瞭解日本食品添加劑的標示規則對中國從國外進口水產食品或向國外出口水產品的業務具有特別的借鑑意義。

第七節　日本有機食品進口控制體系

一、全球及日本有機產品消費及進口狀況

進入 21 世紀以來，有機農業在全球得到了飛速的發展，有機農業的發展也帶動了有機貿易的快速增長。據統計，目前有 160 個國家開展了有機農業。到 2010 年年底，已有 3 700 萬公頃的土地獲得有機認證，占世界農業總面積的 0.9%。世界有機產品貿易額增長迅速，已從 2002 年的 230 億美元上升到 2007 年的 461 億美元，到 2010 年增加到 590 億美元。全球消費者對有機產品的需求不斷增長，主要有機產品消費市場是美國、歐盟和日本，占市場份額 97%。同時，這些主要有機消費國進口的有機產品數量也日益增長。為了保證市場上的有機產品符合本國所規定的有機農業生產標準，這些國家都制定了嚴格的有機產品進口控制體系。所有進口的有機產品必須經過相關權威機構認可的機構認證。這就限制了有機產品在不同國家或地區之間的自由貿易。為了消除這些有機貿易壁壘，各國在有機產品和標準的互認方面做了很多工作。

日本是亞洲地區有機產品主要進口國。隨著亞洲在全球有機食品市場中的地位日益提高，中國、印度等國家正成為全球有機原料的供應者，在規模總量為 10 億美元的亞洲市場中，日本市場占據了絕大部分份額。2010 年，日本市場占到亞洲市場的 60%，是亞洲最重要的有機市場。近年來進口有機產品已占據日本的主要市場。獲得日本有機農業標準認證的國外產品產量約為其國內產量的 30 倍。在日本的有機

第二章 日本食品貿易法規政策

食品中，日本生產的蔬菜和大米是最主要的兩種產品，零售額分別為 115 億日元（100 日元約合 7.57 元人民幣，2009）和 92 億日元。國內生產的水果佔有 8 億日元的市場份額，進口水果大約為 59 億日元，其中多數為進口香蕉。有機食品進口則主要來自中國、印度、泰國和印度尼西亞等農業國家。

二、日本有機產品進口管理體系

1. 日本有機農業標準的制定

日本有機農業的規定都是基於食品法典委員會的《有機產品生產加工標示銷售指南》（CAC/GL32）制定的。該法規屬於日本農業標準（Japan Agriculture Standard）（以下簡稱 JAS）法規系統，它是一個自願的認證系統，但是符合日本農林水產省 JAS 有機標準的產品必須加貼標示。在食品法典委員會《有機產品生產加工標示銷售指南》的指導下，日本政府出抬了一系列與有機生產相關的標準，主要包括認證機構標準、生產者標準以及再包裝的標準等。有機產品認證管理主要是在日本農林水產省的指導下進行，涉及標準的制定、更新、認證機構的監督管理以及有機產品進口等各個方面。

日本農林標準委員會成員由日本農林水產省任命，主要職能是發展完善 JAS 標準及質量標示標準，委員會成員來自消費者、生產者、經營者、學術專家等各個領域，分別代表相關各方的利益。目前，JAS 標準系統每 5 年進行一次更新，主要是反應社會需求變化，在結合生產、貿易、消費等方面的現狀以及預測未來的發展趨勢的基礎上提出更新的計劃。標準委員會的成員組成結構如下：4 名學術專家、4 名生產商代表、5 名經營者代表及 6 名消費者代表。

2. 日本認證機構的註冊和監督管理

日本將 ISO/IEC 導則 65 作為認可依據。因此，在日本農林水產省註冊認證的機構必須滿足以下兩方面的條件：一是滿足 ISO/IEC 導則 65 的法人，二是獨立於申請認證公司的第三方機構。此外，認證機構在開展認證業務前，必須建立認證經營規則並且向日本農林水產省提交相關的材料。註冊生效以後，認證機構有效期為 4 年，如果 4 年內沒有及時更新，認證機構自動失效。由於國家間有機互認工作的開展，日本農林水產省也可以批准境外的認證機構，國外認證機構必須經日本 MAFF 按照 JAS 法規進行評估，證明生產者應用 JAS 法律，獲得批准的國外認證機構需要在 MAFF 註冊。一經註冊，國外的有機生產者就可經這些機構認證後再將產品出口到日本，並在商品包裝上加貼 JAS 有機標誌。

新的 JAS 法規規定認證食品的標示下面需要添加認證機構的名單，這樣通過追蹤食品可以實現對認證機構的監督。日本已經建立了比較完善的食品質量追溯體系，食品及農用物資檢查中心在 MAFF 的任命下開展工作。2007 年 4 月，食品質量、標示、顧客服務中心、肥料飼料檢查中心及農業物資檢查中心經過整合，成立了食品及農業物資檢查中心（簡稱 FAMIC），中心的整合是基於對食品鏈的關注，在這裡，

中日韓食品貿易法規與案例解析

食品鏈是指食品從農場到餐桌的整個過程。中心的職責通過有效的檢查和實驗分析，向消費者提供食品及農資的安全性信息。中心主要在以下 7 部法律的指導下進行運作：肥料使用管理辦法、飼料管理辦法、培肥土壤管理辦法、農資規範法規、JAS 法規、食品安全基本法及地方關於實行 Cartagena 草案的法律。

3. 日本有機產品進口的管理模式

日本主要採用以下兩種模式允許其他國家的有機產品進入本國市場（如圖 2-2 所示）：一是政府間達成互認協議，承認出口國認證結果，日本農林水產省應一些國家的要求進行了有機產品控制體系的等效性評價，宣布美國、澳大利亞、瑞士和歐盟有機產品認證控制體系與日本是等同的，按這些國家法規和標準認證的有機產品可以出口到日本，但同時在日本要對其進口商的貿易情況進行檢查認證。二是獲得進口國主管部門認可的認證機構認證或由進口國主管部門認可的國外認證機構認證的產品，經日本 MAFF 按照 JAS 法規進行評估認可並註冊的國外認證機構證明生產者應用 JAS 法律，這些生產者的產品也可以進入日本的有機市場。日本農林水產省通過對認證機構的註冊及監督管理達到規範有機認證行業的目的。

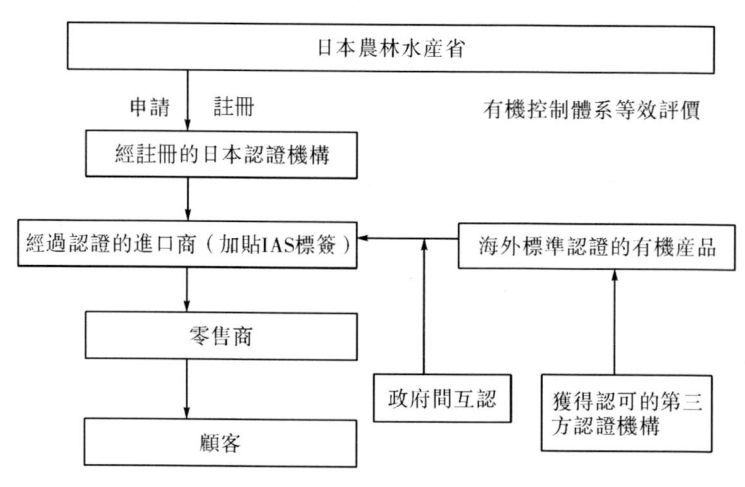

圖 2-2　日本有機食品進口管理模式

三、中國有機產品進口控制體系存在的問題

1. 中國有機農產品消費及進口貿易中的問題

1999 年以前中國基本不存在有機農產品市場，95% 以上的有機農產品都通過有機貿易出口。隨著中國經濟的發展和人民生活水準的不斷提高，2000 年中國有機農產品市場開始啟動，此後的幾年中，國內有機農產品市場的增長趨勢明顯。自 2005 年起，中國有機食品市場增長速度加快，2009 年國內有機食品生產價值近 800 億元；國內有機食品銷售額只占常規食品銷售額的 0.2%，與發達國家 2% 的平均消費

第二章　日本食品貿易法規政策

水準相差10倍。目前，國內市場上銷售的有機農產品主要是新鮮蔬菜、茶葉、大米、水果和蜂蜜等。從國外進口的有機產品主要包括奶製品、橄欖油、紅酒類及其他加工產品。中國有機農產品的生產、國內市場都已初具規模，未來即將進入快速發展時期。

但是，目前中國有機產品的進口貿易方面仍存在一些亟待解決的問題。在進口方面，由於中國現有法規沒有專門針對如何評估政府間互認、審批國外認證機構的具體程序，一些國家（如加拿大）向中國提出了有機產品認證互認的要求，美國和歐盟一些認證機構還向中國提出要求在中國以外開展的認證結果得到中國承認，現在無法啟動評估程序，同時由於對進口的產品也沒有相關的備案、審批和檢查的過程，使大量進口「有機產品」充斥市場，混亂的標誌使中國消費者無法判斷真假，極易引起誤導。中國有機食品市場正在興起，國外進口到中國的有機食品日益增多，如何控制和規範有機產品的進口也是亟待解決的問題。

2. 目前中國對有機產品進口控制措施

隨著中國國內有機產品市場的成熟和發展，近年進口的有機產品也迅速增長。有些認證機構已經率先開展了進口有機產品認證，但各認證機構所執行的認證程序和管理辦法不盡相同。2007年12月在第一屆有機產品認證技術論壇上，各認證機構在充分討論的基礎上就進口有機產品的控制問題上達成了如下協議：①符合「有機產品認證管理辦法」「有機產品認證實施規則」「有機產品」GB/T 19630 國家標準要求。②須經國家認證認可監督管理委員會批准和中國合格評定認可中心的認可的有機產品認證機構實施現場檢查並頒發認證證書。③認證檢查須由中國認可協會註冊的檢查員實施。④現場檢查國家應覆蓋生產（種植或養殖）和加工過程。⑤須提供中文版的檢查報告。

為規範進口有機產品認可、認證和市場標示管理，2008年3月國家認監委在《有機產品認證管理辦法》第六條「國家按照平等互利的原則開展有機產品認證認可的國際互認」和第三十六條「進口的有機產品應當符合中國有關法律、行政法規和部門規章的規定，並符合有機產品國家標準」等規定的基礎上組織制定了《有機產品進口管理規定》。並將其中的主要內容納入了最新修訂的《有機產品認證管理辦法》中，該規定實施將對規範中國有機產品認證活動，加強有機產品進口監管工作，促進有機產品認證國際互認和保護有機產品消費者權益等具有積極的促進作用。但到目前為止還沒有開始正式實施。

四、日本等發達國家對有機產品進口控制經驗及對中國的啟示

通過對日本有機農業標準的分析可以看出，通常有兩條途徑可以實現國家或地區直接有機產品的自由貿易，一是通過出口和目標進口國簽訂雙方合作協議；多數進口國包括美國、歐盟、日本都有雙邊承認的選擇。一個國家可以確認另外一個國

家的控制體系，標準與本國要求相一致，那在其他國家生產的產品就可以在本國市場上進行銷售。這樣的一些雙邊協議很大程度上是國家政府間的一些政治談判所達成的政治協議，而不只是技術評價層面的結果。

另外的途徑是由目標進口國對認證機構的直接認可。美國、歐盟和日本都可以對境外的認證機構認可，但認可的技術要求很難達到，並且入會費用很高，對於認證機構來說確實需要很強的財力和物力才能保持或達到認可的要求。截至2008年，日本認可了98家認證機構，其中37家是日本境外的認證機構；歐盟認可了179家認證機構，其中有32家非歐盟的認證機構。根據美國的要求已經有124家認證機構獲得了認可，其中有68家是美國以外的認證機構。目前只有8家認證機構（義大利4家、阿根廷和澳大利亞各兩家）全部獲得了歐盟、日本、美國、國際有機運動聯盟（IFOAM）以及ISO 65的五項認可。

借鑑國外有機產品進口控制措施，中國應爭取在國家層面上與其他國家進行溝通，達成互認。目前，從世界各國的有機認證互認的情況看，國家之間的承認多是雙邊的，要實現國家間的有機產品互認，應具備以下幾個條件：第一，認可機構間的互認；第二，認證程序的一致性；第三，標準的一致性。以上三個條件同時滿足時才能實現各國間有機產品間的互認。通過互認，為中國有機產品走向國際市場提供一條途徑，同時，互認也是中國對有機產品進口的一項控制措施。

對於境外有機產品的認證和進口控制，在政府層面上應盡早完善和實施《有機產品認證管理辦法》；而在對境外認證控制上，也可以採用認可境外認證機構的方式，制定相應的認可條件和認可程序。在進口程序上制定一些限制措施，如：貿易證書、海關核查等。

第八節　日本轉基因食品標準

一、轉基因食品在日本消費者中認知程度和偏好的分析

1. 概述

日本的食品市場具有產品差異大和質量標準高的特性。例如，一個蘋果的平均零售價水準約4~8美元，這對於西方的消費水準來說似乎相對偏高，這也充分反應出日本消費者願意為他們高質量和高標準的食品支付額外的費用。日本消費者對高質量的偏愛在其農產品貿易模式中也有所反應。日本已經延長了與加拿大、美國和澳大利亞的貿易安排，以保證其小麥進口。日本是國際公認的對許多食品諸如牛肉、豬肉和糧食等進口支付高額補貼的市場和貿易國。

當轉基因食品逐漸進入國際食品市場的時候，日本就開始顯示出其對這項新技術的敏感反應。因為日本是最重要的食品進口市場之一，日本消費者對轉基因食品

第二章　日本食品貿易法規政策

的興趣成為影響國際食品經銷商的一個重要因素。剛開始,各日本食品市場參與者包括食品公司、政府和消費者對轉基因食品持消極態度,日本政府和日本食品加工業指出應當慎重考慮轉基因食品的商業化,因為這種產品可能會對市場有不利影響。而日本的消費者所關心的可能是外國政府關於轉基因食品的規則和轉基因食品對健康的長期不確定影響,他們對轉基因食品態度的變化將會對轉基因食品生產者、經銷商和貿易商產生較大影響和誘導作用。

國際市場中,任何一個市場戰略的成功在很大程度上都依賴於國際經銷商對目標市場的理解程度,而對任何市場理解的第一步必須是對那些被目標市場消費者所渴望得到的產品特徵的把握(Kerr 等,1994)。調查不同國別消費者對轉基因食品的態度和認知的研究有很多(Bredahl,1998;Bredahl,1999;Klaus 等,2001;Pierre 等,2004),一些研究已經就不同國別消費者對轉基因食品安全方面的相關問題進行了分析(Jussaume and Higgins,1998;Wilcock 等,2004;Hoban,1999;Robiston,1997;Smithand Reith Muller,1999)。本研究主要調查日本消費者對轉基因食品的態度和反應,以及他們對轉基因食品支付的意願,這些對日本消費者偏好的相關信息無疑會對轉基因食品研究者、生產者、經銷者和公共部門等具有重要的指導意義。

2. 方法

該研究通過採用抽樣調查方法來探究日本消費者對轉基因食品的認知和興趣,調查問卷設計了轉基因食品大部分的品質特徵、日本居民消費轉基因食品的效用傾向,以及他們對轉基因食品的價值觀和態度。調查數據是 2003 年在日本東京收集的,共有 202 位受訪者給出了問卷答案,其中大約 50% 的受訪者年齡在 25 歲以下,年齡在 25 歲以上的受訪者占 42%,樣本主要由大學生和及其父母按大約 1∶1 的比例組成。總之,樣本代表了兩類消費群,第一類消費群是有一兩個孩子的城市居民,並具有中等教育水準,這是日本典型中產階級家庭的反應;第二類消費群是離開家庭居住在東京附近的大學生。在日本這兩類居民被認為是購買食品非常積極的最重要消費群。

3. 研究結果

(1) 日本消費者對轉基因食品的關注

在調查問卷中設計了 5 個可能與轉基因食品有關的風險指標,要求受訪者對這 5 個指標進行排序。5 個指標分別是:倫理道德因素、環境危害、認識不足、健康風險、有效信息缺乏。大多數(58.6%)受訪者認為不確定的健康風險是轉基因食品最受關注的因素,有近一半(49.3%)的受訪者認為倫理道德是轉基因食品最不受關注的因素,潛在的環境危害也是另一個主要與轉基因食品生產有關的受關注因素(35.7%)。(見表 2-7)

表 2-7　　　　　受訪消費者對轉基因食品關注的相關程度　　　　　　單位:%

	倫理道德因素	環境危害	認識不足	健康風險	信息缺乏
最關注	8.6	17.1	16.4	58.6	3.6
關注	8.6	35.7	19.3	16.4	19.3
中立	17.1	22.1	26.4	9.3	25.7
不關注	16.1	20.0	22.1	12.1	26.4
一點也不關注	49.3	5.0	15.7	3.6	25.0

（2）日本消費者對不同效用轉基因食品的支付意願

日本消費者因醫學效用對轉基因食品的支付意願與對低殺蟲劑殘留轉基因食品的支付意願的對比見圖2-3和圖2-4，消費者對兩種不同轉基因食品支付意願的對比說明，願意對有醫學效用的轉基因食品支付額外費用的受訪者比例要比對使用低殺蟲劑的轉基因食品的支付比率高。例如，有10%的受訪者願意為具有醫學效用的轉基因食品支付10%的額外費用，而2.9%的受訪者願意為使用低殺蟲劑殘留轉基因食品支付10%的額外費用。這清楚地說明日本消費者似乎對具有更多實際效用的轉基因食品更感興趣。

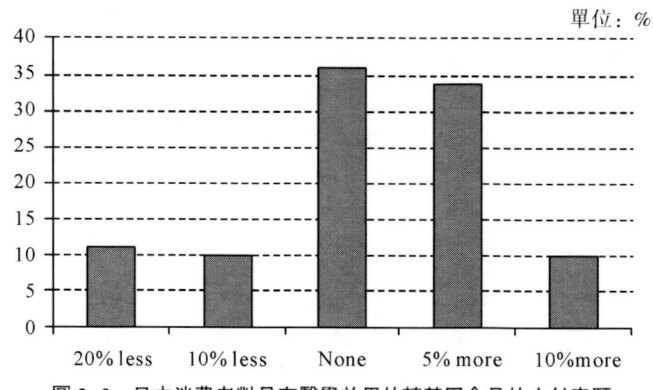

圖 2-3　日本消費者對具有醫學效用的轉基因食品的支付意願

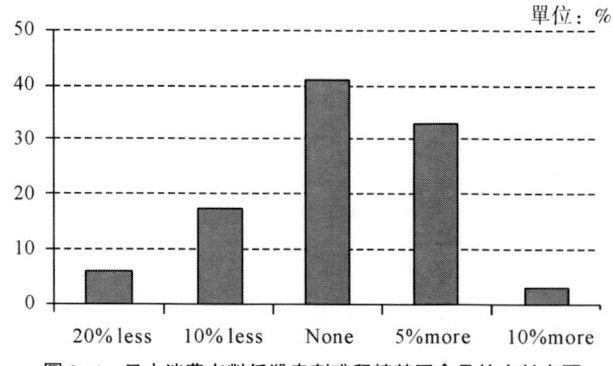

圖 2-4　日本消費者對低殺蟲劑殘留轉基因食品的支付意願

第二章 日本食品貿易法規政策

值得注意的是，兩個消費者人群中分別有超過 35% 和 40% 的受訪者強調，他們既不願意對具有醫學效用的轉基因食品支付額外費用，也不願意以折扣價購買使用低殺蟲劑殘留轉基因食品。這些發現意味著大多數的受訪者對轉基因食品的評價是不確定的。

圖 2-5 和圖 2-6 是關於日本消費者對具有營養價值的轉基因食品和非轉基因食品的支付意願的統計，有意思的是 23.6% 的受訪者願意為非轉基因食品額外支付 10% 的費用，這清楚地表明消費者對非轉基因食品的認可。有機食品生產者和非轉基因食品經銷商的目標都是針對這個市場的。相對有一小部分（3.6%）受訪者願意為具有營養價值的轉基因食品額外支付 10% 的費用。

分別有 42% 和 36% 的受訪者表示無法確定他們對富營養轉基因食品和非轉基因食品的支付意願，再次說明了日本消費者對轉基因食品的立場不確定，這可能是由於轉基因食品的不確定性和消費者缺乏對轉基因食品的認識和經驗。

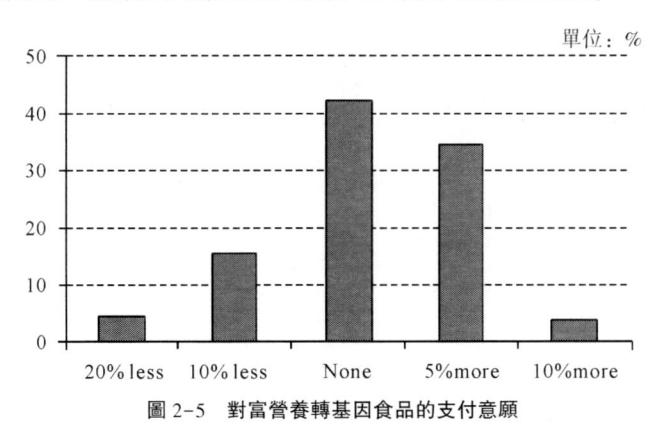

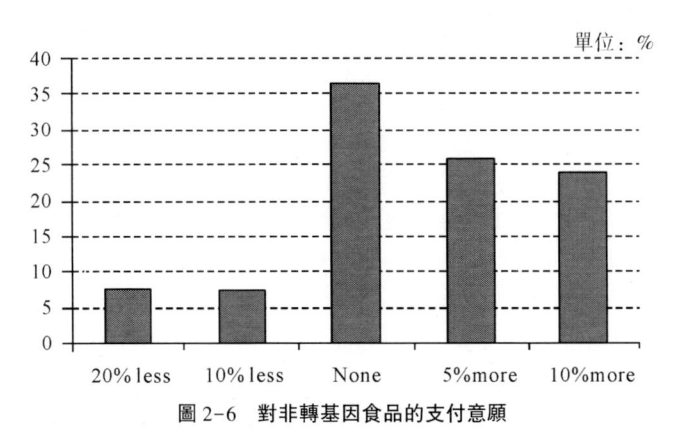

圖 2-5 對富營養轉基因食品的支付意願

圖 2-6 對非轉基因食品的支付意願

（3）對不同類型轉基因食品的偏好

表 2-8 中設計的五種假定產品描述了不同類型的轉基因效能，讓消費者回答他

們對在生產過程中各控制點使用了不同生物工藝的轉基因食品的偏好。這些產品是：①低膽固醇豬肉；②富維生素番茄；③低除草劑殘留菜籽油；④耐儲存酸奶酪；⑤高蛋白豆腐。

表 2-8　　　　　受訪消費者對轉基因食品關注的相關程度　　　　單位：%

	低膽固醇豬肉	富維生素番茄	低除草劑殘留菜籽油	耐儲存酸奶酪	高蛋白豆腐
最喜歡	17.9	32.1	25.0	7.9	16.4
較喜歡	14.3	29.3	20.7	8.6	28.6
中立	22.9	22.9	19.3	11.4	25.0
不喜歡	27.1	12.9	22.1	17.9	17.9
一點也不喜歡	17.8	2.8	12.9	54.2	12.1

　　五種假定的轉基因食品代表具有不同類型消費者和生產者效能的可能轉基因食品。例如，低膽固醇豬肉反應的是可能直接影響消費者的醫學效用，富維生素番茄和高蛋白豆腐反應的是對消費者可能的營養價值，而低除草劑殘留菜籽油反應的是可以降低菜籽油生產成本的生產者利益，耐儲存酸奶酪則給消費者提供了便利。該研究假設消費者對這些產品的不同偏好，反應了消費者對生產過程中的各個環節採用轉基因技術的不同認可和評價。

　　結果顯示受訪者認為富維生素番茄的受歡迎值最高（有 61.4%的受訪者選擇了該轉基因食品，而不是其他轉基因食品），低除草劑殘留菜籽油位於第二，接著是高蛋白豆腐，受訪者認為耐儲存酸奶酪是受歡迎值最低的。結果也意味著日本消費者更喜歡基因改良蔬菜和水果，而不是基因改良肉類。

　　4. 結論

　　對日本消費者關於轉基因食品的態度進行實證性分析，結果表明日本消費者對具有不同效用的轉基因食品的接受程度與興趣各有不同。10%的受訪者願意為具有醫學效用的轉基因食品額外支付 10%的費用，而 2.9%的受訪者願意為低殺蟲劑殘留轉基因食品支付 10%的額外費用。這預示著當日本消費者能夠認識到該轉基因食品具有醫學效用的直接好處時更願意支付額外費用，超過 20%的受訪者願意為非轉基因食品支付 10%的額外費用，受訪者中僅有小部分（3.6%）願意為具有營養價值的轉基因食品支付 10%的額外費用。約有 30%~40%的受訪者對是否願意為具有各種功能的轉基因食品支付額外費用不能確定，這說明日本消費者在轉基因食品這個問題上沒有確定他們自己的位置。然而，結果表明如果特殊消費效用能夠得到有效促進，並能與日本消費者進行溝通交流，第二代轉基因食品在日本還是有潛力的。為了擠進日本消費市場並開拓轉基因食品市場，轉基因食品經銷商可能需要開發注重醫學效用的轉基因水果和蔬菜類產品。轉基因食品經銷商可能需要深入調查和鑑

第二章　日本食品貿易法規政策

別目標市場的基本情況和特徵，對目標市場進行細化研究。

有關轉基因食品對長期健康影響的不確定性是導致日本消費者對轉基因食品猶豫不決的最重要影響因素。因此，對國際食品和轉基因產品經銷商來說，認識到需要通過宣傳與溝通中消日本消費者對轉基因食品的安全性和對長期健康影響的不確定性顧慮是很重要的，這種宣傳和溝通可以通過可靠的資料來進行，並且在適當時機有效調整轉基因食品需求體系，建立日本消費者對轉基因食品市場體系的信任。

二、日本轉基因食品溯源管理模式

近年來，轉基因食品因轉基因技術迅猛發展，並越來越多地出現在餐桌上。但由於轉基因食品的安全性存在爭議，世界各國對其採取的管理方式也各不相同，食品全程追溯的理念也逐步引入轉基因產品的管理中。由於農業在日本國民經濟中所占的比重較小，日本食品自給率較低（僅為40%），在很大程度上依靠進口，而進口農產品和食品轉基因成分所占比重較大，因此日本在經歷了政策及管理立場的轉變之後，對轉基因食品溯源做出了明確的法律規定，初步形成了獨特的轉基因食品溯源管理體系。通過分析學習和借鑒日本的經驗和做法，對建立和完善中國轉基因食品溯源管理體系有重要的參考意義。

1. 日本轉基因產品管理機構

2001年，日本引入了轉基因產品標示體系，日本有2個法律系統和2個政府機構負責轉基因食品的標示管理：食品衛生法，通過日本厚生勞動省執行，負責轉基因產品的審批，向公眾說明產品經過了安全評估，負責轉基因產品的 IP 管理；日本農業標準，通過日本農林水產省執行，負責審批重組生物向環境中的釋放。

日本非轉基因食品標示也需要嚴格的認證，並施行分別生產流通管理。非轉基因農產品的分別生產流通管理手冊規定，每一階段都需要向下一階段出具管理記錄和非轉基因證明。

2. 日本轉基因食品溯源管理法規

1996年日本首先對7種轉基因食品進行了安全性審查。1998年8月農林水產省宣布對含有轉基因成分的食品加貼標籤的初步計劃。1999年11月，農林水產省出抬了對24種產品加貼標籤的規範標準，並要求對轉基因生物和非轉基因生物原料實行「分別運輸」，確保轉基因品種混入率低於5%。1999年7月，為與新法配套，日本政府修改了《關於農林物資的規格化以及確定質量標示的法律》（JAS法，即1999年108號法案）。該法案規定從2001年開始，食品生產廠家應該對其產品是否使用了轉基因原料做出明確的表述。以大豆和玉米為主要原料生產的食品中有24種（表2-9）被列為標示對象，並規定隨著新的轉基因作物品種的出現而做相應的調整，每年進行一次基準標示的重新審定。2001年4月1日，日本農林水產省正式頒布實施《轉基因食品標示法》，對已經通過安全性認證的大豆、玉米等5種轉基因農

產品及以這些農產品為主要原料、加工後仍然殘留大量 DNA 或蛋白質的食品，制定了具體的標示方法；並對無須標示的加工食品以及不得出現在食品標籤上的用語進行了規定。2001 年 9 月 28 日、2002 年 2 月 22 日、2005 年 10 月 10 日，農林水產省分別發布第 1335 號、1535 號等公告，對轉基因食品標示目錄進行修改，分別增加了高油酸大豆及其加工品、馬鈴薯及其加工品、三葉草及其加工品等實施標籤的產品。並要求每年都要對已規定的農產品及其加工食品的種類進行修訂。

表 2-9　　　　　　新標籤系統下指定的農產品及加工食品

序號	食品	所用作物
1	豆腐、豆腐塊（油炸豆腐塊）	大豆
2	豆腐（干豆腐）、豆渣（豆腐渣）、腐皮（干大豆酪蛋白）	大豆
3	納豆	大豆
4	豆漿	大豆
5	日本豆面醬	大豆
6	水煮黃豆	大豆
7	罐裝或瓶裝大豆	大豆
8	黃豆粉（烘炒黃豆粉）	大豆
9	烘炒黃豆	大豆
10	序號 1~9 的任何一種成分製作的食品	大豆
11	主要由大豆製作的食品（烹飪）	大豆
12	主要由大豆粉製作的食品	大豆
13	主要由大豆蛋白製作的食品	綠豆
14	主要由綠豆製作的食品	綠豆
15	主要由豆芽製作的食品	綠豆
16	玉米點心	玉米
17	玉米澱粉	玉米
18	爆米花	玉米
19	凍玉米	玉米
20	罐裝或瓶裝玉米	玉米
21	主要由玉米粉製作的食品	玉米
22	主要由粗玉米粉製作的食品（玉米片除外）	玉米
23	主要由玉米（可食用部分）製作的食品	玉米
24	序號 16~20 中任何一種製作而成的食品	玉米

第二章　日本食品貿易法規政策

3. 日本轉基因食品追溯標示系統

（1）標示條件

日本《轉基因食品標示法》（以下簡稱「標示法」）規定：對已經通過日本轉基因安全性認證的大豆、玉米、馬鈴薯、油菜籽、棉籽 5 種農產品及以這些指定農產品為主要原料，加工後仍然殘留重組 DNA 或蛋白質食品，制定了具體標示方法。如果食品中重組 DNA 或由其編碼的蛋白質仍有殘留，那麼所有食品生產者、製造商、包裝商或進口商，必須在食品標籤上註明其主要原料。除了對加工食品貼標籤外，還要對指定的農產品進行標示。此外，「標示法」還規定了每年都要對指定農產品及其加工食品的種類進行修訂，修訂時需要考慮的因素有：最新商品化的轉基因農產品、分銷及用作食品原料的轉基因農產品的實際情況、去除和分解重組 DNA 及由其編碼的蛋白質的實際情況、由於檢測方法的進步而得出的新結論、消費者的觀點等。此外，還應考慮在有機食品和加工食品的生產、製造、流通及加工過程中，對轉基因農產品及以其為原料的加工食品的處理情況和制定國際統一制度的進展情況。

（2）標示方法

對由指定農產品的加工食品（包括這些食品的再加工食品）按下述項進行標示，生產者、加工者/包裝者或進口商應該指出有關指定農產品的容器或包裝各項的內容。當產品的容器或包裝上的標示空間小於 30cm^2 時則不做此要求。

必須說明成分的名稱。如果是只有一種成分，可以省略成分的名稱；或者「轉基因與非轉基因隔離」、「非轉基因」等，應在成分名稱後面的括號中註明，表明這是一種非轉基因農產品，並且已經進行過特殊處理。

如果是與傳統食品在結構和營養成分等方面存在顯著不同的轉基因農產品，而且確認已經進行過特定的處理：「×××轉基因與非轉基因隔離」「×××轉基因」等應該在這種指定農產品名稱後面的括號中註明，標示這種特定轉基因農產品已經進行過特定的處理。

（3）標示分類

日本把轉基因食品分為 3 類，對 3 類產品的標示規定各不相同。與傳統農產品和加工品無實質等同性。轉基因農產品及其加工成的食品在成分、營養、使用等方面無等同性，比如高油酸大豆及其產品，因此要求強制標示。與傳統農產品具有實質等同性，且外源基因或其編碼的蛋白質在加工成食品後依然存在。這種情況要求做相應的說明。與傳統食品具有實質等同性，加工品中不存在外源基因或其編碼的蛋白質。對於這種情況的食品，日本無強制標示要求，但可以自願標示。圖 2-7 歸納了日本政府規定需要標示的轉基因食品及具體標示分類。

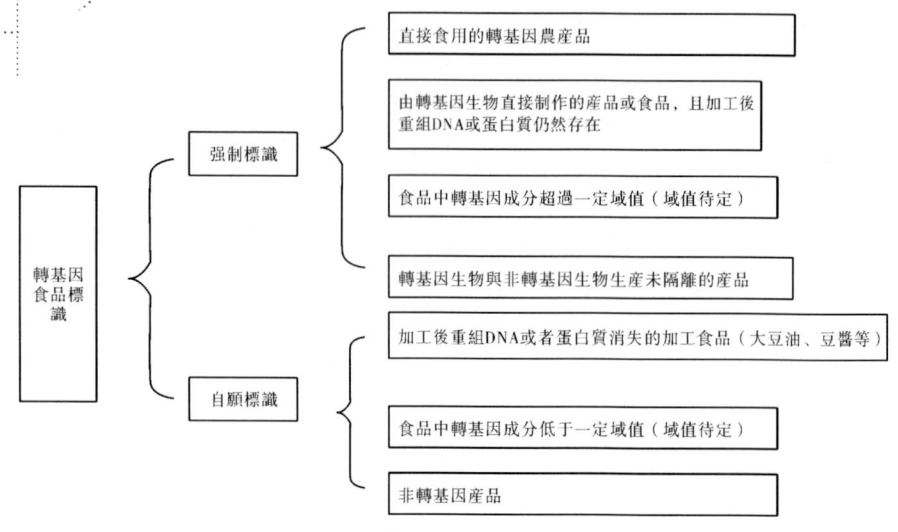

```
                    ┌─ 直接食用的轉基因農產品
                    │
         ┌─ 強制標識 ┼─ 由轉基因生物直接制作的產品或食品，且加工後
         │          │   重組DNA或蛋白質仍然存在
         │          │
         │          └─ 食品中轉基因成分超過一定域值（域值待定）
轉基因
食品標識 ┤
         │          ┌─ 轉基因生物與非轉基因生物生產未隔離的產品
         │          │
         │          ├─ 加工後重組DNA或者蛋白質消失的加工食品（大豆油、豆醬等）
         └─ 自願標識 ┤
                    ├─ 食品中轉基因成分低於一定域值（域值待定）
                    │
                    └─ 非轉基因產品
```

圖 2-7　轉基因食品的標示分類

4. 日本非轉基因產品身分保存處理

日本的轉基因食品的溯源系統主要根據身分保存處理進行，所謂身分保存處理即對非轉基因農產品在生產和分銷的每一步「從農場到食品製造進行處理」，以避免與轉基因食品混合，證書以文書的形式證明了產品進行過這樣的處理。日本農林水產省的非轉基因馬鈴薯、大豆和玉米的分銷手冊較系統地對整個過程進行了闡述，充分闡明了 IP 處理在分銷過程中的運行機制。

IP 處理包括從農場階段、產品裝載的每一步、生產階段、加工階段及分銷階段的每一步都進行記錄，並經第三方確認其進行過特殊處理，每一步都要發布相關證書。在轉基因和非轉基因農產品流通的各個環節（圖 2-8），進行區別性生產流通。管理的當事人需向下一負責人提供標記產品的名稱、產地、收穫年份等信息及有關管理內容的證明書，該證明書接受人向下一負責人出售非轉基因農產品時，需提供同樣的證明書，並附上從前一負責人處收到的證明書的複印件。證明書基於根據流通各個階段中管理主體的管理內容而編製，並由確認主體遞交給下一主體。

其中分銷階段的特殊處理主要包括四個方面的重點，一是特殊處理的處理者和確認者，處理者個體以某種形式處理產品以便從農場到製造的每一步對產品保存身分。確認者個體確認和證明對產品已經進行身分保存處理，處理者在某些情況下也是確認者。二是證書，確認者在從農場到製造的每一步發布證書以確認處理者對這些產品都進行了身分保存。每一步的證書發布者（進口商除外）獲得前一步的證書副本，並把自己的證書做好副本以傳遞給下一步的證書發布者。進口者發布一個覆蓋海外操作全過程的證書以代替上述證書的副本。三是記錄，每一步的處理者都必須保存好闡述處理產品細節的記錄從而保障和確認證書的準確度。鑒於有這樣的海

第二章　日本食品貿易法規政策

量記錄，確認者不需要對以前每一步的全部記錄都進行保存。四是儲藏階段，每一步的證書、記錄都必須至少保存兩年。

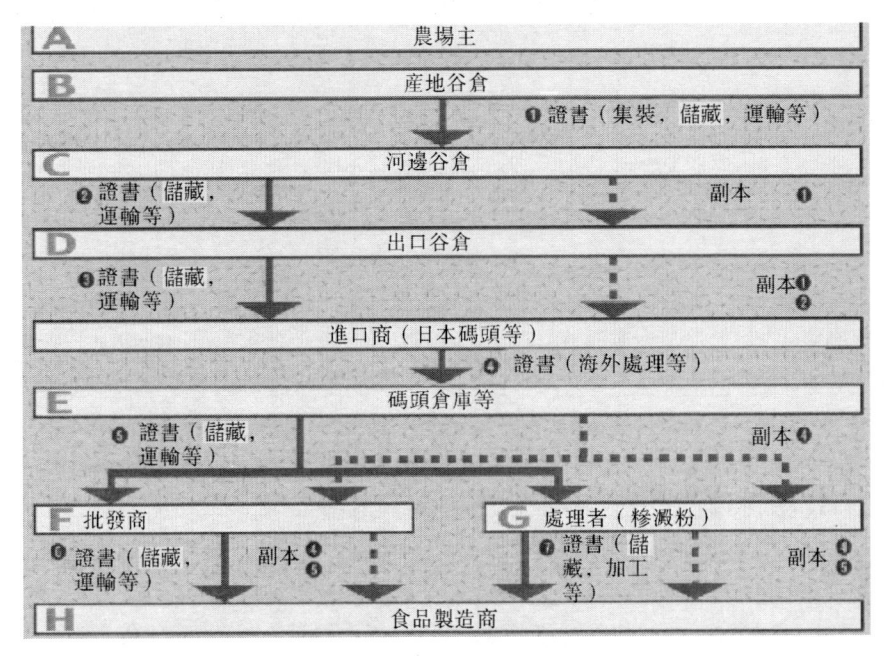

圖 2-8　IP 處理的證書發布流程

5. 結論

日本在農林水產省和厚生勞動省的監督管理下，依據轉基因食品標示標註法，主要通過 IP 身分保存系統和標籤標示系統，初步建立了日本轉基因產品溯源管理模式。IP 身分保存以非轉基因產品為主，以文檔和證書的形式進行傳遞和追溯。日本對轉基因農產品採取強制標示和自願標示共存的制度；對轉基因農產品及其加工食品、部分轉基因與非轉基因的農產品及其加工食品進行強制標示，分別表示為「××（轉基因）」「××（轉基因成分）」；非轉基因農產品及其加工食品進行自願標示，可表示為「××（非轉基因）」。轉基因食品的標示域值為 5%，即食品主要原料中批准的轉基因成分達到 5% 後才需要強制性標示，對於未批准的轉基因生物，轉基因食品的標示域值為 0。

目前轉基因產品的追溯管理主要在誠信基礎上的文檔保存管理，以標籤標示的形式體現。轉基因食品標示管理主要有 4 個內容。一是確定標籤的種類。目前，世界上與轉基因食品相關的標籤有三類，第一類是轉基因食品強制標籤；第二類是轉基因食品自願標籤；第三類是非轉基因食品自願標籤。二是確定標註的範圍、轉基因成分的域值及標註的方法。三是確定標籤的申請程序。四是保證標籤管理有效執行的措施。

中日韓食品貿易法規與案例解析

中國於 2001 年頒布了《農業轉基因生物安全管理條例》《農業轉基因生物安全評價管理辦法》《農業轉基因生物進口安全管理辦法》和《農業轉基因生物標示管理辦法》等法律法規以加強對轉基因生物產品的管理。中國的轉基因產品著重於安全審批，在終端產品管理和標示方面稍有欠缺，這不利於轉基因產品的全程溯源工作。日本的非轉基因身分認證和管理體系使非轉基因產品在整個食物鏈中擁有獨特代碼，包括從研發階段至產品申請的每一環節都進行記錄並由第三方確認其進行過非轉基因登記，並且在每一步都要發布相關證書。研發階段（含中間試驗、環境釋放、生產性試驗、安全證書、品種審定、商業化種植等）或直接進口產品，按審批情況（批准時間、年限、用途）和程序流向建立溯源標示規則，形成轉基因生物及其產品標示規範。在各個環節，研發人要提供上一環節產品名稱、產地、收穫年份、申報等信息及有關管理內容的證書。申請商業化生產時，提供所有的安全證書和檔案文件，確認轉基因產品的身分。日本的 IP 身分保存管理體系對中國的轉基因產品溯源體系建設有一定借鑑作用。

三、日本轉基因食品安全法律制度及對中國的啟示

轉基因食品就是利用現代分子生物技術，將某些生物的基因轉移到其他物種中去，改造生物的遺傳物質，使其在形狀、營養品質、消費品質等方面向人們所需要的目標轉變，從而形成可以直接食用的，或者作為加工原料生產的食品。在全球人口持續增長的今天，轉基因食品對緩解全球糧食危機起到了重要作用，但與此同時，轉基因食品不可預測的安全性風險也使得人們對其持有不同程度的質疑。而基於經濟發展和現代生物技術水準的不同，世界各國關於轉基因食品安全的法律制度也不盡相同。

1. 以日本為樣本的依據

雖然轉基因食品對緩解全球糧食危機有著十分重要的意義，但是，由於各國的文化背景、現代生物技術水準以及公眾對轉基因食品的認識和接受程度不同，世界各國轉基因食品政策有著很大的不同。目前主要存在著以美國、歐盟以及日本為代表的三種政策取向。由於其雄厚的現代生物技術力量以及開放的文化背景，美國對轉基因食品採取的是一種開放和樂觀的態度。美國認為，目前還沒有證據證明轉基因食品會對人體或動物健康產生危害，基於「可靠科學原則」，美國 1986 年「生物工程產品管理框架性文件」將轉基因食品與非轉基因食品對環境和人體的安全性風險歸為一個類型，並積極推廣轉基因作物的產業化，使得美國成為世界上種植轉基因作物最早、面積最廣的國家；與美國完全不同，歐盟對於轉基因食品的態度則十分謹慎。歐盟認為「當一項行為可能對人的健康或環境造成威脅時，即使其因果關係尚未得到科學證明，也應當採取預防措施」。基於這種「預防原則」，歐盟的轉基因食品政策十分嚴格和謹慎。

第二章　日本食品貿易法規政策

基於與美國和歐盟完全不同的國情，日本則選擇了一條新的政策道路來引導其國內的轉基因食品產業，這便是異於美國和歐盟鮮明態度的折中態度。日本的國土面積狹小，且人口密集，對於這樣一個耕地面積極少而人口又相對密集的國家而言，轉基因食品無疑是一個福音。但是作為一個糧食進口大國，轉基因食品的安全性風險無疑又使得日本無法完全將其等同於非轉基因食品，且在這種背景下，日本國民對轉基因食品也存在質疑。基於這些因素，日本的轉基因食品政策遊離在「可靠科學原則」和「預防原則」之間，並試圖尋找一個適合其國情的平衡點。

中國地大物博，但耕地面積的不斷減少和人口的持續增長使得中國同樣面臨著糧食總量無法滿足國民生活消費的問題。對於中國這樣一個人口眾多的國家，轉基因食品可以在很大程度上緩解中國國內的糧食危機，但是由於中國傳統的文化背景以及技術水準的限制，使得中國在制定轉基因食品的政策上選擇了與日本類似的道路，以審慎和發展作為中國轉基因食品政策的基調。因此，對日本轉基因食品安全法律制度的研究對中國尤為重要。

2. 日本轉基因食品安全法律制度研究

基於其對轉基因食品的態度，日本的轉基因食品政策有著自身的特點，其轉基因食品安全法律制度也就呈現出與其他國家不同的特點。筆者主要從以下三個方面來論述日本轉基因食品安全法律制度。

（1）日本轉基因食品安全的相關法律規定

日本是較早對轉基因食品安全作出法律規定的國家之一，在經歷了較大的政策及管理立場轉變之後，日本初步形成了自己獨特的轉基因食品安全法律體系。早在1979年8月27日，日本政府就頒布了《重組DNA生物實驗指南》，隨後多次修訂。1991年5月7日，日本厚生勞動省制定了轉基因食品和食品添加劑安全性審查準則，根據安全性準則來確認轉基因食品的安全性，並於1996年1月31日進行部分內容的修訂，追加了直接食用轉基因種子植物的安全性審查；1996年日本首先對7種轉基因食品進行了安全性審查，但自此後近兩年，日本批准進口的轉基因產品都沒有加貼標籤；1998年8月，農林漁業部宣布對含有轉基因成分的食品加貼標籤的初步計劃；1999年11月，農林水產省公布對24種產品加貼標籤的規範標準，並要求對轉基因生物和非轉基因生物原料實行「分別運輸」，確保轉基因品種混入率低於5%。1999年，日本政府又修改了沿用近40年的《農業基本法》，並更名為《食品・農業・農村基本法》，新法在繼續推行市場自由化的基礎上，新增加了維護消費者利益的食品安全政策及維持農業可持續生產政策的內容。1999年7月，為與新法配套，日本政府修改了《關於農林物資的規格化以及確定質量標示的法律》（即1999年108號法案）。該法案規定從2001年開始，食品生產廠家應該對其產品是否使用了轉基因原料做出明確的表述。以大豆和玉米為主要原料生產的食品中有24種被列為標示對象，並規定隨著新的轉基因作物品種登場而作相應的調整，每年進行一次基準標示的重新審定。

中日韓食品貿易法規與案例解析

2001年3月27日，日本政府發布了《轉基因食品檢驗法》（2001年9月14日最後修訂），規定轉基因食品在進口時，檢疫所應進行抽樣監控檢查，各都、府、道、縣也應進行適當的監控檢查，以確保轉基因食品進口的安全性；2001年4月1日，日本農林水產省正式頒布實施《轉基因食品標示法》，對已經通過安全性認證的大豆、玉米等5種轉基因農產品以及以這些農產品為主要原料、加工後仍然殘留充足DNA或由其編碼的蛋白質的食品，制定了具體的標示方法，並對無須標示的加工食品以及不得出現在食品標籤上的用語進行了規定，並要求每年都要對制定農產品及其加工食品的種類進行修訂。

值得注意的是，日本關於轉基因食品安全的立法主要是在「對於在農業和工業中應用重組DNA生物體的框架」基礎上建立起來的。目前，日本已經建立了兩個關於重組DNA生物體實驗的指南和6個關於重組DNA生物產業應用的指南。

（2）日本轉基因食品安全的管理機構

日本的轉基因食品安全管理機構主要由文部科學省、通產省、農林水產省和厚生勞動省4個部門組成。文部科學省負責審批實驗室生物技術研究與開發階段的工作，該省於1987年頒布了《重組DNA實驗準則》，負責審批試驗階段的重組DNA研究；通產省負責推動生物技術在化學藥品、化學產品和化肥生產方面的應用；農林水產省主要負責審批重組生物向環境中的釋放；厚生勞動省，又稱健康與福利部，負責藥品、食品和食品添加劑的審批，同時也負責轉基因食品的安全問題，1986年頒布了《重組DNA工作準則》，1992年4月，該部門又制定了不直接用於消費的轉基因產品的食品安全指導原則，1994年8月，首次批准使用該指導原則的是轉基因凝乳酶。1996年，開始實施評估抗除草劑食品標準。厚生勞動省的安全管理機構設食品衛生課程，由審議會和食品衛生調查會審批並報厚生勞動省大臣確認轉基因食品的安全性。四個主管部門分別制定了相關管理法規，規定安全性評價程序為：開發者先行評價，然後政府組織專家再進行審查。

（3）日本轉基因食品安全的法律保障制度

①安全性審查制度。通過制定法律、法規和發布相關公告、準則，日本形成了轉基因食品安全性審查制度。在日本，申請者向食品保健部監視安全科提出申請，再由藥事、食品衛生審議會根據安全性審查準則及最新科學知識進行審議，審議結果由官方報紙公布於眾。某些轉基因食品即便通過了安全性審查，如果日後與科學上的新觀點相悖時，要及時復審，若有可能危害人體健康時，應予以公布。申請者要保證申請資料的可靠性。同時，隨著科學技術的發展，人們對轉基因食品有新的認識、觀點時，申請者有責任向厚生勞動省呈報相關資料、報告等。安全性審查的對象大致包括兩類，即用轉基因大豆、玉米生產加工的食品和轉基因非病原微生物所加工的食品、食品添加劑。在進行轉基因食品安全性審查時，首先要明確待審查的轉基因食品與同一種類非轉基因食品有無可比性，如果兩者有可比性，則逐項進行比較，若無可比性，則不能作為食品銷售。根據「實質等同」的標準，進行轉基

第二章　日本食品貿易法規政策

因食品安全性審查。

②區別性生產流通管理制度。區別性生產流通管理（也稱 IP 制度或個性保存），是一種農產品或原材料管理體系，該體系允許分批處理農產品或將一種農產品與其他農產品進行分離。日本明確規定必須對非轉基因原料的生產及流通進行分離管理。IP 制度指明了在非轉基因原料生產和流通分離管理各個環節上、需要控制的關鍵點。同時還制定了相關手冊，以規範對這些原料已經採取必要管理措施的證明資料的傳遞和保管行為等。食品生產商若想生產貼加「非轉基因」標籤的食品，需要按照 IP 制度有關規定，周密地進行區別性生產流通管理。

③上市審批制度。日本政府規定，轉基因農作物的開發首先要在封閉環境中展開，其次，實驗室開發出來的轉基因作物必須在田間種植和上市流通之前，對其環境安全性、食品安全性和飼料安全性進行認證，方可進行田間種植和制成食品。任何利用重組 DNA 技術開發的食品和食品添加劑，如果沒有經過安全評估，禁止進口或在日本銷售，從而保證了只有被確認了安全性的轉基因食品才能實現商品化並銷售到日本消費者的手中。

④產品標示制度。日本《轉基因食品標示法》對已經通過日本轉基因安全性認證的大豆、玉米、馬鈴薯、油菜籽、棉籽 5 種農產品及以這些指定農產品為主要原料，加工後仍然殘留重組 DNA 或由其編碼的蛋白質食品，制定了具體標示方法，並對無須標示的加工食品以及不得出現在食品標籤上的用語進行了規定。此外，該法還規定了每年都要對指定農產品及其加工食品的種類進行修訂。根據最新商品化的轉基因農產品、分銷及用作食品原料的轉基因農產品的實際情況、去除和分解重組 DNA 及由其編碼的蛋白質的實際情況、由於檢測方法的進步而得出的新結論，以及在有機食品和加工食品的生產、製造、流通及加工過程中，對轉基因農產品及以其為原料的加工食品的處理情況和制定國際統一制度的進展情況，來綜合考察。

3. 中國轉基因食品安全法律制度的現狀

從 20 世紀 80 年代轉基因技術及其產品問世以來，轉基因食品研發和生產規模不斷擴大，目前市場上的轉基因食品已有上千種，包括轉基因大豆、玉米、番茄等，許多國家包括中國都在積極進行轉基因食品的研究和開發。但中國至今還未針對轉基因食品的安全問題制定專門的法律法規。1992 年，原衛生部頒布了《新資源食品衛生管理辦法》（現已廢止），規定了轉基因食品生產審批和標示方法；1993 年原國家科委頒布了《基因工程安全管理辦法》（現已廢止），要求必須對轉基因食品進行安全性評價，制定安全控制方法和措施；1996 年農業部頒布了《農業生物基因工程安全管理實施辦法》，該辦法對不同的遺傳工程及其產品的安全性評價都作了明確的說明，同時，對國外研製的農業生物遺傳工程及其產品在中國境內進行中間試驗、環境釋放或商品化生產作出了具體規定；2001 年，國務院頒布實施了《農業轉基因生物安全管理條例》，對轉基因食品的科學試驗、生產經營、進出口貿易作出了規

定；2002年1月，農業部公布了《農業轉基因生物安全評價管理辦法》《農業轉基因生物進口安全管理辦法》和《農業轉基因生物標示管理辦法》三個配套文件，規定中國對轉基因作物實行安全評價審批和標示申報制度；隨後，國家又頒布了《農業轉基因生物安全評價管理程序》《農業轉基因生物進口安全管理程序》和《農業轉基因生物標示審查認可程序》三個文件；2002年4月，原衛生部頒布了《轉基因食品衛生管理辦法》（現已廢止）；2002年7月，原衛生部頒布了《轉基因食品衛生管理條例》，對轉基因食品和以轉基因產物為原料的食品的標示問題進行了規定；2009年2月28日第十一屆全國人民代表大會常務委員會第七次會議通過的《中華人民共和國食品安全法》，對食品安全的風險檢測與評估、許可、記錄、標籤以及跟蹤、召回制度和法律責任等都進行了規定，為中國轉基因食品安全的監管和保障提供了宏觀依據。

中國目前有關轉基因食品安全法規的制定和頒布實施，表明中國已經開始重視轉基因食品安全問題，這些法規對中國將轉基因食品安全管理納入法治軌道具有重要的意義。但是諸多問題仍然存在，如，與日本相比較，中國對轉基因食品的安全問題沒有專門的立法，而多是以部門規章和行政法規的形式進行規定，這些法規、規章往往具有臨時性和應急性，難以對中國轉基因食品安全問題進行全面系統的規定；另外，中國轉基因食品安全的相關法律規定操作性不佳，缺乏轉基因食品安全標準和檢驗檢測標準的相關規定，這導致管理部門在對轉基因食品作出安全評價時缺乏明確和統一的標準，難以保證其作出的安全評價的科學性與合理性。在實踐中容易出現不同檢測機構甚至是同一檢測機構對同一被檢測食品得出不同的檢測結果。

中國的轉基因食品安全管理主要由農業部負責，農業部頒布條例、辦法等對轉基因食品安全進行規定，並對新的轉基因食品進行審批，但是原衛生部、科技部以及國家環保局都介入了轉基因食品安全管理，出現了多頭管理的問題，且各個部門的協調性不高，使中國轉基因食品安全管理沒有形成一個統一協調、全面有效的管理機制。

中國現有的轉基因食品安全法律規定以及現實管理過程中的實踐表明，中國已經初步建立了諸如轉基因食品審批和標示的制度，但是目前仍然缺乏全面系統的制度體系，現有的制度也亟待深化和完善。

4. 日本轉基因食品安全法律制度對中國的啟示

隨著科技的發展，轉基因食品越來越多地出現在我們的生活中，人們在肯定其巨大的經濟效益和社會效益的同時，對其安全性的質疑要求我們必須將轉基因食品安全盡快納入法治的軌道。而中國轉基因食品安全法律制度還存在諸多的不足，基於類似的轉基因食品安全政策，研究日本轉基因食品安全法律制度對完善中國相關法律制度具有借鑑意義。

首先，對轉基因食品安全進行專門系統的立法。筆者建議，根據中國國情，可

第二章　日本食品貿易法規政策

以選擇在《食品安全法》的框架下進行轉基因食品安全立法，同時借鑑日本的立法模式，對轉基因食品安全標準及檢驗檢測標準等相關問題作出具體的規定，建立完善的轉基因食品安全評價、監控及標示制度，形成專門的《轉基因食品安全管理條例》。

其次，完善中國轉基因食品安全管理機構的設置。通過對日本轉基因食品安全管理機構設置的研究可以發現，日本相關機構的設置考慮到了不同部門資源佔有各不相同的獨特優勢時，採取了資源互補、統一協調的管理措施，將各種管理資源有效整合，從而形成了全面系統的管理機構體系。我們可以借鑑這方面的成功經驗，根據中國的具體國情，在縱向上，設置中央和地方兩級管理部門，建立自下而上的檢測和信息反饋機制；在橫向上，將轉基因食品安全管理工作分為安全性審查、檢驗檢測、審批等各個部分，明確科技部、農業部、原衛生部和各省、直轄市的科技廳（局）、農業廳（局）、衛生廳（局）等部門對轉基因食品實施管理的職權和職責分工，以避免多頭管理、相互推諉的現象。

最後，完善中國轉基因食品安全法律保障制度。借鑑日本相關制度的成功經驗，完善中國轉基因食品安全法律保障制度可以從以下幾個方面入手：①建立轉基因食品安全性審查制度，健全中國轉基因食品檢驗檢測和評估體系，對轉基因食品進行嚴格的檢測。《食品安全法》第二章規定，國家建立食品安全風險檢測和評估制度，對食源性疾病、食品污染以及食品中的有害因素進行檢測，對食品、食品添加劑中生物性、化學性和物理性危害進行風險評估。由於轉基因食品的特殊性，應當建立更為嚴格的安全性審查制度。通過建立獨立的權威檢測機構，對轉基因食品進行嚴格的檢測，保證其質量和安全性，嚴格控制轉基因食品的生產、加工、貯運、銷售直到進出口各環節，使安全風險降至最低。②在《食品安全法》所規定的食品安全許可制度框架下，健全轉基因食品上市審批制度，對轉基因食品進入市場銷售流通的條件作出明確的規定，禁止不符合條件的轉基因食品進入市場，並規定相應的法律責任，從而避免安全事故的發生。③完善中國轉基因食品的標示制度。轉基因食品的標示被喻為轉基因食品的「身分證」。採取標示制度主要是從消費者的知情權和選擇權方面考慮，保障消費者權益。借鑑日本經驗，完善中國轉基因食品的標示制度應當做到：明確規定標籤標示的內容，轉基因生物食品標籤上必須註明轉基因成分的來源、過敏性以及不同於傳統食品的地方。如果該食品有特定銷售範圍要求的，還應載明銷售範圍；拓寬標示制度的適用範圍，明確規定如果食品中轉基因含量超過某一限值則必須加貼標籤；標示位置應當明顯，便於人們在購買食品時能清楚地看見標示；另外，應當明確轉基因食品標示的方法和形式，例如將標示方法明確為「××轉基因食品」或「××轉基因原料食品」等，以規範轉基因食品的標示，這也是其規範地進入市場，保證人們的知情權的途徑之一。④建立和完善轉基因食品預警系統和信用體系、產品追蹤制度、完善責任制度和保險、救濟制度等，這些

都是完善中國轉基因食品安全法律制度的重要方面。

5. 結論

　　隨著生物技術的發展和全球人口的持續增長，轉基因食品將會越來越多地應用到我們的生活中。我們相信，在借鑑國外成功經驗的基礎上，通過完善中國轉基因食品安全立法和相關法律保障制度等方面來健全中國轉基因食品安全保障體系，將會使中國轉基因食品安全問題得到更好的管理和規制，進而為保證消費者權益、促進中國食品安全體系良性發展作出貢獻。

第三章 日本反傾銷與食品貿易

● 第一節 日本反傾銷法

一、日本反傾銷政策的主要內容

日本是世界上第五個實施反傾銷制度的國家，其反傾銷制度開始於 1920 年頒布的《海關關稅法》，這一反傾銷立法年代僅次於加拿大（1904 年）、澳大利亞（1906 年）、南非（1914 年）和美國（1916 年）。日本的反傾銷制度歷經修訂和完善，構成了目前主要由《海關關稅法》《關於反傾銷稅的內閣法令》（以下簡稱《法令》）以及《關於反傾銷及反補貼程序的說明》（以下簡稱《說明》）這三者構成的反傾銷政策體系。至於日本反傾銷法律和規則沒有涉及的事項，則適用 WTO《反傾銷協議》的相關條款和規定。

根據日本的反傾銷管理體制，負責處理反傾銷事務的行政管理機構有三個，即：財務省（原大藏省）、受到傾銷損害的有關產業主管省和經濟產業省（原通商產業省）。在不涉及農產品的情況下，主要是財務省和經濟產業省兩個部門。財務省設有一個專門的部門即計劃和法規課，負責管理反傾銷和反傾銷稅的相關事務。財務省負責受理日本所有有利害關係人的反傾銷申訴，並在反傾銷調查結束後，負責作出最終裁決。經濟產業省的反傾銷事務則由設立於通商管理局的通商政策計劃和調查課負責處理。在反傾銷調查中，財務省、有關產業主管省和經濟產業省這三個機構各自派出若干名職員共同組成調查小組，負責所有的反傾銷調查工作，但由財務省牽頭，負責組織和協調工作。此外，日本的反傾銷管理機構還涉及海關總署和外匯關稅協調諮詢委員會，其中，海關總署是反傾銷調查最終裁決的執行機關，而外匯關稅協調諮詢委員會負責對反傾銷案件的裁決提出有關建議，但該委員會只是一

中日韓食品貿易法規與案例解析

個諮詢機構,而不是決策機構。

同世界其他各國一樣,日本的反傾銷政策也是在《關貿總協定》(GATT)第六條以及《關貿總協定》中《關於執行關貿總協定第六條的協議》的基礎上建立起來的。日本反傾銷政策的具體內容主要體現在兩個方面:一是實施反傾銷的前提條件;二是反傾銷政策的實施步驟及反傾銷措施。

1. 實施反傾銷的前提條件

(1)存在傾銷商品的進口。所謂傾銷是指出口商以低於正常價值的價格向國外銷售產品的行為。因此,要確定進口的商品是否存在傾銷,關鍵是要確定外國出口商出口產品的正常價值和出口價格。日本反傾銷政策規定,外國出口商出口產品的正常價值是指正常貿易過程中在出口國國內銷售同類產品的價格。這裡所謂的「正常貿易」不包括以下三類交易:一是售價低於成本的交易,即銷售價格不足以抵補產品的生產成本和一般管理費用以及正常交易過程中的合理利潤;二是產品的銷售價格無法使生產商在一段合理的期間內收回產品的生產成本及一般管理費用的大批量的交易;三是發生在有關聯關係的賣主和買主之間的交易。

如果出口國不存在正常交易過程中同類產品的國內銷售價格,或者由於出口國市場的特殊情況而使這種價格缺乏代表性,那麼,根據日本《關於反傾銷稅的內閣法令》的規定,可以用對第三國的出口價格或者結構價值作為正常價值。其中,對第三國的出口價格,是指出口國向除日本以外的任何其他國家銷售同類產品的出口價格;而結構價值則是指由在進口國國內生產同類產品的生產成本、銷售費用、一般管理費用和合理利潤加總而成的價格。對於來自非市場經濟國家的進口產品,日本政府將選擇一個與進口國經濟發展水準相近的第三國作為替代國,並以替代國國內同類產品在正常貿易中的市場價格作為進口產品的正常價值。

至於外國出口商出口產品的出口價格,則根據在正常貿易過程中外國出口商向日本進口商銷售同類產品的價格來確定。如果沒有直接出口價格,或者由於出口商與進口商有關聯而使該產品的出口價格不可信,那麼應當以進口商首次將進口產品轉售給日本國內與出口商無關的獨立買方時的售價為確定該產品出口價格的依據。如果進口產品在進口後轉售前這一時期內經過加工製造,應當以扣除加工製造過程中增值部分後的轉售價格作為該產品的出口價格。

為了使出口價格與正常價值能進行公平的比較,日本反傾銷政策還規定,在比較前應扣除差異性影響因素,將兩者調整至同一貿易水準。這些差異性因素包括:貿易水準、交易數量、支付條件、產品的質量差別、質量保險、售後服務以及稅收等。

(2)日本產業遭受實質性損害。根據日本《關於反傾銷稅的內閣法令》的規定,所謂日本產業,是指其同類產品的產量占整個產品產量主要部分(50%以上)的日本生產商。但是,如果生產商本身就是進口商,或者與傾銷產品的進口商或出口商有關聯,包括直接或間接控制進口商或出口商,直接或間接被進口商或出口商

第三章　日本反傾銷與食品貿易

控制，直接或間接被進口商或出口商控制的第三者控制，而且有理由相信這種關聯關係使該生產商的行為和其他國內生產商不同，那麼，該生產商將被排除在日本產業的範圍之外。然而，如果該生產商在申訴人提出反傾銷調查申訴前6個月已經不是傾銷產品進口商，或者它僅進口極少量的傾銷產品，那麼，這種生產商仍然屬於日本產業的範圍之內。《關於執行關貿總協定第六條的協議》的有關規定。具體地說，這種損害包括三個方面：一是傾銷對日本產業造成實質性損害；二是傾銷對日本產業造成實質性損害威脅；三是傾銷對日本新建產業的建立造成實質性阻礙。此外，在確定損害時，還要考慮下列因素：傾銷產品的進口量（進口的絕對數量是否增加，與生產或消費相比較後的相對數量是否增加）；進口對國內產品價格的影響（進口價格是否一定程度地低於國內價格，國內價格受到進口價格牽制的情況）；進口對國內生產企業的影響（與國內產業狀況有關的所有經濟因素，包括產量、銷售量、市場佔有率、利潤、生產率以及投資效益等）。

（3）日本產業的實質性損害與傾銷商品的進口之間存在著直接的因果關係。日本反傾銷政策規定，實施反傾銷措施必須能夠證明由於傾銷的影響，傾銷進口產品正在對日本產業造成損害。但同時也要考慮其他非傾銷因素對產業的損害影響，並且不應當將這些因素造成的損害歸咎於傾銷進口產品。這些因素包括：非傾銷價格進口數量及需求減少或消費情況的變化，外國生產商或本國生產商的限制性商業習慣以及外國生產商之間的競爭、技術進步和國內產業出口狀況、生產率等。

（4）實施反傾銷對保護日本產業具有必要性。根據日本反傾銷政策，要實施反傾銷，除了滿足上述三個條件即認定傾銷事實以及由此產生實質性損害等事實之外，還必須滿足另外一個條件，即日本政府認為有必要通過反傾銷措施來保護日本的相關產業。這就是說，如果當日本政府同傾銷國政府達成某種協議之後，日本政府認為沒有必要通過採取反傾銷措施來保護日本產業時，即使存在傾銷和損害，也不必對傾銷進口產品實施反傾銷措施。

2. 反傾銷政策的實施步驟及反傾銷措施

（1）反傾銷申訴與受理。日本《海關關稅法》規定，任何有利害關係的日本生產商、日本國內各生產商組成的行業協會、日本國內各生產商雇用的工人組成的工會，都可以以日本產業的整體名義向財務省提起申訴，要求政府對某種進口產品加徵反傾銷稅。申訴人在向財務省提出申訴的同時，還應當向政府提交有關傾銷產品進口價格情況以及進口所造成的重大損害情況的充分證據，同時，還應當向財務省國稅局的計劃法律部提交申訴書副本。收到申訴後，財務省、有關產業主管省和經濟產業省共同討論是否進行反傾銷調查，並在兩個月內作出決定。如果申訴書已經含有充分的初步證據，那麼三省一般應當同意受理，並作出開始調查的決定。此時，應當通知進口商、出口商和申訴人，並在政府公報上刊登通告。此外，如果日本政府認為有必要，也可以在無人申訴的情況下自行開始反傾銷調查。

（2）反傾銷調查。反傾銷調查由財務省、有關產業主管省和經濟產業省聯合進

行。調查期間，日本政府在徵得有關出口國同意後，可以向該國寄發調查問卷，要求有關出口商提供進一步的證據。日本反傾銷政策沒有限定調查取樣的時間範圍，但是調查所需的資料一般是關於在調查開始前一年內的經營狀況、涉案產品的國內外銷售狀況、出口商和進口商的關係等。當事人一般應該在接到調查問卷後 30 日以內填完所需資料，回復日本反傾銷當局。必要時，當事人可以向日本當局申請延長期限。當事人並沒有必須回答調查問卷的法定義務，但是，如果有關當事人在調查中不予合作或者阻礙調查，那麼調查小組可以按照 WTO 反傾銷協議的有關規定，根據現有事實材料作出裁決。原則上，反傾銷當局應該在調查開始後 1 年內作出結論。但是，如果情況複雜，時間也可以延長，但財務省必須向有關各方發出通知，並說明延期的理由。

（3）初步裁決與臨時反傾銷措施。根據日本反傾銷政策，反傾銷調查小組必須在開始調查之日起 6 個月內決定是否作出初步裁決。日本的初步裁決只有肯定性裁決，沒有否定性裁決。如果初步的反傾銷調查沒有足夠的證據能夠表明傾銷的存在，則不作出初步裁決。為了避免進口產品在進一步調查期間繼續造成損害，日本反傾銷當局一般要在肯定性初步裁決後採取臨時反傾銷措施。臨時反傾銷措施包括兩種形式：一是徵收初步確定的傾銷幅度範圍之內的臨時反傾銷稅；二是要求繳納相當於反傾銷稅金額的保證金。一旦調查小組決定採取臨時反傾銷措施，就應及時通知海關關稅委員會執行。臨時反傾銷措施的執行期限為 4 個月，出口商如果在該期限終止之日前 30 日提出延期請求，則可延長至 6 個月。

（4）價格承諾與中止反傾銷調查。所謂價格承諾是指出口商允諾將價格提高到可以消除對進口國產業造成有害影響的水準。日本反傾銷政策規定，在反傾銷調查結束之前，如果出口商表示願意修改價格或者停止以傾銷價格向日本出口，並得到日本反傾銷當局的允許，那麼就可以中止或結束反傾銷調查，並且不對其採取臨時反傾銷措施。但其前提是反傾銷當局必須確信出口商提出的價格承諾可以消除傾銷造成的損害，並且出口商在承諾的有效期內會遵守價格承諾。根據價格承諾的規定，反傾銷當局可以要求出口商定期提供履行價格承諾義務的資料，並核實有關數據。如果出口商拒絕提供和證實有關資料，則被視為違反了價格承諾義務，日本反傾銷當局可以立即恢復反傾銷調查。

（5）最終裁決與最終反傾銷措施。如果出口商沒有作出價格承諾或者日本反傾銷當局沒有接受出口商作出的價格承諾，那麼日本反傾銷當局就必須在 1 年內全部結束反傾銷調查，並作出最終裁決。日本的最終裁決也只有肯定性裁決，而沒有否定性裁決。如果調查結論是存在傾銷的事實，並有足夠的證據表明該進口對日本產業造成了實質性損害，而且傾銷與損害之間存在直接的因果關係，那麼日本反傾銷當局將作出肯定性最終裁決，並決定採取最終反傾銷措施，同時應將這一決定通知有關當事人和日本海關關稅委員會。日本的最終反傾銷措施主要是徵收反傾銷稅，並規定徵收的反傾銷稅應在傾銷幅度範圍之內。相反，如果不能證實傾銷、損害或

第三章　日本反傾銷與食品貿易

兩者之間的因果關係，則不採取最終裁決，但此時也應在政府公報上公布，並通知有關各方。

二、日本反傾銷實體法

日本反傾銷實體法的內容，與歐美大同小異。在措辭上稍有差別，分述如下：

1. 出口國在日本以低於「正常價值」銷售是構成傾銷的必要條件之一

（1）正常價值的確定。

根據日本《海關關稅法》第九條的規定，正常價值是在「正常貿易渠道中，供國內消費的同類產品的價格」。日本內閣的反傾銷《法令》第一條規定，正常價值具體體現為下述兩種價格：一個是出口國向除日本外的任何其他國家銷售同類產品的出口價格，另一個包括進口產品的生產成本和合理利潤及生產國生產相同產品所需一般費用在內的價格。如果缺乏正常貿易渠道中供出口國國內消費的同類產品的價格（包括產品國內銷售數量太少者）的資料，或者國內價格反應的是出口國的特殊市場情況，就不能將上述兩種價格作為正常價值。

《法令》《說明》將下列情形視為「非正常貿易渠道中」的銷售，故其價格也被認為不宜作為正常價值看待：

①價格低於生產成本加一般支出費用，且與下述條件相符的銷售：第一，在一段拖得很長的時間內進行，且數量巨大；第二，不能在正常交易過程中一段合理期間內回收產品生產成本及一般管理費。

②出口國兩個有聯繫的當事人之間的銷售。除了屬於「非正常貿易渠道」的銷售，或正常貿易渠道中由於種種原因（如銷售比例過小等），其價格不宜作為正常價格的情形，第三國價格或構成價值均可被視作正常價值。

（2）出口價格的確定。

出口價格是確定傾銷存在與否和傾銷幅度大小的兩個依據之一。根據《法令》第二條的規定，如果沒有掌握產品的出口價格，或者由於產品出口商與進口商有聯營關係而不宜採用其出口價格，則該產品的出口價格應當以其首次向與產品進出口商無關係的任何人銷售的價格為依據確定。「進口商」包括購買產品的任何日本人。如果產品出口商與在進口商那裡購買產品的人有關係，即使進口商與出口商沒有關係，上述規定也將適用。

如果產品經過加工製造後當作原材料銷售給一個獨立的買主，該產品的出口價格應當以扣除加工製造過程中增值的部分後的價格為基礎確定。

（3）正常價格與出口價格的比較和調整。

出口價格與正常價值原則上應以同一貿易水準（通常是出廠水準）來比較，並應盡量在銷售時進行。《法令》第一條第3款對此作了較為籠統的規定。該條款指出「《海關關稅法》第九條第1款規定的正常價格，應當是經過對不同行業有關產

93

品銷售的出口價格比較後產生的價格差別進行比較調整後獲得的價格」。

2. 進口產品由於傾銷而造成日本工業的重大損害是徵收反傾銷稅的主要條件之一

（1）受損害的是「日本工業」。

根據《法令》第三條的解釋：「『日本工業』是指其同類產品的產量占整個產品產量的主要部分的日本生產商。」這裡所說的僅指日本的生產商，而不包括該類產品的出口商或進口商。由於對「日本工業」的定義和界定與損害調查範圍的劃定密切相關，與起訴人資格的認定也有很大的關係，故《說明》對「日本工業」還有如下補充規定：①「法令」規定的主要部分應當解釋為 50% 以上。②只要有理由認為或懷疑生產商與進出口商的關係會導致某生產商採取與其他生產商不同的作法，那麼下述任何一種生產商都將被排除在「日本工業」定義範圍之外。這些生產商包括：直接或間接控制進出口商的生產商；直接或間接被進出口商控制的生產商；直接或間接被進出口商控制的第二直接或間接控制的生產商。但這一規定不適用於：在收到要求徵收反傾銷稅或反補貼稅申請前六個月已經不是傾銷或補貼產品進口商的生產商；僅進口極少量的傾銷或補貼產品的生產商。

與上述規定相對應，日本《海關關稅法》規定「對日本工業有利害關係的任何日本人」都具有申請某項進口產品徵收反傾銷稅的資格。《說明》規定有申請資格的人包括：①構成日本工業的生產商；②由上述生產商構成的會社；③由上述生產商雇傭的工人組成的勞動聯盟。另外還規定，徵收反傾銷稅的申請必須以某一日本工業的名義提出。這一要求表明，申請必須符合某一日本工業的整體利益。

（2）損害必須是傾銷造成的。

日本反傾銷法遵循關稅及貿易總協定的規定，也規定傾銷進口與重大損害之間必須存在因果關係，才能對之徵收反傾銷稅。根據關貿總協定 1979 年《反傾銷守則》（後簡稱《守則》）第十一條第 4 款的規定徵收反傾銷稅。必須能夠證明由於傾銷的影響，傾銷性進口正在造成《守則》所說的損害，同時可能還有其他正在損害工業的因素，但由於其他因素造成的損害不應歸咎於傾銷性進口。

（3）損害必須是重大損害。

《海關關稅法》第八條第 1 款和第九條第 1 款規定：「如果存在或可能造成日本工業的重大損害，或嚴重妨礙日本工業設立的傾銷或補貼產品進口的事實，如果認為是保護有關工業所必須，可以根據《海關關稅法》規定，以附加關稅表中的稅率，對這類產品徵收關稅之外的附加稅。」依據什麼判斷存在著「重大損害」和「嚴重妨礙」呢？日本法律規定，確定是否存在重大損害，適用《關貿總協定》中《守則》第三條第 1、2、3 款的規定；確定是否存在重大損害的威脅或嚴重妨礙日本工業設立的事實，則運用《關貿總協定》中《守則》第三條第 6、7 款的有關規定。

第三章　日本反傾銷與食品貿易

三、反傾銷程序

1. 申請

日本《海關關稅法》第八條第4款和第九條第4款規定，「對日本工業有利害關係的任何日本人」都可以提出申請，要求政府對某種進口產品加徵反傾銷稅。申請必須向大藏省提出，同時申請人要向大藏省國稅局的計劃法律部提交10份申請書副本；申請人應當向政府提交有關傾銷或補貼產品進口價格情況，以及進口所造成的重大損害情況的充分證據。

根據《說明》的解釋，不要求申請人提供無法合理取得的證據。《說明》規定，關於價格情況和損害情況的證據，其效力期限分別為一年和三年以內。

2. 受理

收到申請後，大藏省、有關工業主管省和通產省將共同討論並做出是否開始進行反傾銷調查的決定。三省討論決定後便可開始進行調查。《說明》規定，關於是否進行調查的決定，應當在收到申請後的兩個月左右做出。

如有充分理由，三省一般應當做出開始調查的決定。但在特殊情況下，例如在開始進行調查前出口方已採取消除對日本工業的損害影響的措施時，也可以不進行調查。如果政府做出開始調查的決定，應通知進出口商和申請人，並在政府公報上刊登通告。

3. 調查

根據《法令》的規定，調查由大藏省、有關工業的主管省和通產省指派的官員組成的聯合調查小組在調查開始後一年內，原則上應當做出調查結論；在特殊情況下，可根據需要延長調查期限，但大藏省必須向有關各方發出通知並說明理由。

調查期間，日本政府在徵得有關國家同意後將向該國寄送調查表，要求有關當事人提供進一步的證據，並組織持不同意見的當事人進行對證。有關當事人應在收到調查表之日起三天內做出回答，特殊情況下也可延長此限期。《說明》規定，如有關當事人在調查中不予合作，或調查受阻，調查組可按關貿總協定反傾銷法和反補貼法規定的有關事實做出結論。

4. 價格承諾和調查中止

《說明》援引《關貿總協定》《反傾銷守則》的第七條規定：如果出口商同意承擔修改其價格或停止按傾銷價向有關地區出口的義務，從而使當局確信傾銷的影響已經消除，就可以中止或結束調查程序，並且不對其徵收臨時反傾銷稅。條件為：①這種價格承諾必須是在調查開始後盡快做出，並為日方所接受；②即使日本政府認為傾銷的影響已經消除，這種價格承諾也必須信守。

不過，在價格承諾的情形下，調查的中止也不是絕對的。《說明》還規定，日本政府主管部門可以要求承擔價格承諾義務的出口商定期提供履行這種義務的資料，

並核實有關數據。如果對方拒絕提供有關情況和證實有關資料，則被視為違反了價格承諾義務。在此種情形下，日本政府可以立即恢復被中止的調查。當然，當事人也可以就此進行申辯。按照《關貿總協定》第七條第7款的規定：當局要將業已中止和結束的一項反傾銷調查予以恢復時，應就此事正式發出通知並公布；通知至少應該包括當局的基本結論和有關當事人對違反義務承諾的理由的陳述。

5. 臨時措施

《海關關稅法》規定在下列情形下可以採取臨時性措施：①已經發生進口傾銷的事實；②有充分證據證實這種傾銷已對日本工業造成了重大損害；③對該工業採取保護措施是必要的。以上三個要件，缺一不可。《說明》規定，政府應在調查開始後6個月內做出是否採取臨時反傾銷措施的決定。調查小組採取這種臨時反傾銷措施時，應及時通知海關關稅委員會。

關於臨時措施的期限，日本採用了《關貿總協定》第十條的有關規定，即臨時措施的期限為4個月，只有在傾銷存在的情況下才可以延長到6個月。

6. 最後措施

根據《法令》的規定，在調查結束並將有關情況通知海關關稅委員會後，政府必須公開宣布要採取的最後措施，並將調查結果及結論通知有關當事人。如果決定不採取最後措施，也應公開宣布，把決定通知有關當事人，並通報海關關稅委員會。

7. 復審

《說明》規定：如果當局認為有必要讓當事人繼續承擔價格承諾義務或採取最後措施，有關當事人接到通知後，可以向日本政府提供證據，並要求對此類決定進行復審。《說明》同時規定：調查完成或中止後一年內不得進行復審。如果當局確定沒有必要讓當事人繼續承擔價格承諾義務或維持最終措施，政府應主動通知有關當事人並說明理由。此外，《說明》還規定，如果認為因情勢變遷而使最後措施不適當，有資格的當事人可要求當局按照與請求反傾銷調查相同的程序，對最後措施進行復審。經復審，如果認為原有的最後措施確有不當，當局應加以修正。

總的說來，日本對別國提起的反傾銷訴訟並不多，即使提出，也往往以雙方的妥協和解而結案。這一方面反應了日本人不喜歡訴訟的法律觀念，另一方面也體現了日本保護本國工業不僅僅依靠《反傾銷法》等法律，而更多的是依靠自成一體的其他進口貿易壁壘。後者常常令歐美出口商無可奈何，但卻比反傾銷措施有效得多。所以在國際貿易中，日本似乎常常是別國反傾銷措施的對象，而不是常常使用反傾銷措施的主體。

四、日本反傾銷政策及其實踐的特點

從日本反傾銷政策的基本內容可以看出，日本的反傾銷政策幾經修改，已與國際反傾銷規則基本一致。但同美國和歐盟等發達國家的反傾銷政策相比，日本的反

第三章　日本反傾銷與食品貿易

傾銷政策具有以下四個顯著的特徵。

1. 日本政府對反傾銷手段的使用態度謹慎，傾向於與外國出口商協商解決反傾銷爭端

日本對於國內產業及其市場的保護一直傾向於採用保障措施以及進口配額和自動出口限制等傳統保護措施。相對而言，日本社會對反傾銷制度較為陌生，對於它與國外的反傾銷貿易爭端，傾向於「庭外」的調解和解決。日本雖然較早在《海關關稅法》中制定了有關反傾銷的規則，但在實踐中日本對國內反傾銷申訴的態度相當謹慎，一般先通過外國出口商與本國生產商雙方協商來解決，不傾向於採取嚴厲的反傾銷制裁措施。作為日本反傾銷管理機構之一的日本經濟產業省對於希望提起反傾銷調查的日本產業的基本態度是，在依法管理的原則下，既不鼓勵也不反對進行反傾銷訴訟，它一般以非正式的形式鼓勵相關產業進行事前的協商，通過談判來解決貿易爭端。反傾銷實踐也反應了日本政府的這一政策傾向。日本產業在20世紀80年代相繼提起的三起反傾銷申訴中，有兩起是由於被申訴方宣布採取自動出口限制措施，結果日本反傾銷調查當局在發動反傾銷調查前撤回了反傾銷訴訟，另一起更是以國內產業主動撤訴而告終。同樣，20世紀90年代日本對國內產業提起的反傾銷申訴中，第一起案件是1991年11月日本當局應日本鐵合金協會要求，對來自中國、挪威和南非的硅錳鐵合金產品發起反傾銷調查。該案最終以中國企業提供出口價格承諾的方式結案，而挪威和南非的產品因為出口量在日本國內市場上所占份額較小而被免徵反傾銷稅。

2. 日本發起反傾銷調查的數量極少

與日本政府謹慎使用反傾銷手段這一政策傾向相對應的是，在反傾銷實踐中，日本發起反傾銷調查的次數屈指可數。與歐美發達國家相比，日本很少作為反傾銷發起者而對外國實施反傾銷調查。1981—2001年，作為世界上四大反傾銷政策傳統用戶的美國、澳大利亞、歐盟和加拿大分別發起了856、829、784和478起反傾銷調查，而日本發起的反傾銷調查僅為10起。

日本很少發起反傾銷調查的原因主要有以下幾個方面：第一，20世紀70年代以後，日本產業的國際競爭力日益強大，無須依賴反傾銷的保護。無論是勞動密集型、資本密集型還是技術密集型產品，無論在國際市場還是在國內市場，日本產品都具有難以比擬的競爭實力，因而，日本往往是反傾銷的被訴者，而不是申訴者；第二，20世紀80年代中期以來，日本製成品進口的比重小，因此，日本的各類產業面臨外國進口品的壓力較小。1987年，日本製成品進口額在總進口額中所占的比例為39.8%，至1996年，這一比例也僅為56.9%。不僅如此，在日本的製成品進口中，相當一部分是日本本國的跨國公司以企業內部貿易的形式來進行的。根據日本經濟產業省有關日本公司海外業務的調查資料顯示，日本電子廠商設在亞洲的子公司向日本的出口額占其總銷售額的比重從1986年的22.2%穩步上升到1997年的33.8%；第三，日本的結構性市場障礙使外國產品進入日本市場後價格自然上漲，

中日韓食品貿易法規與案例解析

不容易形成傾銷的事實，而且日本進口的大量產品基本上都屬於資源密集型產品以及與國內市場形成互補的勞動密集型產品。作為資源相對貧乏的國家，這些進口產品對日本國內產品替代性不強，與國內產業幾乎沒有衝突；第四，自從20世紀80年代以來，日本一直出現巨額貿易順差，在國際社會強烈要求日本開放國內市場的壓力下，開放國內市場便成為日本貿易政策的一個重要目標。但是，日本政府為扭轉貿易不平衡或應對國外壓力而實行的市場開放措施極為少見，因而對國外產品在日本市場傾銷的行為及影響比較寬容。

3. 日本的反傾銷政策體系不太完善

同美國和歐盟等其他發達國家的反傾銷政策相比，日本反傾銷政策體系的不完善性主要體現在三個方面：一是日本的反傾銷法律條款較為籠統。1994年12月在反傾銷政策修訂前，日本的反傾銷立法極為含糊和籠統，《海關關稅法》第七條包含13款，而《關於反傾銷稅的內閣法令》則有十四條。修訂後，《海關關稅法》的內容增加了一倍，而《關於反傾銷稅的內閣法令》的內容增加了約2.5倍。目前，《海關關稅法》的第八條（由原來的第七條演變而來）包含37款，而《關於反傾銷稅的內閣法令》則有二十條。儘管日本也有《關於反傾銷及反補貼程序的說明》作為日本反傾銷政策的實施細則，然而，同美國和歐盟等其他發達國家較為完善的反傾銷政策及其詳盡的實施細則相比，日本的這些法律條款和實施細則仍然相當簡單而籠統；二是日本反傾銷政策在很多方面都未做規定，而是直接引用世界貿易組織《反傾銷協議》的規則。然而，世界貿易組織《反傾銷協議》本身就是在發達國家的影響下制定的，其中的許多規則不僅偏向發達國家，而且有很多模糊的地方。在這種情況下，日本的反傾銷政策必然要通過以後的案例裁決來加以引導和完善，同時它也必將借鑒美國和歐盟的反傾銷政策與實踐，來增強其反傾銷手段的貿易保護性；三是作為反傾銷程序最為關鍵的反傾銷調查這一環節上，日本的反傾銷調查不是由某一個專門的機構來從事，而是由來自多個機構的官員組成的小組來進行，因此，在反傾銷實踐中，財務省、有關產業主管省和經濟產業省常常意見不完全一致，影響到反傾銷工作的效率。

4. 日本的反傾銷管理機構擁有較大的自由裁量權

作為日本反傾銷管理機構的財務省、有關產業主管省和經濟產業省，雖然不如美國和歐盟等發達國家的反傾銷管理機構那麼完善，但在反傾銷實踐中，日本的反傾銷管理機構卻擁有較大的自由裁量權。這一特點集中體現在日本反傾銷政策有關實施反傾銷的條件上。根據世界貿易組織《反傾銷協議》的規則和世界各國反傾銷政策的一般規定，實施反傾銷的條件通常是傾銷存在、損害存在以及傾銷與損害之間存在直接因果關係。但在日本的反傾銷政策中，除了這三個條件外，還規定了第四個條件，即反傾銷對保護國內產業的必要性。換言之，是否實施反傾銷還要取決於日本反傾銷管理當局是否認為有必要通過反傾銷措施來保護日本的相關國內產業。這一條件的規定就為以下兩個事實的形成提供了一種可能性：一方面，財務省、有

第三章　日本反傾銷與食品貿易

關產業主管省和經濟產業省如果認為某項進口商品已構成傾銷並已給日本相關產業造成了實質損害，即使沒有相關產業的代表提請反傾銷調查的申訴，三省也可依職權自行決定對該傾銷商品展開反傾銷調查。這就是說，日本的反傾銷調查既可以是依當事人的申訴而啟動，也可以依財務省、有關產業主管省和經濟產業省的聯合決定而啟動；另一方面，在日本相關產業代表提出反傾銷申訴的情況下，即使有證據表明存在傾銷和對國內產業的實質損害，但如果日本反傾銷管理機構認為沒有必要通過反傾銷措施來保護日本國內產業，那麼依然可以做出不發動反傾銷調查或不徵收反傾銷稅的決定。從日本的反傾銷實踐看，在決定是否實施反傾銷調查和徵收反傾銷稅時，首先考慮的往往是有無必要性，從而導致了日本反傾銷管理機構的較大自由裁量權。

● 第二節　中國食品遭遇國外反傾銷指控原因分析

　　隨著全球經濟一體化和區域經濟集體化趨勢的不斷加強，各國間的經濟交流進一步深化，國際貿易自由化程度大大提高，但貿易保護主義現象依然存在。反傾銷被許多國家頻繁運用，它不僅成為一國保護本國產業發展的重要工具，而且也成為一國應對國際激烈競爭的重要手段。中國經過40年的改革開放，經濟迅猛發展，特別是在加入世貿組織之後，經濟進一步融入世界經濟之中，「中國製造」出現在許多國家的市場上，但中國產品也遭到許多國家的阻擊，而且這種趨勢還在不斷擴大，使中國成為世界上反傾銷的最大受害國。因此，瞭解國外對華反傾銷的現狀、特點及其對中國經濟、政治所產生的影響，分析中國遭遇反傾銷的原因，進而探討中國的應對之策時就顯得十分必要。

一、國外對華反傾銷的現狀和特點

　　1986年，關貿總協定啟動烏拉圭回合談判，各締約方在談判基礎上達成了《執行1994年關貿總協定第六條的協議》，簡稱《反傾銷協議》。根據該協議的規定：「將一國產品以低於正常價值的辦法引入另一國市場，如因此對締約方領土內已建立的產業造成實質性損害威脅，或者對一國產業的興建產生實質性阻礙，這種傾銷應受譴責。」傾銷這一概念的法律界定包括三個構成要件：一是產品以低於正常價值的價格向另一國銷售；二是這種銷售行為給進口國相關產業造成實質性損害；三是這種銷售行為與實質性損害之間存在因果聯繫。而反傾銷是指進口國當局依法對本國產業造成損害的傾銷行為採取徵收反傾銷稅等措施以抵消損害結果的法律行為，具體包括徵收反傾銷稅、反補貼和保障措施。傾銷與反傾銷作為一種國際貿易摩擦，始於資本主義發展初期，並且伴隨著資本主義的發展而不斷深化，在全球範圍內愈

中日韓食品貿易法規與案例解析

演愈烈。經過40年的改革開放,中國經濟迅猛發展,特別是加入世界貿易組織之後,對外貿易快速增長,「中國製造」出現在許多國家的市場上,但中國產品同時也遭到許多國家的阻擊。

(一) 中國遭受反傾銷的現狀

從1979年歐洲共同體對中國出口的糖精、鹽類和鬧鐘發起第一宗反傾銷調查以來,中國已經成為世界上反傾銷的最大受害國。據有關統計資料顯示,國外對中國的反傾銷在20世紀70年代只有兩起,在20世紀80年代平均每年6.4起,到了20世紀90年代則高達每年30.7起。根據2006年5月8日世界貿易組織公布的《2005年下半年反傾銷案統計報告》顯示,新調查案的發起量和實際措施的實施量總體上都有所下降,但中國仍是遭受新發起反傾銷調查最為頻繁的國家,在2005年下半年中國出口共遭受了33件調查,而2004年同期的數字是24件。中國已經取代日本、韓國,成為世界上反傾銷的「重災區」。

(二) 國外對華反傾銷呈現以下特點

1. 反傾銷涉及的產品範圍廣、種類多、金額大

20世紀80年代國外主要針對的是中國的低附加值或勞動密集型的產品,如服裝鞋帽、農副產品,而近年來已經擴大到知識密集型產品,特別是對中國具有優勢地位和出口競爭力較強的產品的反傾銷指控,涉及產品範圍大、種類多,如機電、鋼鐵、化工、樹脂餐具、打火機、電纜繩、煞車盤等4,000多種商品均受到反傾銷調查。同時,涉及中國的反傾銷案件的金額巨大。20世紀80年代,幾百萬美元的案件就屬大案,上千萬美元的案件則屬特大案,而20世紀90年代以來,數億美元的案件也不稀奇了。如旅行包案涉及金額6億美元,鞋類5億美元,焦炭案1.4億美元。

2. 對中國徵收的反傾銷稅明顯偏高,且帶有歧視性

國外對華反傾銷的案件往往被裁定巨大的傾銷幅度,稅率可以從百分之十幾到百分之幾百乃至百分之上千,遠高於國際平均水準。2004年,墨西哥對原產於中國的棉紗、棉布徵收高達331%的反傾銷稅,服裝的稅率為537%,鞋類居然達到1,105%的稅率,創下世界之最。同時西方國家往往不用統一標準平等對待所有出口同一產品的國家,中國經常是歧視性反傾銷的受害國。如1998年歐盟對中國、印度、埃及、印尼和巴基斯坦五國的棉坯布的反傾銷中,徵收的平均稅率是12%,但對中國則是徵收15.7%的臨時反傾銷稅,而實際上俄羅斯出口到歐洲的棉坯布價格比中國低40%。

3. 對中國提起反傾銷調查的國家不斷增多

同一產品在多國受投訴。從對中國發起調查的國家來看,其數目愈來愈多,世界各大洲都有。20世紀90年代以前主要以美國、歐洲共同體、加拿大等發達國家和組織為主,進入20世紀90年代以後,印度、墨西哥、南非、巴西、阿根廷等發展中國對中國提起的反傾銷指控急遽增加。2002年,國外對華反傾銷的案件中,印

第三章　日本反傾銷與食品貿易

度有14起，美國9起，歐盟4起，阿根廷3起。

反傾銷也極易引起連鎖反應，一旦某國對中國的產品提起指控，部分國家擔心中國的產品會轉向他們國家的市場，進而也提起對中國的反傾銷指控。如1992年墨西哥對中國4,000多種產品提起反傾銷指控後，阿根廷、秘魯立即仿效。加拿大對中國出口的女鞋徵收反傾銷稅後歐盟也對中國的膠鞋進行了反傾銷調查。

4. 對中國產品傾銷的裁定帶有很強的主觀性和隨意性

西方一些國家在確定傾銷問題上，並沒從傾銷構成的要件出發，而是只要本國企業提出傾銷的指控，便認為存在傾銷，隨之採取相應的調查措施。在確定是否存在傾銷，傾銷的幅度有多大，以及對其本國相關產業造成的損害有多深時，西方國家也存在著很大的自由裁量權，而這恰恰又帶有很大的主觀性和隨意性。儘管一些國家已經把中國從非市場經濟國家的名單中劃去，但仍然沒有承認中國是市場經濟國家，而是當作特殊的市場經濟國家來看待。因而往往被指控國任意地以第三國價格替代中國商品的實際價值，而不對兩國間的經濟水準、發展程度、產品狀況做考察，結果導致中國的企業被裁定為傾銷的可能性和傾銷的幅度大大增加。如1983年美國裁定中國的棉滌綸印花布對美構成傾銷一案中，迫於美國紡織品製造商協會的壓力，採用泰國對歐洲不同時期出口產品與中國產品價格相比較，堅持「差價1%也會搶走生意」的說法，硬說中國產品對美國相關產業構成重大損害。

二、國外反傾銷對中國經濟的影響

隨著全球經濟一體化進程的不斷深入，各國間的經貿聯繫日益緊密，交往日益頻繁。中國在進一步參與到國際市場競爭過程中，一方面促進了本國貿易的發展，另一方面也遭到貿易保護主義和反傾銷等的損害，嚴重影響了中國商品在國際市場上的競爭力，也影響到中國經濟的快速發展。

（一）影響了中國產品的出口，對外貿易受挫

進口國對進口產品提起反傾銷調查，必然影響該產品的正常出口。進口商為避免經營風險，也會減少訂貨或轉移貿易對象，這樣國外對中國產品的反傾銷措施就限制了中國相關產品的出口、研發，也減少了中國產品在有關國家市場的佔有率，使中國外匯收入減少，直接影響中國的國際收支平衡，進而影響中國相關產業的發展。此外，反傾銷調查易引起連鎖反應，使中國同一產品或其他產品遭受多國的反傾銷調查，從而導致中國產品退出有關國家市場，對外貿易嚴重受阻。

（二）衝擊了國內市場

由於中國的出口產品在國際市場受阻，必然有許多產品要返銷國內市場。這些「出口轉內銷」的產品大多是借助先進的設備、技術及嚴格的管理而生產的，無論質量功能還是外觀包裝均優於國內同類產品，這肯定會影響國內同類企業的生存發展。同時，被徵收高額反傾銷稅的「出口型企業」也可能面臨限產、減產甚至倒閉

的可能，而這又會影響中國整個相關產業的健康良好發展。

（三）惡化了中國的投資環境

多方利用外資，開辦三資企業是中國經濟改革的一個重要舉措。三資企業作為中國出口貿易的一支生力軍，出口額占中國出口總額的40%左右。近年來，國外對中國反傾銷案件中，有相當一部分是針對三資企業出口的產品。三資企業產品大多含有很高的附加值，在遭受反傾銷制裁後，不同程度地減少甚至是失去了國外市場，部分企業減產、停產或轉產，從而削弱了外商在華投資的積極性和信心，惡化了中國的投資環境。

（四）阻礙了中國國際形象和國際地位的提高

經濟基礎決定上層建築，過多地針對中國的反傾銷指控必然影響中國的經濟、政治等各方面的發展，影響中國的國際形象和國際地位的提高。隨著中國經濟的快速發展，綜合國力的不斷增強，國際地位和國際形象也在不斷提高之中，而這麼多的關於中國的反傾銷案件一方面會使中國的產品在國外民眾當中留下不好的印象，從而失去國外廣闊的市場；另一面，也會助長一些國家反傾銷氣焰，滿足個別國家對中國的遏制企圖。因此，中國必須妥善解決中國所面臨的嚴峻的反傾銷困境，以促進中國經濟的發展和國際地位及國際形象的提高。

三、國外對華反傾銷的原因

中國頻繁遭到外國的反傾銷指控的原因是多方面的，既有國際的因素，也有國內的因素。

（一）國際方面

（1）全球貿易自由化的影響。烏拉圭回合協議要求世界貿易組織各成員國大幅度削減關稅和取消數量限制，從而使各國商品進入國際市場的機會大大增加。而關稅的下降、非關稅措施的減少，也使一些世界貿易組織成員急於找到一種有效的替代措施以限制他國產品的進入，保護本國相關產業的發展。中國近年來經濟迅速發展，由於中國勞動力資源和原材料資源豐富且成本較低，加之一些優惠政策使得中國的產品在國際市場有較強的競爭力，出口貿易不斷增長，保持對較多國家特別是西方國家貿易的順差，自然也成為各國反傾銷的主要對象。

（2）當前世界經濟整體不景氣。近些年西方國家經濟不景氣，失業率高居不下，而縱觀世界經濟也疲軟無力，在這種背景下，各國都在努力擴大商品出口，搶占國際市場，同時又採取各種措施對進口加以限制。儘管世界貿易組織要求各成員國消減關稅，打破貿易壁壘，而在實際的國際貿易活動中，貿易保護主義的勢頭依然強勁，反傾銷措施也成為各國保護本國相關產業的一種有力手段。

（3）國外對中國歧視對待。中國在加入世界貿易組織的協定中，承諾在15年內可以在反傾銷調查中將中國視為非市場經濟國家，採取替代國標準來確定中國產

第三章　日本反傾銷與食品貿易

品的正常價值,同時在 12 年內可以針對中國產品採取特定保障措施。「非市場經濟國家」是指「這些國家企業的生產和銷售受到政府的控制和影響,成本和價格不以市場機制運作而形成,商品價格不能真正反應出其價值」。「替代國」是指「對非市場經濟國家提起反傾銷調查時,用某一市場經濟國家相似產品的成本和價格作為參數來確定傾銷產品的正常價值」。雖然中國在入世的承諾中允許他國把中國在反傾銷調查中視為非市場經濟國家,並採取相應的措施,但在實際的操作過程中,許多國家任意地選擇第三國來作為中國的替代國來確定產品的價格和正常價值,並不考慮兩國的實際情況,使中國在本應公平、公正的國際反傾銷調查中處於不利局面。同時西方國家無視中國在經濟體制方面的改革,無視中國經濟體制發生的重要變化,繼續推行對其有利的反傾銷措施。據世界銀行報告:「中國 90% 以上的產品是由市場定價,而非政府定價。國外某些國家明知這樣的事實卻依然對中國在國際貿易中進行歧視待遇。」

　　(二)國內方面

　　(1)中國在經濟體制改革和現代企業制度的建立過程中,國家對企業的影響依然很大。1993 年的憲法修正案明文規定中國要實行社會主義市場經濟。二十幾年來,中國在社會主義市場經濟的建設過程中大力進行改革,通過了匯率並軌實行單一匯率制;允許外資進入國內的生產領域、金融領域;繼續擴大開放的力度和層次等。但這不能直接把中國劃為市場經濟國家。

　　(2)中國出口產品本身和對外貿易體制存在缺陷。雖然中國出口貿易額不斷增長,對外貿易的勢頭良好,但就中國的出口產品和外貿體制而言仍存在著許多缺陷。從出口產品的結構和出口市場來看,出口產品多是與創造就業價值機會密切相關的勞動密集型產品,易給出口國造成低價傾銷的印象;出口市場過於集中,市場多樣化程度不夠。集中對某一地區大量出口且數量急遽增加,必然會衝擊進口國市場。從出口產品的品質和品牌來看,中國的出口產品多以中低端為主,發達國家則以高端產品投放國際市場。中國許多企業不注重從國際戰略的高度來樹立世界品牌的理念,沒有國際化的品牌,中國企業就失去了掌控國際市場產品價格的權力,不僅不利於進軍多元化的國際市場,也無法與國際知名品牌相競爭,而且在價格低到一定程度會遭到反傾銷調查。

　　(3)中國部分企業應訴不力,造成被訴與敗訴的惡性循環。反傾銷應訴對於企業是一項花費高昂、時間持久的活動,除非企業能夠證明通過應訴可以保住或獲得最大的客戶市場或經濟利益,否則企業可能放棄應訴。一般而言,企業如不應訴,國外負責案件審理的機構就可以依據「可獲得的最佳信息」直接做出「缺席判決」。這樣往往是起訴方「不戰而勝」。據統計,在對中國反傾銷案中,中國至少有一半的企業不去應訴,直接導致了 80% 反傾銷案件的敗訴。1994 年,美國調查中國大蒜一案,由於中國沒有一家企業應訴,美國商業部採用美國起訴方提出的資料認定中國大蒜對美造成損害,判定徵收 376 項的反傾銷稅。代理這一案件的律師事務所又

代理了中國蜂蜜的反傾銷指控，將價值 200 萬美元的中國蜂蜜拒之門外。這家律師事務所看到無人應訴的案件好代理，於是說服美國自行車行業對中國提起反傾銷指控，使中國遭受數億美元的損失。中國企業應訴不力在一定程度上又誘發了外國對中國產品發起大規模反傾銷指控，導致了被訴與敗訴的惡性循環。

（4）中國的反傾銷預警機制不完善。建立快速反應的反傾銷預警機制，時刻檢測出口產品在國外的銷售和競爭狀況，一旦發現有被指控的跡象，馬上採取相應措施，防患於未然。溫州打火機案突顯出中國預警機制的缺陷。2000—2001 年兩年中溫州打火機數次遭到指控，其原因就在於中國有關部門、企業之間缺乏有效的溝通，反傾銷預警機制不完善，使得被歐盟指控傾銷，並且生產企業在應訴中又極其被動，最終敗訴，損失慘重。因此，完善中國出口產品的反傾銷預警機制能使中國企業被指控傾銷的概率大大降低，保護中國出口產品的國外市場份額，避免不必要的損失。

四、中國應對國外反傾銷的策略

面對國外對中國的大規模反傾銷這一嚴峻形勢，中國政府、企業、行業協會應該共同努力，採取有效、積極的措施，維護自身的合法權益，進一步促進中國對外貿易的發展。

（一）針對「非市場經濟國家」問題

「非市場經濟國家」問題是困擾中國企業遭受反傾銷及應訴反傾銷的首要障礙。如何使一些發達國家承認中國的市場經濟地位或減弱「非市場經濟國家」帶來的負面影響已刻不容緩。

（1）繼續推進經濟體制改革，完善社會主義市場經濟體制。中國應加大外貿體制改革的力度，加快產權改革，建立產權明晰、自主經營的企業發展模式，進一步減少政府對企業的干預，使中國的經濟體制與國際競爭規則相接軌。同時中國也應當努力使國外消除對中國國有企業根深蒂固的偏見，使他們看到中國正在深化國有企業改革，絕大部分國有企業已經與一般企業一樣，採取市場運作模式，平等參與市場競爭。

（2）努力促進外國對中國經濟體制、改革成果的認同度。通過各種渠道積極宣傳中國的改革成果，取消對中國出口企業的歧視性待遇。因為中國曾是計劃經濟體制國家，不少外國人士對中國固有的印象還不能消除，雖然知道中國進行了改革開放，但其印象依然落後於中國實際發生的變化。歐盟、新西蘭、加拿大在不同程度地調整對華反傾銷政策就與對中國的重新認識有密切關係。

（3）通過雙邊談判，採取多種方式解決中國的「非市場經濟國家」問題。雖然中國在加入世界貿易組織的協定中承諾是 15 年的時間，但經過舉行談判的方式可能就在這個時間之內就獲得部分國家盡早承認中國的「市場經濟地位」。如波蘭、歐盟允許中國個別企業申請市場經濟地位，就是通過了與西方國家的高層磋商，積極

第三章　日本反傾銷與食品貿易

開展雙邊談判的結果。

（二）針對中國出口產品本身和對外貿易機制中存在缺陷的問題

因為中國出口產品的結構，出口市場及企業戰略中存在著許多問題，致使中國易受國外的反傾銷指控。所以我們應當努力做到：①優化產品結構，實現出口產品的多元化。中國企業應實行以質取勝、提高產品的技術含量和附加值的集約型戰略，提高出口產品的檔次。②開拓多元化的出口市場，讓過於集中的市場分佈全球。出口市場不僅要包括發達國家，也應該拓展廣大的發展中國家的市場。③注重打造國際品牌，提升中國產品的知名度和認可度。此外，中國的企業應緊隨當今世界資本國際化，生產國際化的趨勢，積極主動地到國外投資設廠，使中國的產品實現國際化生產。但在國外投資設廠時也應注意使產品的新增價值達到一定比例，以防受到國外的反傾銷規避的指控。

（三）針對中國企業應訴不力的問題

中國企業應訴不力既有資金、時間等客觀方面的原因，也有自身主觀認識方面的原因。首先，中國的企業應轉變態度，積極應訴，消除部分企業「搭便車」的機會主義思想。指控傾銷並不意味著敗訴，況且許多國家已經改變了過去對所涉及案件企業裁定統一反傾銷的做法而實行差別稅率，所以應訴有可能爭取到比較低的稅率，甚至是零稅率，而未應訴的企業則只能統一適用較高的稅率。其次，中國應強化商會、行業協會的作用。國外對華反傾銷往往涉及國內多家企業甚至整個行業，同行業的企業聯合應訴有利於集中人力、財力、物力，爭取更多的有利形勢，增加中國企業勝訴的機會。同時，商會、行業協會可以指導協調企業的經營活動，維護行業進出口秩序，保護中國行業的整體利益。再次，中國應加強反傾銷知識培訓，搞好反傾銷隊伍建設。要參與國際市場競爭，必須學習和掌握更多的國際貿易的法律、經濟等許多知識。特別是在反傾銷應訴中，中國缺少大量的相關人才，只能高薪聘請國外專業人員，既增加了訴訟成本，又在應訴和抗訴過程中無法充分反應中國企業的意圖，不利於維護中國企業的正當權益。因此，中國應加快培養一批集經貿、法律、外語等知識於一身的反傾銷專門人才，為構建科學高效的反傾銷應訴機制提供有利的人力資源基礎。

（四）針對反傾銷預警機制不完善的問題

一個健全完善的反傾銷預警機制，對於把握反傾銷發展動態和減少反傾銷案件的發生至關重要。中國經過努力，已經在反傾銷的重點地區，如美國、歐盟、澳大利亞等國家初步建立起反傾銷預警機制。對外經貿部成立了反傾銷應訴協調委員會，會同駐外商務機構、商會、行業協會一起形成應訴反傾銷的協調網絡，對重要敏感產品進行出口價格、出口國家和地區的監測工作，隨時跟蹤中國出口商品被進口國反傾銷機構立案調查的情況。中國應在此基礎上不斷完善預警機制，建設包括國外經貿政策、產業增長變化等內容的國家「數據庫」，及時公開各國反傾銷的法律法規、產業政策等信息，盡可能將最新、最全的信息反饋給國內企業，使他們能夠及

時做出相應調整，減少反傾銷調查的風險或減輕損害幅度。

綜上所述，作為國際貿易中的傾銷與反傾銷還將長期存在，中國所面臨的來自許多國家的反傾銷的形勢依然嚴峻，這需要國家、企業和行業協會共同努力、協調合作。特別是作為市場主體的企業，在生產技術領域、經營管理領域等方面進行不斷的創新，努力增強自身的實力，使自己的產品和服務具備強勁的國際競爭力，才能更好地應對國際間的激烈競爭。我們相信，隨著中國自身經濟實力的不斷提高，國際競爭力的不斷增強，中國必將能夠更加從容地應對國際貿易中的各種挑戰。

第四章　日本食品貿易法規對中國食品貿易的影響

　　日本是對食品貿易安全關注較早的國家之一，關於食品貿易監管的相關記載可追溯到 100 年前日本的明治與大正時期（1867—1926 年）。日本食品安全規制曾經歷三個不同發展時期：第一個時期的重點是建立良好生產規範；第二時期的重點是鑑別、評價和控制食品中的危害因子；第三時期的重點是圍繞健康目標保護整個食物鏈。

● 第一節　日本食品安全規制體系的構成及其特徵

　　日本食品安全規制體系包括三個重要系統：
　　一是以日本食品安全委員會、厚生勞動省、農林水產省為主要代表的食品安全的監管部門及其掌管的安全規制監督系統；二是比較完善的食品安全規制法律體系，其中，2003 年頒布的《食品安全基本法》為日本食品安全行政制度提供了基本原則和要素；三是嚴格的檢驗、檢疫制度及食品安全檢測、監督體系。總結日本食品安全規制體系跌宕起伏的發展歷程，可看到其如下幾個特徵：
　　第一，規制覆蓋範圍不斷擴大。以日本《肯定列表制度》為例，1991 年，日本只對 26 種農藥、53 種農產品制定了農藥殘留標準。1992 年，日本開始不斷擴大農產品殘留農藥標準的控制範圍，到 2001 年，其控制範圍已經達到 214 種農藥、130 多種農產品，並且制定了近 8,000 個標準指數。2003 年，日本制定的農獸藥殘留標

準達到了 350 種。2004 年 8 月進一步制定和修改了 669 種動物用藥殘留、添加劑和農藥標準。2006 年頒布並實施的《肯定列表制度》對 700 多種農藥以及飼料添加劑的成分設立了暫定標準。同時，日本還對不能確定具體標準的農藥及飼料添加劑設定了一個統一標準，即 0.01mg/kg 的統一標準，一旦日本進口的食品中藥劑含量超過這個標準，就將被建立在食品安全規制基礎上的「綠色貿易壁壘」阻隔於食品貿易圈子之外。

第二，從政府主導到食品從業者自覺管理。日本的食品安全規制以保護消費者安全和健康為由，針對食品生產經營活動制定了一系列禁止、限制性規定。同時，日本政府還借鑑歐美等國建立食品安全規制體系的做法，設立了跨部門的食品安全委員會，專門對食品安全事務進行管理，並在企業層面設立了食品安全危機小組，以便快速應對突發性食品安全引發的各類問題。此外，日本高度關注對消費者進行食品安全教育，促進消費者和生產者共同關心食品安全，為全面提升食品安全意識奠定了堅實的社會基礎。

第三，由事後應對轉變為事前預防。為解決食品安全範圍廣、物種多、各地區之間很難形成統一標準的難題，日本食品安全委員會曾推行一種企業自主性的事後安全管理系統，要求企業自行制定行為準則和安全基準，並通過對外簽訂合同對企業外部的生產經營活動進行控制。但因這種事後應對性的自主安全管理系統受企業管理能力、商業道德等因素的約束，對超越企業管轄範圍的規制活動影響力不足，往往難以獨撐安全管理的重任。隨著世界化、全球化的推進，食品安全問題日益增多，日本食品安全規制的重點開始從事後應對轉為事前防禦，形成了預防為主、防禦結合的理念，企業自主安全規制系統逐漸演化成一種公共安全規制的補充條款。

第四，堅持消費者至上原則。強調將消費者利益放到最高位置，並要求與法律和法規的要求保持一致性、與利益相關者的需求保持一致性。為實現這一目標，日本的食品安全規制強調從源頭抓起，制定了整個食品供應過程中各個階段應採取的必要措施。為保障生產材料和產品品質的安全，日本食品法典委員會還同時制定了涉及產品製造、商品流通、進口貿易等環節的種類繁多的檢驗標準和管理規則，以及完備的動物檢疫系統和《肯定列表制度》。在此基礎上，日本綜合各方面經驗，制定並實施了《進口食品監督指導計劃》等法律法規及配套的實施標準、規章制度，為日本食品安全規制提供了堅實的法律基礎和廣泛的社會環境支撐。

第二節　日本食品安全規制的核心內容

一、過程化管理和安全追溯制度

所謂過程化管理，是指對食品從生產到流通的整個過程的安全控制與監督，是一種基於流程的全面的質量監督和管理，只有保障每一個環節都達到了食品質量標

第四章　日本食品貿易法規對中國食品貿易的影響

準的要求，才能說它是符合日本食品安全規制要求的產品。

所謂安全追溯制度，是在採用激光碼等技術手段對業戶進行全面登記的基礎上，針對特定事件或專門事項進行問題查找的機制和體系。其功能在於，一旦出現食品安全問題，可以將責任直接追溯到生產的源頭，並迅速確定相關責任人。因此，安全追溯制度具有責任明確、監督到位的優點，對食品安全起到了顯著預防和保障作用，同時也大大提高了食品安全監督的透明度，增強了管理機構公信力。

二、食品標示監督和處罰制度

食品標示制度包括兩項重要規定：一是要求在食品包裝物及其容器外包裝的顯要位置註明食品構成、功能和標示等內容；二是要求對日出口食品包裝必須包括日文標示，以便日本國民容易讀懂相關內容。嚴格的食品標示規定，減少了複雜繁瑣的包裝樣式對消費者的誤導和遮蔽，提高了進口食品質量的真實性，為食品安全制度的施行奠定了基礎。

監督和處罰制度，是指地方質量技術監督部門發現標註內容不符合法律和行政法規或不符合食品真實屬性時，可直接對進口食品予以限制進口數量、徵收違章罰金等處罰措施。此規制看似簡單，實則剛柔並濟，為進入日本食品市場築起了較高的貿易壁壘。

三、食品《肯定列表制度》

《肯定列表制度》是針對大部分對日出口農產品和食品而設限的規制內容。它涉及的領域很廣，其中，農業化學品殘留限量包括「沿用原限量標準而未重新制定暫定限量標準」「暫定標準」「禁用物質」「豁免物質」和「一律標準」五大類型；對尚不能確定具體標準的獸藥、農藥以及飼料添加劑成分的，設定 0.01mg/kg 的統一標準，一旦進口食品中藥殘含量超過設定標準將會被禁止進口。從日本食品《肯定列表制度》實施的效果來看，它嚴重制約了中國水產品對日本的出口（中國是日本最大水產品貿易夥伴），維護了日本國內水產品的自給自足，成為日本的強有力保護本國生產經營的武器。

四、食品中毒報告制度

日本的食品中毒報告制度包括中毒死亡報告制度、報告催促制度和中毒患者報告制度等內容。按照這一制度的要求，一旦發生食品中毒事件，不僅要查處中毒原因，確認中毒者中毒程度，確定中毒人數和中毒時間長短，還要制定詳細記錄並歸檔，如果有所延誤或疏漏，報告催促制度將起到重要監督作用。這一制度看似繁瑣，但其報告事項的嚴格要求、監管流程的嚴謹規定，卻為建立科學的食品安全標準，嚴控食品的質量，將食品中毒事件的危害降到最低限度創造了良好的條件。

五、特殊食品安全管理制度

日本食品安全規制體系中的特殊食品包括特定保健用品、轉基因食品、進口食品等，這些食品具有受眾面小、物種雜、難管理等屬性。由特殊食品的屬性所決定，日本食品安全規制系統對其採用了量體定制的管理制度，擴大了食品安全規制的覆蓋領域，保障了國內消費者的多元化利益，為日本建立嚴格監察系統和實施高標準的安全規制創造了條件，為建立較高的食品貿易綠色壁壘奠定了基礎。

第三節 中日食品貿易現狀及其趨勢

一、中國食品貿易的國際地位

據WTO公布的統計數據，目前，世界10大食品出口國分別是美國、荷蘭、法國、德國、比利時、西班牙、中國、義大利、加拿大和英國，世界主要食品進口國分別是美國、德國、日本、英國、比利時和中國。近年來，美國在世界食品市場所占的份額雖有所減弱，但其首席地位無人撼動，中國是唯一進入食品進出口貿易額前10位的發展中國家。

分析相關數據可見，中國食品出口規模雖增長較快，地位突出，但市場競爭力不高，總體上還處在品牌少、層次低、競爭能力較弱的階段。從市場份額看，中國出口食品占世界市場的3.69%，在世界食品市場佔有率排名第7；從貿易競爭力指數看，中國位居第4；從顯性比較優勢指數看，中國在10大貿易出口國中居最末位；從產業內貿易指數看，中國排名第4，表明中國食品貿易競爭力逐漸增強（見表4-1）。

表4-1　1990—2006年世界十大食品出口國貿易競爭力平均水準比較　　單位:%

國別	世界市場份額	貿易競爭力	顯性比較優勢指數	產業內貿易指數
美國	9.17	-0.07	1.07	92.59
荷蘭	7.75	0.26	1.98	73.65
法國	6.74	0.13	1.66	87.25
德國	6.44	-0.12	0.70	87.80
比利時	3.94	0.06	1.29	93.67
西班牙	3.76	0.03	2.21	96.67
中國	3.69	0.10	0.46	90.26
加拿大	3.59	0.15	1.11	86.00
義大利	3.54	-0.15	1.04	84.85
英國	2.76	-0.39	0.74	61.29

數據來源：根據WTO international trade statistics 數據計算。

第四章　日本食品貿易法規對中國食品貿易的影響

二、中國對日食品貿易狀況

據中國商務部數據顯示，2012年日本從中國進口的主要農產品貿易額占總進口貿易額的4%，日本約55%的進口雞肉製品來自中國，約44%的進口冷凍蔬菜和新鮮蔬菜來自中國。1988—2006年，中國對日食品貿易基本上呈逐年遞增態勢，2006年中日之間的食品貿易額曾達到930億日元的最高峰，2008年後出現較大下挫，2009年達到最低點，當年對日食品出口額僅為640億日元，比2006年下降了31.2%，但2011年又回升到750億日元，其中升幅最大的是水產類和果蔬類。

2008年中日食品貿易額急速下滑的原因，與這一時期日本食品安全規制的日趨強化有很大關係。據統計，2008年日本扣留中國出口日本的食品共295批次，其中，水產品占25.1%，蔬菜、水果類占24.1%，肉製品、糧食、穀物合計占7.5%（見圖4-1）。這些被扣留的出口食品中，農、獸藥殘留超標被扣留的占37.9%，細菌、大腸杆菌超標的占20.8%，添加劑超標的占11.2%（見圖4-2）。

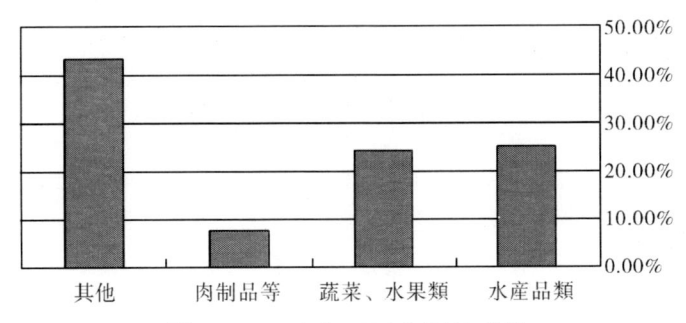

圖4-1　2008年出口日本食品被扣比例

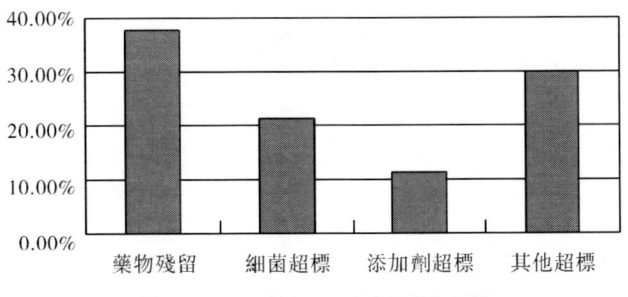

圖4-2　2008年出口日本食品被扣原因

日本採取上述措施嚴重影響了中國食品出口。以水產品為例，日本的《肯定列表制度》出抬之後，中國對日水產品出口被限制的情況大批湧現。據統計，2009年中國被扣留的出口水產品占日本扣留的全部水產品的29%。2011年，日本對中國出口的食品扣留批次達到295次，其中水產品86個批次（冷凍水產品被扣61次，水

111

產製品 13 次，鮮活水產品 12 次）。日本的《肯定列表制度》已成為中國對日食品出口的最大壁壘。

第四節　日本食品安全規制的啟示及中國食品企業的應對措施

一、日本食品安全規制的啟示

第一，堅持消費者優先理念。日本食品安全規制遵循消費者至上原則進行立法，要求食品安全規制部門把消費者健康和利益放在最高位置，並構建了全過程質量管理和全流程責任追蹤系統，形成了保證食品安全的規制體系和食品貿易技術壁壘，維護了本國消費者權益。我們應借鑑日本經驗，建立以食品安全法為核心，以各種法規為補充的食品安全法律體系，形成符合中國食品貿易現狀、有利於人民健康、有利於中國食品企業發展的法律框架，為中國的食品貿易、食品質量和食品安全提供有效保障。

第二，健全食品安全檢驗和檢疫標準。為確保食品安全規制的實施，日本農林水產省和厚生勞動省等跨部門的國家食品安全機構，在承擔食品安全風險評估和管理及監督職能的同時，通過設立化學、生物、新食品評估組，以及對近千種農藥設立檢驗標準，全面落實了對食品進行嚴格檢驗的要求，並要求進入日本市場的食品必須履行食品檢疫的各種手續，提高了進口食品的合格率，降低了潛在風險，保障了食品質量，同時也對國外食品進口形成了巨大貿易壁壘。借鑑日本的經驗，中國也應該建立一個能夠與國際接軌的檢驗檢疫標準，建立相應的檢驗檢疫系統，同時，要建立高水準的檢驗檢疫設施，落實履行上述國家職能的機構或社會組織的責任。

第三，加強對食品安全規制者的監督。日本的實踐經驗表明，對規制者的規制權限進行合理限制，不允許在權責範圍內出現尋租事件，一經發現濫用權限的規制者、當事人或機構將受到嚴厲制裁。這一做法對淨化社會風氣，確保食品安全規制的國家利益起到了基礎性的保障作用。借鑑日本的經驗，中國對規制者也應規定明確的責任和義務，避免規制者尋租現象的發生。對於違反法規的人員應堅決查處，絕不姑息，營造使各種敗德行為不敢、不能任意施為的社會輿論和法治環境。

第四，提供食品安全指導和技術改造扶持。日本在建立嚴格的食品安全規制系統的同時，也加強了本國企業安全生產模式建設和技術設施改造，並且成效明顯。我們應借鑑日本經驗，鼓勵國內企業進行食品標準化建設、實施技術改造和進行安全生產模式建設，並對進行技術改造的企業上調貸款數額，對企業技術改造消耗的費用給予一定比例的貼補，努力將中國食品企業扶持起來，為保障食品安全和增強食品出口的競爭力打好根本性的基礎。

第四章　日本食品貿易法規對中國食品貿易的影響

二、中國食品企業的應對措施

中國食品企業要想突破日本食品安全規制的綠色屏障，繼續保持對日食品出口的競爭力，既要據理力爭，剔除歧視性的規定，還要根據相關規則的要求練好內功，滿足相關技術標準的要求。

一要減少農藥、獸藥濫用行為，杜絕危害消費者人身健康的添加劑使用，包括禁止使用出口地禁止的添加劑。二要把握國外食品市場供需變化和國際食品貿易動向，及時瞭解進出口市場技術性貿易壁壘及主要貿易國貿易手段的變化，並有的放矢採取應對策略。三要將督查和評估工作深入食品生產、加工和銷售的各個環節，擬定技術標準，嚴格質量檢查，控制產品出口質量，建立基於產品品質的全鏈條管理和控制系統。四要及時瞭解政府支持食品加工企業實施技術改造和改善生產模式的政策，抓住機遇促進企業以及整個食品企業更新換代，為企業的長遠發展奠定堅實基礎。五要針對日本市場進行廣告宣傳，加強與日本民間的團體組織如農業協同組合、生活協同組合的合作，提高企業品牌在日本消費者中的影響力。六要按照新工藝和新技術培訓員工，提高食品企業從業者的技能素質和職業道德水準，保證食品企業的員工能夠跟隨上時代步伐和迅速多變的國際貿易狀況。

此外，還可採用直接、間接投資方式，實施跨國投資經營，在食品輸出國本地進行食品生產和加工。並引進國內外能夠滿足食品安全生產需求的先進技術和裝備，包括採用日本品牌企業先進的生產標準和技術，以滲透和效仿的方式，破解綠色壁壘，增強競爭實力，全面提升中國食品對日出口的競爭力。

第五章 中國應對日本食品貿易法規的措施

長期以來，日本一直是中國食品出口貿易的主要市場，貿易量近年來呈現持續增長的勢頭。據統計，2009 年中國向日本共出口了約 75 億美元的食品，合格率達 99.81%，其中 47% 由日本在華投資企業生產出口。日方對食品進口採取的各種技術性貿易壁壘使食品檢測項目成倍增加，造成中國食品出口企業的檢測費用增加，同時迫使中國農業不得不轉變種植方式，不斷加強食品的產業鏈構建。這也必然造成生產成本的提高。此外，受國內通脹影響食品生產成本持續上漲，但是國際食品價格相對穩定，致使食品出口利潤微薄，食品出口企業的生存環境惡化。但是，日本的食品外貿依存度較高，中國食品出口具有明顯的成本優勢，並形成了比較完善的食品出口渠道；中國食品企業及時掌握國際食品貿易動態，對日本食品市場的消費需求進行了合理測算。因此，日方仍是中國食品出口的大市場，我們能夠按照國際標準和日本進口商的要求提供加工食品。日方為保護本國農業及相關產業的發展，不斷提高食品進口的准入門檻，對中國出口食品的質量安全予以重點關注，並相繼修改了《食品衛生法》，出抬了《肯定列表制度》，對來自中國的食品採取緊急進口限制措施，兩國間食品貿易摩擦隨之產生。為佔有國際食品貿易市場，中國的食品出口企業必須認清自己的優勢和不足，抓住機遇，盡快提高自己的貿易競爭力。

中國的食品貿易具有較強的自身優勢。第一，價格優勢明顯。食品作為生活必需品，其需求價格彈性小，與其他行業相比，價格波動較小。據海關統計，中國出口到日本的食品，價格一般只是當地的 1/3 到 1/2。2010 年 1~8 月中國對日食品的出口降幅不僅遠遠低於全國外貿出口下降的平均水準，也低於全球食品出口的整體

第五章　中國應對日本食品貿易法規的措施

降幅。金融危機導致日本經濟低迷不振，居民收入下降也使其購買力降低，因此「價格便宜」成為越來越多日本家庭消費考慮的主要因素。中國食品因成本優勢受到更多日本消費者的青睞，日本經濟的低迷環境也更凸顯了中國食品的成本優勢。

第二，中國食品質量安全在不斷加強。從 2006 年到 2009 年，中國對日出口食品的合格率分別為 99.4%、99.56%、99.42%和99.81%，這表明中國出口的食品有較高的質量水準和安全保障。中國對日出口的蔬菜、冷凍食品，分別占到日本食品進口的59%和50%。中國對日出口的食品合格率高，每年都有近 400 萬人次日本人到中國來旅遊觀光和投資洽談。這就說明，完全可以放心地消費物美價廉的中國食品。

第三，中國食品工業發展迅速。近年來，中國食品產業增速始終保持在 20%以上，在保障供給、擴大內需、抑制通脹和促進經濟平穩快速發展等方面發揮了積極作用。2008 年，食品工業成為製造業應對國際金融危機中綻放出的一朵奇葩，實現產值4.2 萬億元，增長率為 29.7%，對國民經濟的貢獻率達 7%。2009 年，食品工業繼續保持大幅增長，總產值突破4.9 萬億元。2010 年，中國食品工業克服成本上升等因素影響，全年經濟效益繼續穩步提高。這表明，中國食品工業對促進經濟增長所發揮的作用是巨大的，而且具有很大的發展潛力。

第四，日本食品消費市場需求旺盛。全球金融危機對日本餐飲業及肉類整體消費影響較深，隨著國民實際收入的降低，居家用餐的人越來越多，這就增加了國民對廉價肉製品的消費需求。再者，日本人口老齡化程度高，生活節奏越來越快，對中國的功能性食品和飲料、方便快捷的食品和半加工食品、適合老齡人口的罐裝食品的需求正在不斷增加。據相關數據顯示，日本整個食品市場容量約為6,000 億美元，而每年食品進口貿易額約 700 億美元，食品進口需求旺盛。另外，中日食品進出口結構一致。據日本水產省統計，日本進口的主要農產品是豬肉、大豆和玉米，此外也大量進口新鮮和冷凍蔬菜、食品半成品。中國的食品出口結構與日本食品進口結構具有趨同性。

但是，中國食品貿易的國際競爭力目前還不強。首先，企業戰略觀念模糊。中國食品生產企業的發展受地區經濟、地理位置的限制以及傳統觀念的影響，總體水準還不夠高，企業沒有明確的發展戰略，大多缺乏走出國門、開發國際市場的勇氣和能力，獲得國際市場認可的品牌太少。中國大多數食品企業基本上都是家族企業，企業文化水準普遍較低，經營者的經驗主義嚴重，企業與企業之間、企業與市場之間缺乏溝通和良性競爭，這也大大降低了在國際市場上的競爭力。中國食品企業依然是以低成本的勞動力、豐富的資源稟賦等參與國際競爭，缺乏高新技術含量，以此形成比較優勢參與國際競爭。

其次，資源整合能力弱。中國大多數食品生產企業仍處於小規模的分散生產經營狀態，從原材料到銷售的整個供應鏈還不規範，主要以粗加工和低層次產品為主，企業資本累積速度緩慢，大多數企業存在融資困難的問題，在技術引進、人力資本

115

中日韓食品貿易法規與案例解析

投資和信息化建設方面與現代化企業還有很大差距。與此同時，政府對食品產業的扶持力度也不夠。

再次，食品安全認證體系不健全。日本食品企業是食品安全管理的主角，在農產品食品供應鏈的各個環節都建立了一套完整的管理體系，並積極實施關鍵點控制標準體系（HACCP）、GAP、ISO9000、ISO22000等制度；政府主要負責制定規則，並進行引導和監督。中國目前食品安全認證體系還不夠健全，政府對食品立法、監管也不到位，與日本食品認證標準存在較大差距。

最後，日本經濟低迷不振及其實施進口食品監督計劃對中國食品貿易也構成一定的威脅。受金融危機影響，日本經濟「正在衰退」。2009年第一季度，日本經濟繼續快速下滑，環比降幅（4.0%）和環比年率降幅（15.2%）均創歷史最高紀錄，失業率居高不下，居民購買力下降，個人消費需求低迷。在食品進口政策方面，日本實施了嚴格的監控措施，其重點主要是針對風險評估和歷史違法案例而確立的種類和重點項目，包括農獸藥殘留物、微生物、添加劑、轉基因、放射性和真菌毒素等。近年來，日本增加進口食品計劃檢查批次的數量，2009年4月至2010年3月期間，日本對83,200批進口食品有計劃地實施檢查，較2008年提高了4.5%。為確保進口食品的安全性，日本制定了法律依據充分、監督高效、震懾力強的進口食品監督的計劃。

綜上所述，中國食品只有轉化比較優勢為競爭優勢，才能從根本上提升食品的國際競爭力。

在政府層面，首先要深化食品領域的經貿合作。在金融危機背景下，應深化中日兩國在農產品食品領域的經貿合作，建立專門的食品投資協調諮詢機構；通過整合農業產業價值鏈，提升兩國農業要素資源的配置效率，吸引更多的日商來華投資農業與食品產業。日本政府也應鼓勵對華直接投資，使其國內不具比較優勢的農業與食品產業轉移到中國以獲取競爭優勢，這將取得雙贏的結果。其次，應調整食品出口策略。中國食品出口目前主要集中在東亞地區，這種格局對日韓等主要貿易夥伴國的依存度過高。應開闢食品出口的市場，建立與非洲貿易國的食品經貿合作。同時還應不斷優化食品出口結構，增加食品產業鏈，提升食品科技含量，避免因市場狹窄帶來的市場壓力。最後，應完善食品安全控制體系。國際貿易實踐表明，實施食品生產和加工「從農田到餐桌」的全程質量管理，對保障食品安全十分重要。中國應逐步完善GMP體系、GVP體系、SSOP體系和HACCP體系建設，並結合食品安全體系建設的實踐，建立食品生產從源頭到消費的全程監控體系。

食品行業層面，一方面要構建信息情報系統。產業行會應成立信息情報機構，及時跟蹤相關產品出口的數量和價格數據，特別要關注國際食品貿易動態。充分利用貿易夥伴國反饋的信息，建立貿易信息數據庫，掌握國外政府和行會的相關信息，分析主要貿易國已發布和實施的技術法規、標準、合格評定程序等技術性貿易措施，為食品企業科學決策提供全面、準確、及時的信息支持。另一方面，要促進食品工

第五章　中國應對日本食品貿易法規的措施

業結構升級。中國食品工業應按照基地化、規模化、品牌化和國際化的發展戰略，充分發揮比較優勢，抓好優質安全、精深加工、市場行銷、集約發展等關鍵環節，促進食品工業結構升級。要促進優勢企業和產業集中區規模的快速擴張，做大做強品牌，逐步形成以名牌產品為主導、大型骨幹企業為支撐、上下游產業配套、競爭優勢明顯的產業格局。要進一步擴大精深加工產品生產和副產品的綜合利用，提高產業集中度，並在物流建設等方面邁出新的步伐。

　　食品企業層面，首先要出口適銷對路的食品。日本食品安全事件頻發引起其國內對於食品安全性的高度重視。因此，應提高國內農業資源配置率，大力發展具備比較優勢的農產品食品出口，調整出口結構，發展深加工農產品，鼓勵和支持農產品食品企業與日本超市對接、建立產品直銷窗口和連鎖直銷店，構建食品出口行銷網絡，把對食品消費需求的測算轉向健康、安全、天然食品的開發和銷售。其次，要提升企業自主創新能力。創新是決定產品市場競爭力的重要內在動力，由於中國食品企業一直走的是低成本的勞動密集型發展道路，比較優勢明顯而競爭優勢不足，在國際貿易中處於被動地位；在遭遇 TBT 通報的食品中，初級食品佔有很大比重，這不利於中國的食品出口。中國農產品食品企業應加大科研的投入力度，提高科技成果轉化率和出口食品的附加值。最後，要實施食品標準化生產。根據中國食品企業的生產實踐中存在的標準不高的實際情況，應積極制定和有效實施標準，使食品整個產業鏈的每一個環節都能進行標準化生產和管理，並積極促使食品科技成果轉化，生產出質量安全並符合國際標準的食品，從而獲得經濟、社會、生態的最佳效益。

第六章　中韓食品安全行政檢查制度

　　食品安全行政檢查是指負有食品安全行政檢查職責的行政主管機關，依照法定權限和程序，對行政相對人遵守國家有關食品安全方面的法律法規及規章等情況以及執行具體的行政決定所進行的檢查。食品安全行政檢查制度是一國食品安全監管制度的重要組成部分，而且居於核心的地位，是政府為公眾提供安全食品的一個重要途徑。近幾年中國農產品出口韓國的年出口量超過 20 億美元，僅 2008 年中國對韓出口食品（不包括農產品）就有 7.63 萬批、24.52 億美元，在出口金額上僅次於美國和日本。韓國與日本等國是世界上代表性的食品進口國，特別是因 1995 年加入世界貿易組織而引起的國際交易的開放化和自由化，依存進口食品的比重超過 50%。韓國政府歷來重視食品安全。2008 年組建的韓國李明博政府，把安全作為國家建設的基礎，韓國五大安全領域之中就包含了食品安全。科學、規範的韓國食品安全行政檢查制度對於提高食品的安全性，保護公眾的身體健康和生命安全都發揮了重要作用。比較研究中韓兩國的食品安全行政檢查制度，對於進一步提高中國食品的安全性，從而促進中韓食品貿易的順利進行具有重要的意義。

● 第一節　中韓食品安全行政檢查的法律法規體系的比較

　　分析食品安全行政檢查的法律法規是食品安全行政機關對從事食品行業的組織或個人的行為進行檢查時，所要依據的執法尺度和標準。食品安全行政檢查的法律法規體系包括涉及食品安全行政檢查的法律規範和食品安全標準。完善的食品安全

第六章　中韓食品安全行政檢查制度

行政檢查的法律法規體系，是食品安全行政檢查的有力依據，在解決食品安全問題上也起著舉足輕重的作用。

(一) 中國食品安全行政檢查的法律法規體系

1. 食品安全行政檢查的法律規範

中國食品安全行政檢查法律法規體系的建設起步較晚，1995 年發布的《食品衛生法》主要是從提高食品衛生水準方面規定了食品衛生檢查方面的相關內容，該法實施十多年以後，到了 2009 年才被《食品安全法》所取代，中國食品安全行政檢查的立法理念也才真正從「食品衛生」轉變為「食品安全」。從中國涉及食品安全行政檢查的法律規範的種類來講，有法律、行政法規、部門規章、地方性法規、地方政府規章以及其他行政規範性文件。上述立法中最為重要的是於 2009 年 6 月 1 日開始實施的《食品安全法》和 2009 年 7 月 20 日開始實施的《食品安全法實施條例》。《食品安全法》在第 8 章「監督管理」章節中規定了食品安全行政檢查的相關內容。《食品安全法實施條例》也在第 8 章「監督管理」章節中規定了食品安全行政檢查的相關內容。

2. 食品安全標準

食品安全標準是指「在一定的範圍內以獲得最佳食品安全秩序、促進最佳社會效益為目的，以科學、技術和經驗的綜合成果為基礎，經各有關方協商一致並經公認機構批准，對食品的安全性能規定共同的和重複使用的規則或特性的文件」。它作為食品安全行政檢查的重要依據，具有保障食品安全、規範食品生產經營、促進食品國際貿易順利進行的作用。根據中國《食品安全法》的規定，食品安全標準分為國家標準、地方標準以及企業標準。根據中國《食品安全法》第二十一條第 1 款的規定，食品安全國家標準制定主體是國務院衛生行政部門。根據《食品安全法》第二十四條第 2 款的規定，食品安全地方標準的制定主體是省、自治區、直轄市人民政府衛生行政部門。食品安全企業標準，「是生產食品的企業自己制定的，作為企業組織生產的依據，在企業內部適用的食品安全標準」。企業標準嚴於食品安全國家標準或者地方標準。

(二) 韓國食品安全法律法規體系

1. 食品安全行政檢查的法律規範

目前韓國已經形成了以韓國《食品衛生法》和《食品安全法》作為基礎，以各領域單行的法律作為配套立法的食品安全行政檢查法律規範體系。韓國於 1962 年 1 月 20 日頒布了《食品衛生法》。此外，韓國於 1986 年 11 月 11 日開始實施《食品衛生法施行令》，於 1987 年 3 月 28 日開始實施《食品衛生法實行規則》，作為《食品衛生法》的實施細則。

在已有的《食品衛生法》的基礎上，韓國於 2008 年 6 月 13 日頒布了《食品安全基本法》，進一步完善了食品安全行政檢查的法律體系。其立法目的是明確關於食品安全的國民的權利和義務以及國家和地方自治團體的責任，並通過規定關於食

品安全的相關政策，以保證國民能夠過上健康安全的飲食生活。《食品安全基本法》中涉及食品安全行政檢查的內容主要有食品安全政策委員會的組成、食品安全行政檢查的科學化、食品安全行政檢查信息的公開、食品安全行政機關之間的相互協力、公眾參與食品安全行政檢查等方面。此外，韓國於2008年12月14日開始實施《食品安全基本法施行令》，作為《食品安全基本法》的實施細則。

2. 食品質量安全標準

韓國食品質量安全標準是公認機構批准的，規定產品或相關食品加工和生產方法規制的相關文件。主要分為兩類：一類是安全衛生標準，包括動植物疫病、有毒有害物質殘留等，該類標準具體由作為中央行政機關的食品醫藥品安全廳內部設立的食品安全基準科制定；另一類是包裝規格標準和質量標準，由農林水產食品部下屬的國立農產品品質管理院制定。韓國政府也非常重視食品安全質量標準的修訂和完善，如韓國食品藥品安全廳於2008年到2011年，每年都修改食品安全標準，從而不斷提高食品的安全性。

(三) 中韓兩國的比較分析

從以上內容可以看出，中韓兩國都非常注重食品安全行政檢查法律規範和食品安全標準體系的建設。而韓國更加注重對法律規範和食品安全標準的及時制定和修改，如韓國《食品衛生法》自1962年頒布以來已經過了數十次修改，《食品安全基本法》自2008年頒布以來也經過了多次修改。對法律規範的及時修改和完善，保證了法律規範的實效性，從而給食品安全行政機關的檢查提供了有利的法律依據。因此，經過多年的不斷完善，韓國已經形成了比較系統、完備的食品安全行政檢查法律法規體系。而中國已經廢止的《食品衛生法》自1995年頒布以來，未經過一次修訂，中國《食品安全法》自2009年頒布以來也未經過修訂。

第二節　中韓兩國食品安全行政檢查體制的比較分析

食品安全行政檢查體制是指關於食品安全行政檢察機關的設置、領導從事關係、檢查權限分配及其運行模式。具體來說，食品安全行政檢查體制所要解決的重點問題就是「由誰來檢查」。食品安全行政檢查體制在整個食品安全監管領域無疑具有非常重要的地位。它是國家食品安全法律法規、政策和方針能夠有效執行的組織保障。科學、規範的食品安全行政檢查體制，對於降低行政檢查成本，提高食品安全行政檢查的效能，有效預防和處理食品安全問題，具有重要的意義。

(一) 中國食品安全行政檢查體制

中國從2004年9月開始採用「分段檢查為主、品種檢查為輔」的食品安全行政檢查體制。將食品鏈分為幾個階段，按照一個階段由一個部門檢查的原則，由中

第六章　中韓食品安全行政檢查制度

央和地方的農業行政管理部門、質量技術監督部門、工商行政管理部門和國家食品藥品監督管理部門分別對初級農產品生產加工環節、食品生產環節、食品流通環節、餐飲消費環節行使檢查權。除了劃分不同行政機關的食品安全檢查權限以外，為加強不同行政機關之間的業務協調，中央和地方都設立了相應的議事協調機構。國務院於2010年2月6日設立了國務院食品安全委員會，作為國務院食品安全工作的高層次議事協調機構。其主要職責是食品安全風險評估、組織查處食品安全重大事故、發布食品安全信息、研究部署和統籌指導食品安全工作、提出食品安全監管的重大政策措施、督促落實食品安全監管責任。2010年12月6日設立了國務院食品安全委員會辦公室，作為國務院食品安全委員會的辦事機構，具體承擔委員會的日常工作。中國地方各級人民政府也開始紛紛設立地方的食品安全委員會，作為地方的議事協調機構。

(二) 韓國食品安全行政檢查體制

韓國採用多元化的食品安全檢查體制，主要根據食品的種類（種植養殖）以及食品生產的各個階段（生產加工、流通、消費、進出口）進行劃分。中央一級的食品安全檢查機關有企劃財政部、農林水產食品部、教育科學技術部、知識經濟部、保健福祉部、環境部、農村振興廳、食品醫藥品安全廳八個部門。從這八個部門的權限分配來講，具有分段檢查的特點，但是仍有一些職權是交叉的，如針對進口畜產品的檢查，由農林水產食品部負責進口、加工、流通階段的檢查，由食品醫藥品安全廳負責消費階段的檢查。而在實踐中流通和消費階段是很難完全加以區分的，這時就出現檢查權限交叉，相互「扯皮」的現象。為了加強各部門的合作與協調，韓國於2005年3月成立了隸屬於國務總理的國家食品安全政策委員會。食品安全政策委員會主要負責協調其他八個食品安全行政檢察機關的業務。根據韓國《食品安全法》第八條的規定，食品安全政策委員會由包括委員長在內的20名以內的委員構成。其中委員長由國務總理擔任，委員由8個中央行政機關的長官、國務總理室長、國務總理委任的具有關於食品安全等知識和經驗豐富的人員構成。由食品安全政策委員會作為專門的協調機關，統一協調食品安全行政檢查工作，形成了一套分工明確、團結協作的食品安全行政檢查體系。

從地方的情況來看，隨著1995年地方自治團體的出現，從中央政府轉移到地方自治團體的食品安全的執行任務包括食品安全行政檢查任務達到99.9%，如表6-1所示。通過上述做法，明確了中央和地方食品安全管理權限，使中央食品安全行政機關從紛繁複雜的食品安全行政檢查業務中脫離出來，集中資源通過制定相關政策和法律規範，解決全局性的食品安全問題。地方自治團體的食品安全管理得到了強化，有利於其集中力量去實施具體的行政檢查，保證中央行政機關制定的相關政策和法律規範在地方貫徹和實施。

表6-1　　　　　地方自治制度實施後轉移到地方政府的主要業務

年度	轉移業務	擔當機關	
		轉移前	轉移後
1996年	食品的營業許可權	保健福祉部	市、郡、區
1998年	食品業所申告、許可業務	保健福祉部	市、郡、區
	食品業所的衛生監視及設施調查	保健福祉部	市、郡、區
	食品添加製造業	保健福祉部	食藥廳
	食品保存業(食品調查處理業)		
	食品零售、銷售業	市、都	市、郡、區
1999年	餐飲業	保健福祉部	市、郡、區
2002年	健康機能食品製造業	食藥廳	
	健康機能食品進口業	地方食藥廳或市、郡、區	
	健康機能食品銷售業	地方食藥廳或市、郡、區	
2003年	食品等進口銷售業	市、郡、區	地方食藥廳

(三) 比較分析

從以上內容可以看出，中韓兩國都採用中央和地方二元化的食品安全行政檢查體制。不同點是中國採用「以分段檢查為主、以品種檢查為輔」的食品安全行政檢查體制，即針對生產加工環節、流通環節、餐飲服務環節分別由不同的行政機關行使檢查權；而對於農產品採用品種檢查的體制，即由農業管理部門負責。韓國食品安全行政檢查採用多元化的行政檢查體制。在加強不同行政機關之間的業務協調方面，中國由國務院設立的國務院食品安全委員會作為高層次議事協調機構。韓國通過設立食品安全政策委員會，進一步加強了食品安全行政機關之間的協調和合作，一方面避免了重複檢查以及業務上的摩擦，從而提高了食品安全行政檢查的效率，加速了食品行政管理的科學化；另一方面使不同的食品安全行政檢察機關之間相互通報並尊重各自的檢查結果，從而做到食品安全檢查信息的共有，使不同的食品安全行政檢察機關形成檢查合力，共同致力於食品安全。

● 第三節　公眾參與食品安全行政檢查方式的比較

分析實踐中，食品安全行政檢查的主體主要是食品安全行政機關，但是政府監管會出現行政權力的配置不合理、責任不明確等問題，從而導致在食品監管方面出現執法空白或重複執法。另外，政府也很難對所有的食品實施有效的檢查，因而除了食品安全行政機關以外，需要食品行業的自律，更需要公眾積極參與食品安全行政檢查。

第六章　中韓食品安全行政檢查制度

（一）中國公眾參與食品安全行政檢查的方式

近幾年來，中國政府也開始重視公眾參與食品安全檢查。國務院在2012年6月發布的《國家食品安全監管體系「十二五」規劃》中指出，發揮政府支持引導作用，調動行業企業、新聞媒體、社會公眾等各方面的積極性，共同參與食品安全監管體系建設。中國的《食品安全法》從三個方面規定了公眾參與食品安全檢查：一是對食品安全執法活動提出建議和批評。二是通過食品安全行政檢查信息的公開，保障公眾的知情權。三是食品安全問題有獎舉報制度。各個地方結合本地情況採取了多種措施，加大了公眾參與食品安全行政檢查的力度。例如，各個地方陸續出抬了食品安全有獎舉報制度。食品安全有獎舉報制度有效調動了公眾參與食品安全監督檢查的積極性和主動性，促進了人人參與食品安全的良好社會氛圍的形成，也促進了食品安全問題的有效解決。

（二）韓國公眾參與食品安全行政檢查的方式

近年來韓國的食品安全檢查領域不斷擴大，相反食品安全行政檢查組織有縮小的趨勢，因而韓國構建了國民積極參與食品安全檢查的機制。韓國《食品衛生法》規定了消費者食品衛生監視員制度。韓國《食品衛生法》第三十三條對擔任消費者食品衛生監視員的資格、職能以及消費者食品衛生監視員資格的解除等都作出了明確規定。食品醫藥品安全廳長、市長（指的是作為韓國廣域自治團體的特別市和廣域市的市長）或知事、市長（指的是作為韓國基礎地方自治團體的市長）、郡守、區廳長在為進行食品衛生管理而登記的消費者團體的成員中可以委任相關團體的負責人或具有關於食品衛生方面的知識的人為消費者食品衛生監視員。消費者食品衛生監視員的職責主要是檢查從事餐飲服務業的衛生管理狀態、流通中的食品等是否符合標準、食品違反虛偽標示或擴大廣告規定時，向相關行政機關申告或提供相關資料、向食品衛生監視員的食品檢查提供支援等。消費者食品衛生監視員如果在履行職務的過程中出現了違法行為，食品醫藥品安全廳長、市長或知事、市長、郡守、區廳長應解除其職務。此外，依據《食品衛生法》的規定，2008年4月市民食品安全行政檢查請求制度在首爾首次試運行，並於首爾食品安全條例正式實施時全面實施。首爾市民10名以上聯名或者學校、企業等集團的營養師認為在大型商業中心、超市、學校周邊等銷售的食品有安全隱患的，可以向市民食品安全請求審查會提出食品安全檢查請求。市民食品安全請求審查會應在7日內對食品進行檢查。行政機關可以通過120客戶服務中心或者以網上或書面方式接受請求，通過回收食品、檢查及現場確認的方式進行處理。檢查結果確實發現食品有安全問題時，相關食品經營主體會受到行政處罰，提出食品安全檢查請求的市民可以獲得最高1,000萬韓元的賞金。

（三）比較分析

從以上內容可以看出，韓國更加注重公眾參與食品安全檢查，在立法中明確規定了公眾參與食品安全檢查的具體內容，可操作性很強，實踐中的運行情況良好。

韓國《食品衛生法》專門規定了消費者參與食品安全行政檢查的資格、具體職能以及資格解除等內容。韓國《食品安全基本法》專章規定了消費者參與食品安全行政檢查的途徑、保護措施以及獎金的支付等內容。而中國雖然也已經認識到加強公眾參與食品安全檢查的重要性，但是從立法上來講，關於公眾參與食品安全行政檢查的規定比較原則化，可操作性不強，而且在實踐中也未形成完善的公眾參與食品安全行政檢查的機制。

第四節　中國借鑑韓國食品安全行政檢查制度的思考

總的來講，韓國食品安全行政檢查制度具有法律法規體系比較完備、注重食品安全行政檢察機關之間的合作與協調以及積極鼓勵公眾參與食品安全行政檢查等特點，值得中國積極借鑑。中國應積極借鑑韓國的做法，並密切結合國情，從以下幾個方面進一步完善現有的食品安全行政檢查制度。

（一）進一步完善食品安全行政檢查法律法規

食品安全行政檢查的法律法規體系是貫穿食品安全行政檢查的一條基線，尤其是食品安全標準為食品安全行政檢查提供最為科學的、強有力的執法標準。完善的食品安全行政檢查法律法規體系，有利於保證食品安全行政檢查行為的公正性和透明度，從而進一步規範食品安全行政檢查行為。韓國非常重視食品安全行政檢查法律體系的建設，根據食品安全形勢的發展，對已有的法律規範進行及時修改和完善，而且對法律規範的修改非常細緻和全面，同時也注重及時制定新的法律。

雖然中國也已經頒布了很多涉及食品安全行政檢查的法律法規，食品安全行政檢查的法律法規體系框架也基本得以建立，但是由於一些法律法規制定於計劃經濟時代，時間已久遠，對食品安全的要求較低，又沒有得到及時修訂，因此，已經不能達到新形勢下提高食品安全性的目標，也遠遠不能滿足行政檢查的需要，不能有效解決實際問題。因而應進一步更新立法理念，在安全作為最基本的理念的基礎上，還應體現公眾參與以及風險評估先行的立法理念，盡快著手修改完善食品安全行政檢查法律法規。

改革開放40年以來，中國食品安全標準僅進行過三次較大範圍的頒布和修訂。很多食品安全標準都是十幾年前制定的，國家沒有定期進行修改、清理和完善，因而現行食品安全標準的標齡在10年以上的佔了25%，有些個別的標準的標齡已經達到了20多年。隨著中國輸韓食品市場的不斷加大，韓國對進口食品檢驗要求日益嚴格，貿易壁壘傾向嚴重，頻繁地通報中國出口食品不合格，容易造成不良的國際影響，進而產生連鎖反應，影響中國食品對其他國家出口。造成中國出口食品出現問題的主要原因之一就是中國一些食品的安全標準雖然符合國內標準，但是不符合進

第六章　中韓食品安全行政檢查制度

口國家的食品安全標準，更不符合國際食品安全標準。因此，實施與國際接軌的食品安全標準，可以消除貿易技術壁壘，促進食品國際貿易。中國應進一步清理和完善食品安全標準，使食品安全標準盡快達到國際標準。

(二) 加強食品安全行政檢察機關之間的合作與協調

從世界各國的情況來看，20世紀中期的食品安全監管多採取多部門聯合監管的模式，但是這種模式容易產生職能交叉、責任不清、效率低下、權威不夠等弊端。因此，從多部門的分段監管的體制向由相對獨立的機關統一監管體制轉換是當今世界的發展趨勢。因為「統一檢查體制」避免了分段檢查體制下不同行政機關之間的相互推諉、相互「扯皮」的問題，因此檢查權限明確，可以集中有限的檢查資源，有效地開展食品安全行政檢查。

從韓國的情況來看，其採用的多元化的行政檢查體制，也容易出現不同行政機關之間的協調不暢而引起的重複檢查的問題，也可能出現檢查的真空地帶。關於這一問題的解決，除了發揮食品安全政策委員會的協調職能以外，韓國現已通過法律的形式規定了禁止重複檢查和共同檢查的相關事項，促進了不同行政機關之間的食品安全行政檢查業務的協調與合作。

韓國《行政調查基本法》第十四條第1款規定：「行政機關的負責人進行屬於下列各項中的任意一項行政調查的情形，應實施共同調查。①該行政機關內的兩個以上的部門就同一或者類似的業務領域，對同一被調查對象進行行政調查的情形；②不同的行政機關就總統令規定的領域，對同一被調查對象實施行政調查的情形。」《行政調查基本法》第十五條第1款規定：「依照第七條實施定期調查或者隨時調查的行政機關的負責人，就同一案件不得對同一被調查對象再進行調查。但是，該行政機關對已接受調查的被調查對象，掌握了具有違法行為嫌疑的新的證據的情形，則不在此限。」

根據中國《食品安全法》的規定，食品安全檢查機關的權限看似已經比較明確，即初級農產品生產和加工環節、流通環節以及餐飲服務環節都有相應的檢查主體，但由於「從農田到餐桌」整個生產經營鏈條的複雜性，使得各個環節往往無法完全分開，因而容易出現「都管」或「都不管」的被動狀態，導致實踐中經常會出現不同行政檢察機關之間的業務協調不暢的問題。因此，中國也有很多學者提出要改革現有的食品安全行政檢查體制，採用「統一檢查體制」。但是，「統一檢查體制」並不適合中國國情。因為中國地域遼闊，各個地方的食品安全形勢千差萬別，食品安全行政檢查任務繁重，依靠單一的行政機關不可能全面完成食品安全行政檢查的任務。因此，當務之急是進一步發揮國務院食品安全委員會和地方各級食品安全委員會在中央和地方的協調職能，加強食品安全行政機關之間的合作與協調。

具體來說，可採用以下三種協調方式。第一，可以採用事前協議的簽訂制度。積極推行不同行政機關之間事前協議的簽訂制度。對於有檢查權限交叉或權限不清的問題，通過簽訂事前協議，作出明確的決定，可以避免事故發生之後相互推諉的

情況，可以明確食品安全事故中檢查責任，使食品安全事故及時得到解決，也使在檢查中有違法或不同行為的行政機關及其工作人員及時受到法律的追究。第二，可以採用聯席會議制度，即不同的中央行政機關之間，或者不同的地方行政機關之間，或者中央和地方行政機關之間，召開兩個以上行政機關參加的會議。聯席會議的級別可以是首長級的，也可以是部門負責人之間的。召開聯席會議可以是定期的，也可以是臨時的。聯席會議中不同的行政機關應互相通報各自的食品安全行政檢查情況，做到信息的共享。對於某個行政機關在檢查中先發現的食品安全問題，如涉及其他行政機關的檢查權限，需要協助的，可以委託其他具有檢查權限的行政機關進行檢查。第三，可以借鑑韓國的做法，兩個以上行政機關對同一檢查對象都有檢查權限時，應實施共同檢查。一個行政機關在實施檢查之前，應向其他行政機關確認是否對同一檢查對象和類似的案件已經實施了檢查。通過上述做法做到不同行政機關之間信息共享，互相尊重各自的檢查結果，防止重複檢查，從而形成檢查合力，提高檢查效能。

（三）鼓勵公眾積極參與食品安全行政檢查

食品的需求者就是公眾，只有公眾消費食品，食品才有其存在的價值。公眾與食品安全具有最密切的聯繫，因而公眾理應作為食品安全行政檢查的主體之一，積極參與其中。韓國在對公眾進行食品安全宣傳的基礎上，構建了公眾積極參與食品安全檢查的機制。如首爾市率先在全國實行的市民食品安全行政檢查請求制度以及消費者食品衛生監視員制度對於提高市民食用率高的食品的安全性，加大市民對食品安全行政檢查的參與力度，提高從事食品行業的組織或個人的自律，都起到了積極的作用。

從中國的情況來看，食品安全行政檢查的主體主要還是行政機關，食品安全行政檢查的方式比較單一。如前所述，雖然依照《食品安全法》規定，公眾也可以參與食品安全檢查，但是在實踐中公眾的批評建議權的行使流於形式，對於食品安全行政檢查信息也無法及時獲得，進行食品安全舉報的組織和個人也寥寥無幾。因此，今後應進一步細化公眾參與食品安全行政檢查的程序以及相關法律責任。如可以完善食品安全有獎舉報制度，對於舉報獎勵的條件、程序、方式以及對舉報人的保護等各個方面作出具體規定。此外，進一步完善食品安全行政檢查信息統一發布制度。食品安全行政檢查信息發布應做到及時、準確、全面，還應減少公眾獲取食品安全行政檢查信息的成本。通過上述做法使公眾都重視食品安全，與食品安全行政機關形成檢查合力，共同保障食品安全。

綜上所述，韓國的食品安全行政檢查制度對於完善中國食品安全行政檢查制度帶來了很多啟示。為保障公眾的身體健康和食品安全，並促進中韓食品安全貿易的順利進行，應進一步完善中國食品安全行政檢查制度，使食品安全行政檢查制度在整個食品安全監管中發揮其應有的作用。

第七章 中韓兩國食品安全監管體系對比

● 第一節 韓國食品安全主管機構及職責

韓國採用中央、省、市、郡的多級管理體制對食品安全進行管理。中央涉及國家食品安全政策委員會（NCFSP）、農林水產食品部（MIFAFF）、保健福利家庭部食藥廳（KFDA/MFWFA）等多個部門，主要負責食品安全管理政策的制定及全國性食品安全事務的管理。他們的職責是食品風險信息的收集和發布、重大食品安全事故的調查處理、關鍵點控制質量管理體系（後文簡稱 HACCP）的推廣認證以及進口食品的監管等，並通過設在各地的垂直管理機構監督管理政策的具體落實情況（詳見表 7-1）。地方政府機構則負責對本行政區域內食品安全問題的具體管理。這種分工方式將中央管理部門從繁雜的具體管理事務中解脫出來，有利於其集中力量研究和制定宏觀政策，解決全國性、全局性問題，同時明確地方政府對本行政區劃食品安全管理的首要責任，保障了食品安全管理政策在地方的貫徹實施。

表 7-1　農林水產食品部和保健福利家庭部食藥廳的食品安全管理分工現狀

環節		種養殖	進口		加工	流通(保管/搬運)等	消費(飯店,百貨等)
			非加工和簡單加工	深加工			
農產品	政策	農林水產食品部	保健福利家庭部食藥廳	保健福利家庭部食藥廳	保健福利家庭部食藥廳	保健福利家庭部食藥廳	保健福利家庭部食藥廳
	監督管理	農林水產食品部/地方政府機構	保健福利家庭部食藥廳	保健福利家庭部食藥廳	保健福利家庭部食藥廳/地方政府機構	保健福利家庭部食藥廳/地方政府機構	保健福利家庭部食藥廳/地方政府機構
水產品	政策	農林水產食品部	保健福利家庭部食藥廳	保健福利家庭部食藥廳	保健福利家庭部食藥廳	保健福利家庭部食藥廳	保健福利家庭部食藥廳
	監督管理	農林水產食品部	農林水產食品部	保健福利家庭部食藥廳	保健福利家庭部食藥廳/地方政府機構	保健福利家庭部食藥廳/地方政府機構	保健福利家庭部食藥廳/地方政府機構
畜產品	政策	農林水產食品部	農林水產食品部	農林水產食品部	農林水產食品部	農林水產食品部	農林水產食品部其他機構
	監督管理	農林水產食品部/地方政府機構	農林水產食品部	農林水產食品部	農林水產食品部/地方政府機構	農林水產食品部/地方政府機構	保健福利家庭部食藥廳/地方政府機構

註：原產地事宜以及國內和進口農食產品的檢疫問題由 MIFAFF 負責管理，KFDA（自治體衛生領域）僅檢驗 100㎡ 以上的飯店。

第二節　韓國食品監管機制

一、進口食品的管理

韓國進口食品由保健福利家庭部食藥廳和農林水產食品部負責監管。其中：保健福利家庭部食藥廳負責農產品及深加工水產品進口環節的質量安全監管；農林水產食品部負責畜產品及未加工、簡單加工水產品的進口環節質量安全監管。進口食品的檢疫均由農林水產食品部負責。具體檢驗檢疫工作由產品進口所在地保健福利家庭部食藥廳、農林水產食品部執行。一旦產品進入市場，則由銷售區域的地方政府負責監管。

二、國內食品的管理

韓國國內食品管理政策主要由保健福利家庭部食藥廳及農林水產食品部制定，而具體監管則由地方政府負責。食品企業在生產食品前，需向所在市、郡、區的衛生管理部門申請生產許可證，而衛生管理部門接到申請後可直接簽發生產許可證，無須現場檢查。簽發生產許可證後，當地政府衛生部門將對企業實施常規檢查，一般為每年一次。一旦檢查不合格，將取消許可。對於保健食品，將由保健福利家庭

第七章　中韓兩國食品安全監管體系對比

部食藥廳直接簽發許可證。

三、出口食品的管理

韓國對出口食品與國內生產消費食品一視同仁，無任何特定管理措施。若進口國或進口商有證書方面的要求，只要企業申請，韓國政府機構就可簽發。但該證書只是證明該批食品符合韓國的法規標準要求，並不保證其符合進口方要求，韓國認為後者是進口國的權力和責任，與出口方無關。

第三節　韓國的 HACCP 管理體系

一、以 HACCP 為抓手，提高食品安全保障水準

韓國通過國家立法在一定食品種類範圍內強制實施 HACCP 體系，並制定了明確的推進計劃和具體目標。從 1995 年開始，韓國陸續在泡菜等 7 類食品管理中引入 HACCP 管理體系。通過 10 餘年的推廣應用，韓國不但將大量食品安全危害有效控制在加工之前或加工過程中，而且避免了事後檢驗模式給管理者和生產者帶來的巨大人力、財力負擔。

二、制定明確計劃，分步穩步推進

實施 HACCP 體系管理是一個逐步推進的過程。為此，韓國政府已制定了截至 2014 年的 HACCP 實施計劃，明確了各階段需要實施 HACCP 管理體系的產品種類和企業規模，並以法律的形式固定下來。7 類食品企業完成建立和運行 HACCP 體系後，再逐步擴大強制實施的產品目錄，最終全面建立 HACCP 體系。目前，韓國 7 類企業中已有 580 餘家企業通過了 KFDA 的官方認證，通過率約 50%。

三、提供資金和技術支持，幫助企業建立 HACCP 管理體系

韓國政府為實施 HACCP 的企業提供諮詢費用及基礎衛生設施改進費用，通過所屬的研究機構免費為企業提供技術諮詢和現場技術指導。他們通過優先提供貸款和減稅，允許產品標籤張貼 HACCP 認證標誌等，鼓勵企業積極採用 HACCP 體系。另外，韓國的民間 HACCP 諮詢機構也積極參與企業的 HACCP 體系的建立和實施過程，其與政府的技術支持所不同的是需要收取諮詢服務費用。

四、形成多層次參與、多單位支持的立體組織結構，體現了全民性

韓國在國家層面由 KFDA 主管 HACCP 認證工作，並由 KFDA 認可的 7 家

HACCP諮詢機構對企業進行教育和諮詢，每個省都設有屬於地方管理的、有各自特色的產業振興研究院。研究院整合了大量高校和企業科研機構的力量，形成一個網絡化的技術支持體系。需要強調的是，韓國政府控制HACCP管理的兩端，即：制定推行HACCP管理的政策和HACCP認證權、檢查權，中間的過程由官方下屬研究機構、協會及相關企業參與和實施。KFDA認證後，對合格的頒發HACCP證書，確保了嚴肅性和可靠性。而中國檢驗檢疫部門的官方驗證並不頒發證書，只有民間認證機構根據企業申請進行第三方認證並頒發證書。

五、明確規定培訓對象、範圍和時間，保證實施效果

韓國政府規定實施HACCP的企業主、HACCP組長及成員均要接受KFDA指定培訓機構的培訓。韓國對食品生產企業實施備案制度，但對企業人員的培訓要求非常高，企業不同層次人員需依法接受一定時間的培訓。韓國具備一批專業的培訓機構，可以根據受訓人群的不同關注程度設計不同課程。

第四節　韓國食品安全管理特點

一、管理體系複雜，變化頻繁

韓國的食品安全管理體系涉及多個部門，產品分工管理和階段分工管理混雜。同時，韓國的食品安全管理涉及數十部法規及龐大的規格標準系統，法規之間缺乏有效銜接。上述兩方面特點使得韓國食品安全管理體系非常複雜。另一方面，韓國的食品安全管理部門及法規標準調整也非常頻繁。保健福利家庭部食藥廳自1996年成立以來，已經過了近10次機構和職能調整，幾乎每年一次。僅在2008年年間，韓國就對《食品衛生法》進行了兩次大規模修訂，對保健（功能）食品法規標準進行了5次修訂，對《食品公典》進行了7次修訂。

二、強調安全風險預防和過程控制

韓國在食品安全管理過程中，非常重視食品安全風險的「事前預防」。為此，保健福利家庭部食藥廳在總部專門設立了風險預防政策局，在各地直屬機構設立了風險物質分析科，專門開展此方面的政策研究和管理工作。韓國特別將HACCP作為提高食品安全水準的抓手，通過HACCP體系的強制推廣，實現食品安全風險預防和過程控制。

三、食品安全風險信息透明度高

韓國規定，對於國內出現的食品安全問題及進口食品中發現的食品安全問題，

第七章　中韓兩國食品安全監管體系對比

均在官方網站上公布。

四、注重對管理者和生產者的技術支持和指導培訓

人員素質和業務水準是食品安全管理的基礎。目前韓國已經著手建立起一套系統化、常態化的，包括企業各層次人員和政府食品安全管理有關人員的培訓體系，並初見成效。

五、注意發動全社會力量，共同參與食品安全管理

韓國食品安全管理十分注重發揮研究機構、大專院校在科研、信息、人員等方面的優勢，吸收採納各界的建議和意見，調動發揮各界能動性，共同參與各類培訓授課。同時，韓國還加大宣傳力度，讓全社會客觀科學瞭解食品安全問題存在的原因及解決辦法，形成了良好的社會氛圍。他們還積極鼓勵消費者參與食品安全管理過程，壯大食品安全管理的力量。

● 第五節　中韓兩國食品安全監控制度對比分析

一、中韓兩國監管機構及協調機制對比

自 2009 年 6 月 1 日《食品安全法》正式實施後，中國食品安全監管體制實行分段管理，從農田到餐桌，覆蓋整個鏈條，要求監管無縫銜接，衛生、農業、質量監督、工商管理、食品藥品監督管理等相關部門分別承擔相應的職責。韓國採用中央、省、市、郡的多級管理體制對食品安全進行管理；按照食品類別、食品環節（種植養殖、進出口、生產加工、流通、消費）分產品類別、分環節進行監管。

由此可見，中、韓兩國食品安全監管工作涉及國家的多個部門，由多部門分工並通力合作完成。但在協調機制上，存在幾點不同：一是協調機構行政領導不同。韓國由總理直接領導，中國則是中央常委級別的副總理領導。二是食品監管鏈條劃分不同，中國採取分段監管為主、產品類別監管為輔的模式，韓國採取產品類別為主、分段監管為輔的模式。

二、中韓兩國法律法規體系對比

韓國食品安全法律法規體系相對完善，並且能夠根據不斷發展和變化的食品安全新情況、新問題進行新的制訂，或者修訂、補充原有法律法規。中國的食品安全法律法規體系建設起步相對較晚，1995 年 10 月 30 日才發布了《食品衛生法》。隨著中國食品行業的不斷發展壯大，進出口食品貿易的不斷加強，中國也在不斷制定

和完善自身食品安全法律法規和標準。2009年6月1日中國正式出抬《食品安全法》,其中確立了以食品安全風險監測和評估為基礎的科學管理制度,明確食品安全風險評估結果作為制定、修訂食品安全標準和對食品安全實施監督管理的科學依據。

在食品安全法律法規設計上,韓國嚴格圍繞保證食品安全這一終極目標,貫穿了風險分析、從業者責任、可追溯性和高透明度這4個基本要求,形成了一個包含食品化學安全、生物安全、食品標籤、食品加工,以及部分重要食品的垂直性立法的完善的食品安全法規體系。而中國的食品法規部門性、原則性的規定較多,實體性、可執行性、通用性的規定較少,且各法規立法重複性大、自由裁量較大,造成了不少「依法打架」的現象,最終導致各部門只是在本部門的行政職能範圍內開展食品安全監管活動,部門之間的橫向聯繫和信息交流較少,不能形成有效的風險信息交流共享和預警機制。

三、中韓兩國進口食品監管對比

1. 進口監管對象

中國制定頒布禁止進境動物源性產品的國家或地區目錄,規定擬輸華動物源性產品國家應由其國家監管機構向中國提供充分的證明材料,經中國的主管機構評估認可同意後,方可開放國家動物產品市場。中、韓兩國均對涉及檢疫監管的動物源性食品企業納入監管,頒布了允許進口企業名單。只有在名單內的企業才可以向進口國出口動物源性食品。中、韓兩國對進口商採取了相應的監管。例如:韓國實施了優秀進口食品企業名單制度,而中國實施進口商備案管理制度,有允許向中國出口肉類產品檢驗檢疫准入名單,中國對進口商採取黑名單管理制度。對動物源性進口產品,兩國均採取了檢疫許可管理制定,對進口產品均採取不合格名單通報制度。

2. 進口監管流程

在進口申報方面,韓國海關建立了先進的網絡申報系統平臺,溝通機制暢通。在中國,對進口申報雖然也分別向海關和檢驗檢疫局申報,兩者之間也建立了通關單聯網核查系統,但只是部分信息共享。在進口文件審核方面,韓國對於獲得「預確認註冊」和「優秀進口企業」資格企業進口的食品均直接放行。優良進口商進口有關產品時可簡化進口程序,適用便捷通關程序。中國對進口食品實行批批檢驗。中國由於還沒有建立分類管理機制,因此還沒有類似的快捷放行措施。在進口審核時間上,韓國規定為兩天,中國則是即時申報即時審核。對於高風險和違規達到一定比例的進口食品,韓國實施精密檢查,中國是通過發布警示通報來強化檢驗。對現場查驗以及抽樣檢測合格的食品,通知海關放行時,韓國簽發進口證書,中國簽發衛生證書。

四、中韓兩國監控計劃對比

在監控計劃組成上,兩國間的區別在於:中國的國家監控計劃包括國內和進出

第七章　中韓兩國食品安全監管體系對比

口兩部分；韓國的監控計劃包括有毒有害物質監控計劃和肉類殘留監控計劃，兩計劃中均沒有細分國內和進口監控。此外，中國針對出口食品還制定了專門的出口動植物源性食品、加工食品監控，同時，中國的地方政府和各直屬檢驗檢疫局結合當地實際情況增加地方性監控計劃，作為監控計劃的補充。而韓國則沒有相應內容。

在監控方式上，韓國肉類殘留監控計劃分為監控計劃、監視與強化檢測計劃、探索計劃，中國進出口食品安全監控計劃含國家監控計劃和直屬局監控計劃兩部分，根據監控需要，在監控週期內可臨時追加監控計劃。

在監控食品種類上，中、韓兩國在監控化合物項目上存在異同。在監控抽樣比例上，中、韓兩國抽樣比例確定原則基本相同，按照進口貿易情況，兼顧進口國或地區、品種的情況和以往監控結果制定。

在監控週期上，中、韓兩國監控週期均為每年1月至12月。另外，韓國還對殘留違規農場實施連續6個月的監視與強化檢測。

五、中韓HACCP體系情況比較

中韓兩國基礎情況不同，在HACCP體系實施方面也存在一些不同之處，如韓國HACCP認證全部由官方進行、一般不將農獸藥殘留視為顯著危害等，但就HACCP的基本原理和建立步驟來說，兩者之間不存在大的差異。中、韓兩國HACCP體系的比較見表7-2。

表7-2　　　　　　　　　　中韓兩國HACCP體系比較

項目	中國	韓國
國家立法	《食品安全法》鼓勵所有食品企業建立HACCP體系	《食品衛生法》規定7類食品強制實施HACCP體系
相關法規	20號令規定，6類出口企業強制實施HACCP體系	
HACC外部支持	HACCP諮詢機構對企業進行支持	韓國健康工業發展研究院及其他相關政府機構提供免費諮詢；7家經保健福利家庭部食藥廳認可的專門HACCP教育機構提供有償人員教育和諮詢
前提條件	20號令附件中有明確規定	食品衛生法中有原則要求
認證	由經認可的第三方認證機構進行認證	由保健福利家庭部食藥廳進行認證（不認可國外HACCP認證機構認證結果）
驗證	官方、認證機構、企業驗證	企業驗證（可使用外部資源），官方每年監管一次
企業人員要求	強調人員具備資質	明確規定企業管理人員必須接受食品安全培訓時限
認證通過率	較高	50%左右

第六節　韓國食品安全監管體系對中國的啟示

　　分析韓國食品安全監管體系以及中韓兩國之間的差異，對促進中國的食品安全監管工作有以下的啟示：

　　一是要健全食品安全監管法律體系。目前中國食品安全監管法律體系還不完善，在執法依據上有些模糊。新的《食品安全法》對食品安全監管體系做出了一定的調整，各地應加快出抬與《食品安全法》配套的地方性法律、法規，用法律規範食品安全責任體系，並對現有的食品安全法律、法規和標準進行整合、補充和完善。

　　二是明確食品安全監管主體。中國食品安全監管個別環節界定不清，個別部門存在相互推諉現象。我們應建立健全食品安全綜合協調機制，統一組織、協調食品安全各監管部門的工作，形成食品安全監管合力，建立辦事高效、運轉協調、行為規範、監管到位的食品安全監管機制，確保食品安全監管覆蓋「從農田到餐桌」的所有環節。

　　三是要加快相關食品安全標準的更新。中國食品質量標準與國際標準接軌不夠，很多食品安全標準領域存在空白，不能適應快速發展的食品行業。中國政府應結合現實情況，制定水準高、可操作性強的食品技術標準，為制定監管政策、檢測標準以及質量認證等工作提供依據，減少不同領域、部門所制定的標準間的衝突，並在參考國際標準的同時，結合中國具體國情，使標準更具有實際可操作性。

第八章　韓國食品貿易法規政策

第一節　韓國食品中微生物限量標準

表 8-1 為韓國食品中微生物限量標準。

表 8-1　　　　　　韓國食品中微生物限量標準

食品 Food	微生物/代謝物 Microorganisms/metabolite	標準 Standards	備註 Remark
肉 Meat	沙門氏菌 Salmonella spp	不得檢出	用於進一步加工的原料除外
	金黃色葡萄球菌 Staphylococcus aureus	不得檢出	
	副溶血弧菌 Vibrio parahaemolyticus	不得檢出	
	產氣莢膜梭菌 Clostridium perfringens	不得檢出	
	李斯特菌 Listerria manocytogenes	不得檢出	
	大腸杆菌 O157；H7 Escherichia coli O157；H7	不得檢出	
	空腸彎曲杆菌 Campylobacter jejuni	不得檢出	
	蠟狀芽孢杆菌 Bacillus celreus	不得檢出	
	小腸結腸炎耶爾森氏菌 Yersinia bacteria	不得檢出	

表8-1(續1)

食品 Food	微生物/代謝物 Microorganisms/metabolite	標準 Standards	備註 Remark
肉及肉製品 Meat and meat foods	結核杆菌 Tuberculous bacillus	不得檢出	
	炭疽病菌 Anthracnose bacteria	不得檢出	
	豬布魯氏菌 Brucella suis	不得檢出	
加工食品 Processed food	沙門氏菌 Salmonella spp	不得檢出	經過滅菌或不需要更多加工或熱梳理就可直接進食的食品
	金黃色葡萄球菌 Staphylococcus aureus	不得檢出	
	副溶血弧菌 Vibrio parahaemolyticus	不得檢出	
	產氣莢膜梭菌 Clostridium perfringens	不得檢出	
	李斯特菌 Listeria manocytogenes	不得檢出	
	大腸杆菌 O157；H7 Escherichia coli O157；H7	不得檢出	
	空腸彎曲杆菌 Campylobacter jejuni	不得檢出	
	蠟狀芽孢杆菌 Bacillus celreus	不得檢出	
	小腸結腸炎耶爾森氏菌 Yersinia bacteria	不得檢出	
大豆醬油/醬 Soy sauce/paste	蠟狀芽孢杆菌 Bacillus celreus	1,000cfu/g（消毒產品不得檢出）	除黃豆餅
醬油 Sauce	蠟狀芽孢杆菌 Bacillus celreus	1,000cfu/g（消毒產品不得檢出）	
複合調味料 Composite seasoning	蠟狀芽孢杆菌 Bacillus celreus	1,000cfu/g（消毒產品不得檢出）	
腌制食物 Salted food	蠟狀芽孢杆菌 Bacillus celreus	1,000cfu/g（消毒產品不得檢出）	
熟食 Boiled food	蠟狀芽孢杆菌 Bacillus celreus	1,000cfu/g（消毒產品不得檢出）	
加工食品以及尚未建立規格標準的食品 Processed food and food products for which specifications are not established	蠟狀芽孢杆菌 Bacillus celreus	1,000cfu/g（消毒產品不得檢出）	視其沒有進一步加工、加熱、或冷卻的食品，不包括醬油/醬、醬油、符合調味料、腌制食品級熟食
罐裝或瓶裝食品 Canned and bottled foods	細菌 Bacteria	無生長	

第八章　韓國食品貿易法規政策

表8-1(續2)

食品 Food	微生物/代謝物 Microorganisms/metabolite	標準 Standards	備註 Remark
冷凍食品 Frozen foods	細菌計數 Bacterial count	≤100,000cfu/g	不需要加熱即可食用，除發酵產品或添加乳酸菌產品
	大腸菌群 Coliform group	≤10cfu/g	不需要加熱即可食用
	大腸杆菌 Escherichia coli	—	
	乳酸菌 Lactic acid bateria	不低於標籤標示數	不需要加熱即可食用，只要產品添加乳酸菌
	細菌計數 Bacterial count	≤100,000cfu/g	需要加熱的才可食用的冷凍食品，凍結前經過加熱，除發酵產品或添加乳酸菌產品
	大腸菌群 Coliform group	≤10cfu/g	需要加熱的才可食用的冷凍食品，凍結前經過加熱
	大腸杆菌 Escherichia coli	—	
	乳酸菌 Lactic acid bateria	不低於標籤標示數	需要加熱的才可食用的冷凍食品，凍結前經過加熱，只要產品添加乳酸菌
	細菌計數 Bacterial count	≤3,000,000cfu/g	需要加熱的才可食用的冷凍食品，凍結前未經過加熱，除發酵產品或添加乳酸菌產品
	大腸菌群 Coliform group	—	需要加熱的才可食用的冷凍食品，凍結前未經過加熱
	大腸杆菌 Escherichia coli	不得檢出	
	乳酸菌 Lactic acid bateria	不低於變遷標示數	需要加熱的才可食用的冷凍食品，凍結前未經過加熱，只要產品添加乳酸菌
普通的加工食品 General processed foods	細菌數 Number of bacteria	陰性	食品法典第五條未涉及的食品，限於滅菌產品
	大腸菌群 Coliform group	陰性	

表8-1(續3)

食品 Food	微生物/代謝物 Microorganisms/metabolite	標準 Standards	備註 Remark
糖果 Confectionaries	細菌計數 Bacterial count	≤3,000cfu/ml	僅限於冰；除含有乳酸菌的冰
	大腸菌群 Coliform group	≤10cfu/ml	僅限於冰
	乳酸菌 Lactic acid bateria	不低於標籤標示數	僅限於含有乳酸菌的冰
麵包或糕點 Breads or rice cakes	沙門氏菌 Salmonella spp	陰性	限於奶油麵包
	金黃色葡萄球菌 Staphylococcus aureus	陰性	
加工的肉類和蛋類產品 Processed meat and egg products	大腸菌群 Coliform group	≤10cfu/g	限於巴氏殺菌的產品
	大腸菌群 Coliform group	陰性	加工肉製品
	細菌數 Number of bacteria	陰性	限於滅菌產品
	細菌數 Number of bacteria	10,000cfu/g	限於巴氏殺菌的產品
	沙門氏菌 Salmonella spp	陰性	
	大腸杆菌O157；H7 Escherichia coli O157；H7	陰性	限於切碎原料產品
魚類產品 Fish products	大腸菌群 Coliform group	陰性	未熱處理產品除外
	細菌數 Number of bacteria	陰性	限於滅菌產品
南豆腐和北豆腐 Bean curd and ground processed bean curb	大腸菌群 Coliform group	≤10cfu/g	僅限於填充、密封產品
果凍 Jellies	大腸菌群 Coliform group	陰性	僅限於填充、密封產品
麵條 Noodles	細菌數 Number of bacteria	≤1,000,000cfu/g	酒精消毒產品
	細菌數 Number of bacteria	≤100,000cfu/g	巴氏消毒產品
	大腸杆菌 Escherichia coli	陰性	酒精消毒產品
	大腸菌群 Coliform group	陰性	巴氏消毒產品

第八章　韓國食品貿易法規政策

表8-1(續4)

食品 Food	微生物/代謝物 Microorganisms/metabolite	標準 Standards	備註 Remark
茶 Teas	細菌數 Number of bacteria	≤100cfu/ml	限於液體產品
	大腸菌群 Coliform group	陰性	
咖啡 Coffees	細菌數 Number of bacteria	≤100cfu/ml	限於液體產品
	大腸菌群 Coliform group	陰性	
飲料 Beverages	細菌數 Number of bacteria	≤100cfu/ml	
	細菌數 Number of bacteria	100,000cfu/ml	非加熱產品或非加熱內容產品
	大腸菌群 Coliform group	陰性	不包括非加熱產品、非加熱內容產品
	大腸杆菌 O157；H7 Escherichia coli O157；H7	陰性	限於非加熱產品或非加熱內容產品
碳酸飲料 Carbonated Beverages	細菌數 Number of bacteria	≤100cfu/ml	
	大腸菌群 Coliform group	陰性	
豆漿和豆奶 Soybean based liquid and soymilk	細菌數 Number of bacteria	≤40,000cfu/ml	
	細菌數 Number of bacteria	陰性	pH 低於 4.5 的高溫殺菌和巴氏殺菌產品
	大腸菌群 Coliform group	≤10cfu/ml	
	大腸菌群 Coliform group	陰性	pH 低於 4.5 的高溫殺菌和巴氏殺菌產品
粉末狀豆奶 Powdered soymilk	細菌數 Number of bacteria	≤20,000cfu/g	
	細菌數 Number of bacteria	陰性	高溫殺菌產品
	大腸菌群 Coliform group	≤10cfu/g	
	大腸菌群 Coliform group	陰性	高溫殺菌產品

表8-1(續5)

食品 Food	微生物/代謝物 Microorganisms/metabolite	標準 Standards	備註 Remark
其他豆奶 Other soymilk	細菌數 Number of bacteria	≤40,000cfu/ml	
	細菌數 Number of bacteria	陰性	pH 低於 4.5 的高溫殺菌和巴氏殺菌產品
	大腸菌群 Coliform group	≤10cfu/ml	
	大腸菌群 Coliform group	陰性	pH 低於 4.5 的高溫殺菌和巴氏殺菌產品
發酵型飲料 Fermented Beverages	細菌數 Number of bacteria	≤100cfu/ml	
	大腸菌群 Coliform group	陰性	
人參/紅參飲料 Ginseng/Red Ginseng Beverages	細菌數 Number of bacteria	≤100cfu/ml	
	大腸菌群 Coliform group	陰性	
其他飲料 Other Beverages	細菌數 Number of bacteria	≤100cfu/ml	含乳酸菌產品除外
	細菌數 Number of bacteria	≤100cfu/ml	粉狀產品
	大腸菌群 Coliform group	陰性	
	乳酸菌 Lactic acid bateria	不低於標籤標示數	僅限於含有乳酸菌的冰
嬰兒配方粉 Infant formula	細菌數 Number of bacteria	≤20,000cfu/g	
	細菌數 Number of bacteria	陰性	液體產品
	大腸菌群 Coliform group	陰性	
	阪崎氏腸杆菌 Enterobacter sakazakii	陰性	限於給小於 6 個月的嬰兒吃的粉末狀嬰兒配方奶
	蠟狀芽孢杆菌 Bacillus celreus	≤7.5mg/100g	不包括液體產品

第八章　韓國食品貿易法規政策

表8-1(續6)

食品 Food	微生物/代謝物 Microorganisms/metabolite	標準 Standards	備註 Remark
兒童成長配方食品 Follow-Up Formula	細菌數 Number of bacteria	≤20,000cfu/g	
	細菌數 Number of bacteria	陰性	液體產品
	大腸菌群 Coliform group	陰性	
	蠟狀芽孢杆菌 Bacillus celreus	≤100cfu/g	不包括液體產品
嬰幼兒谷類食品 Cereal based food for infants and young children	大腸菌群 Coliform group	陰性	不包括瓶裝和罐裝產品
	阪崎氏腸杆菌 Enterobacter sakazakii	陰性	限於為嬰兒和兒童提供給的以穀物為基礎的粉狀食品
	蠟狀芽孢杆菌 Bacillus celreus	≤100cfu/g	
其他嬰幼兒食品 Other food or infants and young children	細菌數 Number of bacteria	≤100cfu/ml	限於液化汁
	大腸菌群 Coliform group	陰性	
	阪崎氏腸杆菌 Enterobacter sakazakii	陰性	為嬰兒和兒童提供的其他粉狀食品
	蠟狀芽孢杆菌 Bacillus celreus	≤100cfu/g	
病人的均衡營養食品 Balanced nutritional food for patients	細菌數 Number of bacteria	≤100cfu/ml	
	細菌數 Number of bacteria	≤20,000cfu/g	粉狀產品
	大腸菌群 Coliform group	陰性	
糖尿病人的食品 Food for diabetes patients	大腸菌群 Coliform group	陰性	
	細菌數 Number of bacteria	≤100cfu/ml	
	細菌數 Number of bacteria	≤20,000cfu/g	粉狀產品
腎病患者的食品 Food for renal patients	大腸菌群 Coliform group	陰性	
	細菌數 Number of bacteria	≤100cfu/ml	
	細菌數 Number of bacteria	≤20,000cfu/g	粉狀產品

表8-1(續7)

食品 Food	微生物/代謝物 Microorganisms/metabolite	標準 Standards	備註 Remark
腸道病患者的水解類食品 Hydrolyzed food for patient with bowel diseases	大腸菌群 Coliform group	陰性	
	細菌數 Number of bacteria	≤100cfu/ml	
	細菌數 Number of bacteria	≤20,000cfu/g	粉狀產品
嬰幼兒特殊醫療用的配方食品 Formula for special medical purpose for infants and young children	大腸菌群 Coliform group	陰性	
	細菌數 Number of bacteria	≤100cfu/ml	
	細菌數 Number of bacteria	≤20,000cfu/g	
為吞咽困難病人提供的黏性改善食品 Viscosity-inproving food for dysphagia patients	大腸菌群 Coliform group	陰性	
	細菌數 Number of bacteria	≤100cfu/ml	
	細菌數 Number of bacteria	≤20,000cfu/g	
控制體重人群的食品	大腸菌群 Coliform group	陰性	
	蠟狀芽孢杆菌 Bacillus celreus	≤100cfu/g	
孕婦或哺乳期婦女的食品 Food for pregnant or lactating women	細菌數 Number of bacteria	≤100cfu/ml	液體產品
	大腸菌群 Coliform group	陰性	
大豆醬油或豆醬 Soy sauces or pastes	大腸菌群 Coliform group	陰性	限於混合醬（已滅絕）
	蠟狀芽孢杆菌 Bacillus celreus	≤10,000cfu/g	豆餅和黃豆醬油除外
調味料 Sauces	大腸菌群 Coliform group	陰性	
	細菌數 Number of bacteria	陰性	限於滅菌產品
番茄醬 Tomato ketchup	大腸菌群 Coliform group	陰性	
咖喱 Curry	細菌數 Number of bacteria	陰性	限於液體產品
	大腸菌群 Coliform group	陰性	

第八章　韓國食品貿易法規政策

表8-1(續8)

食品 Food	微生物/代謝物 Microorganisms/metabolite	標準 Standards	備註 Remark
紅辣椒粉或切碎的紅辣椒 Red pepper powder or shredded red peper	霉菌數量 Mold count	陰性比例≤20%	切碎的紅辣椒除外
香料 Spice	大腸菌群 Coliform group	陰性	限於滅菌產品
	大腸杆菌 Escherichia coli	陰性	不包括滅菌製品與干製品
	霉菌數量 Mold count	陰性比例≤20%	限於紅辣椒或含紅辣椒的產品
複合調味料 Composite seasonings	大腸杆菌 Escherichia coli	陰性	
輔料 Dresings	大腸菌群 Coliform group	陰性	
蛋黃醬 Mayonnaise	大腸菌群 Coliform group	陰性	
腌菜 Kimchies	大腸菌群 Coliform group	陰性	已滅菌的包裝製品
腌制和發酵海產品 Picking and fermentation of seafood	大腸菌群 Coliform group	陰性	限於Joet及調味Joet
醬菜 Pickles	大腸菌群 Coliform group	陰性	限於巴氏消毒或滅菌產品
	細菌數 Number of bacteria	陰性	限於滅菌產品
煮老的食物 Hard-boiled foods	大腸菌群 Coliform group	陰性	限於巴氏消毒或滅菌產品
	細菌數 Number of bacteria	陰性	限於滅菌產品
韓國濁米酒 Takju（Korean cleared rice wine）	真菌總數 Number of fungi	陰性	
韓國清酒 Yakju（Korean cleared rice wine）	真菌總數 Number of fungi	陰性	
干制魚類/貝類製品 Dried fish/shellfish fillets	大腸菌群 Coliform group	陰性	調味干制貝類製品
	金黃色葡萄球菌 Staphylococcus aureus	≤100cfu/g	調味干制貝類製品
水果/蔬菜加工製品 Processed fruit/vegetable products	大腸菌群 Coliform group	陰性	

表8-1(續9)

食品 Food	微生物/代謝物 Microorganisms/metabolite	標準 Standards	備註 Remark
果蔬醬製品 Fruit/vegetable paste and puree	大腸菌群 Coliform group	陰性	
模擬干酪 Initation cheese	大腸菌群 Coliform group	陰性	
人造奶油 Margarine	大腸菌群 Coliform group	陰性	干製品除外
加工提取的產品 Processed extract products	細菌數 Number of bacteria	≤100cfu/ml	限於直接飲用的製品
	大腸菌群 Coliform group	陰性	限於滅菌製品或直接飲用的製品
	大腸桿菌 Escherichia coli	陰性	
未烹飪過的食物 Uncooked food (saengsik)	蠟狀芽孢 Clostridium perfringens	≤100cfu/g	
	蠟狀芽孢杆菌 Bacillus celreus	≤1,000cfu/g	
	大腸桿菌 Escherichia coli	陰性	
烤穀物片 Toasted cereal flakes	大腸桿菌 Escherichia coli	陰性	
食用冰 Edible ice	細菌數 Number of bacteria	≤100cfu/ml	
	大腸桿菌 Escherichia coli	陰性	
漁業用冰 Ice for fishery	細菌數 Number of bacteria	≤100cfu/ml	
	大腸桿菌 Escherichia coli	陰性/50ml	
即食食品 Ready to eat foods	大腸桿菌 Escherichia coli	陰性	限用於即食食品和新鮮的即食食品
	細菌數 Number of bacteria	≤100,000cfu/g	限用於待烹調食品
	金黃色葡萄球菌 Staphylococcus aureus	陰性	
	沙門氏菌 Salmonella spp	陰性	
	副溶血弧菌 Vibrio parahaemolyticus	陰性	
	蠟狀芽孢杆菌 Bacillus celreus	≤1,000cfu/g	限用於即食食品和新鮮的即食食品

第八章　韓國食品貿易法規政策

表8-1(續10)

食品 Food	微生物/代謝物 Microorganisms/metabolite	標準 Standards	備註 Remark
冷凍魚類/貝類製品 Frozen fish and shellfish	細菌數 Number of bacteria	≤100,000cfu/g	用容器包裝，這些經過衛生處理後用於市場銷售食品，最終的消費者可以即食食用
	大腸杆菌 Escherichia coli	≤10cfu/g	
海產品 Marine products	副溶血弧菌 Vibrio parahaemolyticus	陰性	無需經過加工與熱處理便可以直接食用的海產品
	沙門氏菌 Salmonella spp	陰性	
	金黃色葡萄球菌 Staphylococcus aureus	陰性	
	李斯特菌 Listerria manocytogenes	陰性	
冷凍鱈魚頭 Frozen cod head	大腸杆菌 Escherichia coli	陰性	
	細菌數 Number of bacteria	≤1,000,000cfu/g	
清湯牛肉冷面 Beef broth for cold noodle	沙門氏菌 Salmonella spp	陰性	
	大腸杆菌 O157；H7 Escherichia coli O157；H7	陰性	
飲用水 Drinking water for customer	大腸杆菌 Escherichia coli	陰性	餐廳用
	沙門氏菌 Salmonella spp	陰性	
	小腸結腸炎耶爾森氏菌 Yersinia bacteria	陰性	
	細菌數 Number of bacteria	≤100,000cfu/ml	
水族館的水 Aquarium water	大腸杆菌 Escherichia coli	≤100,000cfu/ml	
	細菌數 Number of bacteria	≤100,000cfu/ml	
抹布 Dish towel	大腸杆菌 Escherichia coli	陰性	不包括使用的抹布
刀具，案板與餐具 Knife, kitchen board and tableware	沙門氏菌 Salmonella spp	陰性	不包括使用的器具
	大腸杆菌 Escherichia coli	陰性	

145

第二節　韓國食品中致敏原標示標準

一、韓國食品中致敏原標示的管理機構

韓國食品中致敏原標示屬於食品標籤管理的一部分，由韓國相應食品安全管理部門負責。韓國和日本類似，也是高度依賴進口食品的國家，進口食品大約占市場份額的70%。韓國對進口食品的安全管理明顯嚴於中國，對進口產品以強制性檢驗檢疫和市場檢查為重點，對國內產品則以技術服務和認證為重點。在管理體制方面，食品質量安全管理涉及衛生部、農林水產食品部和食品醫藥品安全廳（Korea Food & Drug Administration，KFDA）三個部門。

（一）衛生部

1998年，衛生部（Ministry of Health，MH）將其大多數的食品管理職能轉交給食品藥品管理局。但它保留了修訂食品衛生法和功能食品法的立法權利，以及執行兩法相應的總統令和部頒條例的職責。

（二）農林水產食品部

農林水產食品部（Ministry of Food, Agriculture, Forestry and Fisheries，MFAFF）由原農林水產部與海洋水產部的水產管理部門合併為農林水產食品部，負責制定與農產品相關的法規，包括家畜產品、乳製品和水產品。有若干下屬局負責頒布和執行法規。其中國家獸醫研究和檢疫署負責實施與動物產品和家畜產品（包括國內和進口的）相關的法規。國家植物檢疫署負責實施與植物相關的法規。

（三）食品醫藥品安全廳

成立於1996年4月6日的韓國食品醫藥品安全廳是負責確保食品安全、無害、健全和標示正確的政府機構。除102種肉類、家禽和乳製品（受農林水產食品部管理）外，食品醫藥品安全廳負責制定和實施食品、功能食品、食品添加劑、食品包裝、容器和設備的標準和規格。食品醫藥品安全廳還制定和實施農業安全評價的條例，加強生物技術產品、使用轉基因原料生產的加工食品產品和轉基因生物標籤要求。食品醫藥品安全廳的標準和規範適用於國產和進口食品。

食品醫藥品安全廳、地方食品醫藥品安全廳、國立檢疫署根據《食品衛生法》第七、九條檢查確認食品是否符合食品公典和食品添加物公典的標準和規格。

二、韓國食品中致敏原標示管理法規

（一）食品中致敏原標示管理法規

韓國基本的食品法律是《食品衛生法》及其總統令和部頒條例。與食品中致敏原標示管理有關的法規是《食品標籤標準》，該標準規定了食品中的標示用語應該

第八章　韓國食品貿易法規政策

是朝鮮語。另外對產品成分配合比率、製造方法、容器是否適當，性能說明是否誇張和虛假標示，是否有過分包裝，韓文標示是否符合要求等實施檢查。

(二) 食品中致敏原標示管理法規的修訂過程

《食品標籤標準》從最初的制定到最新的版本已經歷了兩次立法和數次修訂。《食品標籤標準》最早是在 1996 年 1 月 1 日由健康福利部頒布，並分別在 1996 年 7 月 13 日和 1998 年 1 月 19 日通過健康福利部的公告進行條款的修訂。1998 年 KFDA 在法律授權下重新制定新的《食品標籤標準》，由保健福利家庭部食藥廳食品安全政策小組負責制定，該標準於 1998 年 10 月 7 日通過保健福利家庭部食藥廳頒布，隨後在 1999 年 2 月 18 日、2000 年 7 月 28 日、2002 年 8 月 27 日、2003 年 5 月 23 日、2004 年 6 月 4 日和 2005 年 3 月 7 日進行了多次修訂。

2002 年以前的《食品標籤標準實施細則》並沒有嚴格的食品中致敏原標示規定，僅在《食品標籤標準實施細則》第二部分「各類食品分類標準」中的部分產品類型的標籤中有所要求。如要求在蜂王漿製品標籤上標示「患有哮喘病的病人或過敏性疾病的病人慎用」，在花粉製品的標籤上標示「對花粉過敏者慎用」。

2003 年 5 月 23 日，保健福利家庭部食藥廳通過 2003-27 號公告公布了對《食品標籤標準》進行修訂的內容，與食品中致敏原標示管理有關的規定在此次修訂中被加入該標準。

詳細的食品中致敏原清單在 2003 年 5 月份的法規修訂中被加入《食品標籤標準實施細則》中，與此同時，原來《食品標籤標準實施細則》中關於「過敏性疾病病人慎用」的警示規定全部刪除。

2007 年 6 月，KFDA 發表了一項修訂《食品標籤標準》的提議，這個提議考慮將蝦列入必須標示的食物致敏原清單中。

三、食品中致敏原標示的要求

韓國關於食品中致敏原標示的要求是強制性的。《食品標籤標準》第八條第 2 款對食品中致敏原表示作了詳細規定，即已知的食品中致敏原，即使是最低水準含量的致敏原也必須在標籤上顯示。被規定「已知」的食物致敏原包括雞蛋、牛奶、蕎麥、花生、大豆、小麥、鯖魚、蟹、豬肉、桃子和西紅柿。任何食品含上面列出的 11 個項目中的一個或多個作為原料成分必須以朝鮮語標籤進行說明。例如可以用以下形式進行標示：含雞蛋的餅干——雞蛋；使用蛋黃為原料的餅干——蛋黃（雞蛋）；使用雞蛋或蛋黃為原料的加工食品——雞蛋，蛋黃（雞蛋）。

此外，在《食品標籤標準》第二部分「各類食品分類標準」中有部分條款可能涉及致敏原標示規定，如第三條「冰激凌製品」中要求冰激凌類產品應按冰激凌，冰牛奶，果汁牛奶凍，低脂肪冰激凌或無乳、無脂肪冰激凌區別表示。第十二條「營養保健品」第 6 款要求使用水解蛋白為原料的產品應表明水解蛋白來源的名稱。

第三節　韓國寵物食品法規標準要求

一、管理機構

管理機構：韓國農林水產食品部

檢測機構：韓國國立農產品質量管理院、韓國農林水產食品部農村振興廳國立畜產科學院

職能：農林水產食品部長官制定、施行有關確保飼料安全性的政策，並在制定殘留在飼料的農藥及動物用醫藥品的危害標準時，為讓飼料製造商事先做好適應標準的準備或認為與其做相關技術指導等所需時，可告示擬設定有害標準的品種及不同品種的安全性指導標準等所需事項。

二、相關法律法規概況

1.《飼料管理法》

《飼料管理法》中規定有關飼料的供求安全、質量管理及安全性確保等事項，通過安全生產、提高質量，為畜產業的發展作出貢獻。

法規來源：韓國國家法令情報局網站（http://www.law.go.kr）。

2.《飼料管理法施行規則》

《飼料管理法施行規則》旨在對《飼料管理法》所列事項和其施行所需事項加以規定。

法規來源：韓國國家法令情報局網站（http://www.law.go.kr）。

3.《有害飼料的範圍及基準》（農林水產食品部公告第2010-30號）

《有害飼料的範圍及基準》規定了飼料內有害物質及動物用醫藥品範圍及允許基準，或可能會給動物等帶來疾病的飼料種類，從而達到確保飼料安全性的目的。

法規來源：農林水產食品部網站（http://www.mifaff.go.kr）。

三、檢驗檢疫要求

1. 原料

製造商、進口商或經銷商不得將符合下列各項條件之一的飼料，用於製造、進口、銷售及飼料的原料。

（1）含有或殘留對人體或動物等有害的物質超過公認的標準的；

（2）殘留的動物用藥超過公認的標準的；

（3）被人體或動物疾病病原體污染或已明顯地腐蝕或變質，不可用於飼料的；

（4）（1）~（3）規定之外，對動物等的健康或成長帶來阻礙，並顯著阻礙畜產

第八章　韓國食品貿易法規政策

品生產，由農林水產食品部長官規定並告示的；

（5）未做成分註冊，已製造或進口的；

（6）未做依照第十九條第1款的進口申報，已進口的；

（7）被懷疑為人體或由農林水產食品部長官規定並告示的動物等的疾病病因，已禁用為飼料的動物等的副產品、剩餘食物等由農林水產食品部長官規定並告示的。任何人不得將第1款第7號的飼料使用於動物等。依照第1款第1號及第2號的有害物質、動物用醫藥品的範圍及公認標準，由農林水產食品部長官制定並告示。

註：出自《飼料管理法》第十四條。

2. 生產加工過程

農林水產食品部長官為了防止在飼料的原料管理、製造及流通過程中危害物質混入相關飼料或相關飼料被污染，遵照農林水產食品部令制定標準，按飼料分別制定製造設施及工序管理的程序或按各課程分別制定危害分析與關鍵控制點（HACCP），並予以告示。

農林水產食品部長官制定危害分析與關鍵控制點（HACCP）時，遵從農林水產食品部令的規定，可讓製造該飼料的製造商遵守此規定。

農林水產食品部長官可在製造商中選擇願意遵守危害分析與關鍵控制點（HACCP）的製造商的飼料工廠，並指定為危害分析與關鍵控制點（HACCP）適用飼料工廠。

農林水產食品部長官向依照第3款規定被指定為危害分析與關鍵控制點（HACCP）適用飼料工廠的製造商，依照農林水產食品部令的規定應予以發放證明其指定事實的文件。

農林水產食品部長官為了有效運用危害分析與關鍵控制點（HACCP），對希望被指定為危害分析與關鍵控制點（HACCP）適用飼料工廠或已被指定的製造商（含從業人員），可提供對危害分析與關鍵控制點（HACCP）管理所需的技術、信息或實施教育培訓。

農林水產食品部長官將第5款要求的教育培訓委託給農林水產食品部指定的機關。

當危害分析與關鍵控制點（HACCP）適用飼料工廠符合下列各項條件之一時，農林水產食品部長官遵照農林水產食品部令規定，可責令取消其指定的製造商或責令改正。只是，下述（1）或（4）時，應取消其指定。

（1）以虛假或其他不正當手段取得指定時；

（2）接到改正命令後無正當理由尚未遵從命令時；

（3）未遵守危害分析與關鍵控制點（HACCP）時；

（4）符合《飼料管理法》第二十五條第1款第8號、第9號、第12號至第14號、第16號、第18號及第19號，接到兩個月以上的全部停業命令時；

（5）此外，屬於第（2）號及第（3）號準項，並按農林水產食品部令來制定

的情形。

尚未被指定為依照第 3 款的危害分析與關鍵控制點（HACCP）適用飼料工廠的製造商，不得使用危害分析與關鍵控制點（HACCP）適用飼料工廠的名稱。

農林水產食品部長官或市、道知事對被授予危害分析與關鍵控制點（HACCP）適用飼料工廠的指定的製造商，可為改善製造設施的融資事業等提供優先支援。

危害分析與關鍵控制點（HACCP）適用飼料工廠應依照農林水產食品部令的規定，接受有關危害分析與關鍵控制點（HACCP）的遵守與否等審查。

依照第 3 款的危害分析與關鍵控制點（HACCP）適用飼料工廠的指定要件及程序等、第 5 款的教育訓練內容等和第 10 款的審查方法及程序等所需事項，由農林水產食品部令來制定。

註：出自《飼料管理法》第十六條。

3. 成品

（1）檢測機構

農林水產食品部長官可將具全下列各項設施的機關指定為飼料檢測機關，並做相關檢測：

①可分析飼料的一般成分的設施；

②可做對飼料的顯微鏡檢查的設施；

③可分析有害物質的設施；

④可分析熱量、氨基酸、維生素及礦物質的設施；

⑤可檢測或鑑別微生物、有害毒素和是否混合不適合作為飼料的物質的設施；

⑥可分析有機酸、酶等的設施；

⑦可分析殘留農藥和動物用醫藥品的設施。

註：出自《飼料管理法》第二十二條。

（2）標籤

①製造商或進口商製造或要進口飼料銷售時，應當在其容器或包裝上載明其成分註冊的事項及其他使用方面的由農林水產食品部令來制定的事項。

②依照第 1 款的標籤事項，製造商或進口商不得使用虛假標記或誇大標記。

註：出自《飼料管理法》第十三條。

依照《飼料管理法》第十三條第 1 款，製造商或進口商在容器或包裝上應載明的事項及其標記方法。

註：出自《飼料管理法施行規則》第十四條。

（3）安全衛生

《有害飼料的範圍及基準》（農林水產食品部公告第 2010-30 號）。

（4）官方監督

①進口飼料的推薦

a. 依照《為設立世界貿易機構的馬拉喀什協定》的韓國減讓表中的減讓稅率來

第八章　韓國食品貿易法規政策

從事飼料進口的人員，應有農林水產食品部長官的推薦。

　　b. 農林水產食品部長官可將依照第1款的飼料進口推薦業務，委任給依照《農業合作聯盟法》第一百二十一條設立的中央會或飼料關聯團體代行。這時，對不同品種、不同種類的推薦用量及推薦標準等，由農林水產食品部長官制定。

　　註：出自《飼料管理法》第六條。

　　②飼料的成分註冊及取消

　　a. 製造商或進口商應向市、道知事註冊將要製造或進口的飼料的種類、成分及成分量，其他農林水產食品部長官制定事項（以下簡稱成分註冊）。但是對由農林水產食品部令來規定的飼料可不做成分註冊。

　　b. 當市、道知事受理成分註冊的申請時，應確認其內容是否符合飼料工序等，符合時應及時向有關申請人發放成分註冊證。

　　c. 當製造商或進口商符合下列任何一項條件時，市、道知事將取消成分註冊。這時，製造商或進口商應向市、道知事返還其飼料成分註冊證。

　　・以虛假或其他不正當的手段註冊時；

　　・對已進行過成分註冊的飼料，無正當理由一年以上尚未製造或進口時；

　　・被取消製造業的註冊時。

　　註：出自《飼料管理法》第十二條。

　　③飼料檢查的種類

　　a. 依照《飼料管理法》第二十一條第1款的飼料檢查，以實物檢查和文件檢查的方法來實施。

　　b. 依照第1款的實物檢查，是指對製造商、進口商或經銷商製造、進口或經銷的飼料和飼料的消費者委託檢查的飼料進行下列各項檢查：飼料工序的符合與否；是否與成分註冊事項有差異；是否符合標籤標準；是否符合依照《飼料管理法》第十四條第1款第1號至第4號及第7號的危害物質等的許可標準；重量；關注飼料的安全性，由農林水產食品部長官規定的物質。

　　c. 依照第1款的文件檢查，是指檢查對有關製造商、進口商或經銷商製造、進口或經銷的飼料的製造等的文件和檢查有關帳簿。

　　註：出自《飼料管理法施行規則》第二十三條。

四、進口程序

　　進口商要進口由農林水產食品部長官制定告示的飼料時，應遵從農林水產食品部令的規定向農林水產食品部長官提出申報。

　　當農林水產食品部長官發現有飼料的安全性確保、供求安全等由農林水產食品部令制定的事由時，應當讓有關公務員依照第1款對被申報的飼料在結束通關手續之前做必要的檢測。

當進口商提出依照第1款的申報時提交在依照第二十條第2款的飼料檢測認定機關或依照第二十二條的飼料檢測機關已接受檢測認定的其檢測證明書時，遵從農林水產食品部令規定可代替依照第2款的檢測或調整其檢測項目進行檢測。

根據第2款的檢測項目、方法及標準等所需事項，由農林水產食品部令來制定。

註：出自《飼料管理法》第十九條。

五、查驗制度

農林水產食品部長官或市、道知事認為有必要確保飼料的安全性和質量管理或受理飼料消費者對第二十條第1款各項事項等的委託檢查時，可實施飼料檢查。

農林水產食品部長官或市、道知事實施依照第1款的飼料檢查時，可讓有關公務員或農林水產食品部長官指定的人員（以下簡稱飼料檢查員），遵照農林水產食品部令的制定事項檢查製造商、進口商或經銷商製造、進口或銷售的飼料。

飼料檢查員的資格、職責範圍等由農林水產食品部令來制定。

註：出自《飼料管理法》第二十一條。

● 第四節　韓國食品衛生相關法規

一、食品衛生法

1. 第四條（禁止危險食品的銷售等）

以下各項食品都不應被銷售或收集、生產、進口、加工、使用、配製、儲存、運輸或為了銷售而展示：

（1）腐爛、碰損或未成熟，以至於可能危害人體健康的食品。

（2）含有或可能含有一種有毒有害物質或這類物質附著或可能附著的食品，韓國食品藥品管理局專員認為不會危害人體健康的食品除外。

（3）已經或可能被病原體微生物感染，可能對人體健康有害的食品。

（4）由於不乾淨，混有或添加了其他物質而可能危害人體健康的食品。

（5）要求取得經營許可證或需要申請，由沒有獲得許可或未申請的個人生產、加工或分裝的食品。

（6）需要進行安全評估的農業、畜牧業或漁業產品，未進行安全評估或安全評估結果認為不可食用的食品。

（7）禁止進口的食品，或需要報關卻未進行報關就進口的食品。

2. 第五條（禁止受疾病影響的肉類的銷售等）

動物患有或被懷疑患有，或死於衛生福利部法令中規定的某一疾病，該動物的肉、骨、奶、內臟或血，不應作為食品銷售或收集、進口、加工、使用、配製、儲

第八章　韓國食品貿易法規政策

存、運輸或為了銷售目的而進行展示。

3. 第六條（禁止未通告標準和詳細規格的化合物等的銷售等）

如果某一化合物的標準和規格沒有進行公告，使用了該化合物或含有該化合物的食品添加劑的食品，或含有該化合物的食品，不應銷售、生產、進口、加工、使用、配製、儲存、運輸或為了銷售而展示，韓國食品藥品管理局專員通過食品衛生審議委員會的評議認為不會危害人體健康的食品除外。

4. 第七條（標準和規格）

（1）如果對國民健康有必要，韓國食品和藥品管理局專員可以決定並向公眾通告用於銷售的食品或食品添加劑的生產、加工、使用、配製和保存方法的標準，以及這類食品或食品添加劑成分的規格。如果由於用來為器具、容器或包裝消毒或殺菌，從而使某些物質由食品添加劑中間接轉入食品，可以只公布其成分的名稱。

（2）對於其標準和規格沒有按照第（1）款公布的食品或食品添加劑（直接用於食品的化合物除外），韓國食品藥品管理局專員可要求生產商和加工商提供其生產、加工、使用、配製或保存方法和其成分的標準，並且通過第十八條指定的食品衛生檢驗機構監測後，臨時承認這類食品或食品添加劑標準和規格。

（3）儘管有第（1）（2）款的規定，出口食品或食品添加劑的標準和規格可能受制於進口方的要求。

（4）由第（1）（2）款確定標準和規格的食品或食品添加劑應按照這些標準生產、加工、使用、配製或保存，不符合這些標準和規格的食品或食品添加劑不應銷售。或生產、進口、加工、使用、配製、儲存、運輸、保存或為了銷售目的而進行展示。

5. 第八條（禁止有毒器具等的銷售和使用）

包含或被有毒有害物質沾染，可能會因此危害人體健康的器具、容器或包裝，或與食品或食品添加劑接觸並對其產生影響從而可能危害人體健康的器具、容器或包裝，不應被銷售、生產、進口、儲存、運輸或為了銷售目的而進行展示，或用於商務。

6. 第九條（標準和規格）

（1）如果對國民健康有必要，韓國食品藥品管理局專員可決定並向公眾通告用於銷售或商務的器具、容器和包裝的生產方法的標準，以及這些器具、容器、包裝以及其原材料的規格。

（2）對於根據第（1）款，其標準和規格不向公眾通知的，韓國食品藥品管理局可要求其生產商和加工商提供這類器具、容器和包裝的生產方法的標準和這些器具、容器和包裝及其原材料的規格，並在通過第十八條指定的食品衛生檢驗機構檢測後，臨時承認這些器具、容器和包裝及其原材料的標準和規格。

（3）儘管有第（1）（2）款的規定，器具、容器、包裝和其原材料的標準和規格可能受制於進口方的要求。

(4) 由第（1）（2）款確定標準和規格的器具、容器和包裝，應按照這些標準進行生產，與這些標準和規格不一致的不應被銷售、生產、進口、儲存、運輸或為了銷售目的而進行展示或用於商務。

7. 第十一條（禁止偽標籤等）

（1）對於食品的命名、生產方法和質量，不應做偽標籤或誇大的廣告。對於包裝，不應過於複雜。對於食品和食品添加劑的標籤，不應製作導致與藥品混淆的標籤或廣告。這同樣適用於食品和食品添加劑的營養價值、原材料、成分和用途。

（2）第（1）款中提到的偽標籤，誇張廣告和誇張包裝的範圍以及其他必要的問題應由健康福利部法令決定。

8. 第十六條（進口食品申請等）

（1）任何欲進口用於銷售或商務的食品的個人，應在健康福利部法令規定的條件下向健康福利部或韓國食品藥品管理局專員提出申請。

（2）如果存在任何健康福利部法令規定的理由，健康福利部或韓國食品藥品管理局應派一名負責的政府職員或相關檢驗機構在清關程序結束前，對根據第（1）款申請的食品進行檢驗。如果是器具、容器或包裝，他們可在清關程序後進行檢驗。

（3）儘管有第（2）款的規定，如果根據第（1）款申請的食品屬於以下任一列項的情況，健康福利部或韓國食品藥品管理局可以省略全部或部分檢驗：

①如果健康福利部或韓國食品藥品管理局已提前確認並公開通告［以下稱「基於（預先）確認的進口食品註冊」］它們不屬於第四至六、八、十一條規定的有危害食品並且滿足第七、九、二十一及三十二條（對於海洋動物或植物，應包括出口國政府的認可），但僅限於出口國對於從韓國進口的海洋動物和植物也採用同樣的認可體系。

②如果它們已經通過健康福利部或韓國食品藥品管理局認可和公布的國內或外國檢驗機構的檢驗，並且這種檢驗的書面結果或檢驗證書已經提交。

③如果它們是由於健康福利部法令決定的其他與第①②項相符的原因。

（4）對有必要和需要檢驗的種類問題，以及第（2）（3）款規定的檢驗方法，還有基於（預先）確認的進口食品註冊的標準和程序應由健康福利部法令確定。

9. 第二十一條（設施標準）

（1）任何欲運作以下公司的個人，應提供適於這些健康福利部法令規定標準的設施：

①生產、加工、運輸、銷售和保存食品或食品添加劑的公司。

②生產器具、容器或包裝的公司。

③食品服務公司。

（2）如第（1）款的列項中提到的公司的細分和範圍應由總統令決定。

10. 第三十二條（危害分析與關鍵控制點）

（1）為了防止任何有害因素混雜在食品中或防止食品被污染，在整個原材料管

第八章　韓國食品貿易法規政策

理、生產、加工、烹飪以及食品的分銷過程中，韓國食品藥品管理局專員可以按食品制定並公告基於危害分析與關鍵點控制標準體系的標準。

（2）在根據第（1）款制定 HACCP 標準時，韓國食品藥品管理局專員可以要求總統令規定生產或加工這類食品的商人遵守 HACCP。

（3）韓國食品藥品管理局專員可以指定按第（2）款規定將要遵守 HACCP 的商人以及其他有意遵守 HACCP 的商人的商業場所，作為實施 HACCP 的商業場所（以下簡稱「實施 HACCP 的商業場所」），並且予以公開通報。

（4）實施 HACCP 的商業場所的商人和雇員應按健康福利部部令的決定進行教育和培訓。

（5）對實施 HACCP 的商業場所開展進行指定程序的必要條件因素，以及按照第（4）款規定對商人和雇員進行培訓的方法和程序應由健康福利部部令決定。

（6）如果實施 HACCP 的商業場所符合以下任一列項的情況，韓國食品藥品管理局專員可以撤銷指定，或者要求其改正：

①未能遵守 HACCP 者。

②根據第五十八條規定被處以中止貿易的行政處理時間達兩個或兩個月以上者。

③商人和雇員未經教育和培訓者。

④未遵守除第①~③項外，健康福利部部令決定的其他規定者。

（7）任何非實施 HACCP 的商業場所的商人不得使用「實施 HACCP 的商業場所的」這一說法。

（8）根據第十七條在健康福利部部令決定的特殊時段，韓國食品藥品管理局專員或省/市的領導可以阻止負責的政府職員獲准進入實施 HACCP 的商業場所或對其執行檢驗，並且市/省的領導可以根據第七十一條的規定，就用以改善商業設施貸款項目向商人提供特惠支持等。

二、食品衛生法實施規則（摘編）

1. 第十一條（進口食品事先確認註冊的申請）

（1）依照第十六條的規定，任何欲申請事先確認進口食品註冊的個人，應在收到出口國政府的確認後向韓國食品藥品管理局專員提交申請表，附帶以下相關的文件：

①食品

a. 規定用於食品的原材料名稱和成分化合比例的文件；

b. 描述生產和加工方法的文件；

c. 規定所用食品添加劑的名稱，使用和其他信息的文件；

d. 由官方認可的韓國和國外檢驗機構出具的證明相關產品符合食品標準和規格的檢驗結果或檢驗證書的原件；

e. 規定製造食品的生產企業地點，建築佈局（包括機械和儀器的詳細安排）以及工作場所平面圖的文件；

　　f. 根據法案第三十二條的規定確認食品實施 HACCP 的文件。

　②食品添加劑

　　a. 規定食品添加劑名稱和其成分詳細規格的文件；

　　b. 由官方認可的韓國和國外檢驗機構出具的證明相關產品符合食品標準和規格的檢驗結果或檢驗證書的原件；

　　c. 規定製造食品的生產企業地點，建築佈局（包括機械和儀器的詳細安排）以及工作場所平面圖的文件。

　③儀器、容器和包裝

　　a. 規定材料、用途和基色的文件；

　　b. 展示相關產品整體效果的圖或照片；

　　c. 由官方認可的韓國和國外檢驗機構出具的證明相關產品符合食品標準和規格的檢驗結果或檢驗證書的原件；

　　d. 規定製造食品的生產企業地點，建築佈局（包括機械和儀器的詳細安排）以及工作場所平面圖的文件。

　（2）韓國食品藥品管理局收到依照第（1）款所提出的申請，他/她應根據基於（預先）確認的進口食品註冊的標準和程序確認該申請。如果申請被確認符合規定，專員應將該申請加入基於（預先）確認的進口食品註冊清單中，並且通過出口國政府通知申請人註冊的情況。

　（3）根據第（2）款的規定已經加入基於（預先）確認的進口食品註冊清單中，如果第（1）款的①~③項中的任何信息被改動，應由出口國政府確認後，向韓國食品藥品管理局專員提交基於（預先）確認的進口食品註冊的更改申請，並隨附由官方認可的韓國和國外檢驗機構開具的相關變更後生產和加工的食品的檢驗結果或檢驗證書的原件。

● 第五節　韓國有機農業的發展

　　現代農業生產中，過多使用農藥，會導致土壤微生物和害蟲減少，土壤和水污染以及農藥殘留等；過多使用化肥，會導致土壤酸性化、鹽類積聚、地表水富營養化；畜產糞尿管理不當，會導致地表水富營養化乃至污染。在這種背景下，有機農業應運而生。韓國政府意識到有機農業的潛在好處，鼓勵農民發展有機農業，通過資金激勵等方法支持研究和推廣有機農業。受日本影響，韓國的有機農業技術與歐洲、北美洲、南美洲、大洋洲等地區有所不同，形成了自己特色的有機農業體系。

第八章　韓國食品貿易法規政策

一、韓國有機農業的發展歷程

韓國的有機農業經歷了三個發展階段。

第一階段：20 世紀 70 年代末至 20 世紀 90 年代初。這一階段也是韓國有機農業的啟蒙階段。20 世紀 70 年代由於農民過度施用化肥，農藥殘留過多，有些農民開始使用高投入的有機農業技術。在該階段，韓國農業協會（Right Agriculture Association）和韓國有機農業協會（Korea Organic Agriculture Association）相繼成立。這兩個協會提倡的有機農業技術與政府倡導的糧食自給政策格格不入，許多使用有機農業技術的農民受到政府的壓制。20 世紀 80 年代後，由於環境惡化，越來越多農民關注與重視食品安全，採用有機農業技術的農戶迅猛增加。

第二階段：20 世紀 90 年代初至 20 世紀 90 年代末。由於社會和政治環境的變化和影響，政府不得不調整農業政策。1991 年，農林部成立了專門委員會來發展有機農業，並由韓國農村經濟研究院帶頭對全韓國的有機農業進行普查。1993 年，韓國政府開始認證有機農業產品。1994 年，韓國持續農業管理處成立，屬韓國農林部管轄。1997 年，國會通過《環境友好型農業法案》。由於調整了農業政策，韓國有機農業迅猛發展。

第三階段：1998 年以後的過渡期。根據世界貿易組織（WTO）的規則，貿易全球化成為不可阻擋的趨勢，決策者和農民都意識到，提高食品質量同糧食自給和降低農產品成本同樣重要。為了適應農業全球化潮流，韓國的食品標準必須達到國際有機食品標準。2001 年政府的認證系統也與國際標準接軌。在這種情況下，韓國農民越來越重視有機農業。對農民來說，發展有機農業具有很大的風險和障礙，但農民已意識到這是未來農業的發展方向。

二、韓國有機農業的發展現狀

（一）韓國有機農業的內涵和特點

大部分韓國人認為，有機農業是環境友好型的持續農業系統的農業，最大限度地依靠農場這個可再生資源，並管理生態和生物利用過程。韓國有機農業有以下特點：①保持土壤長期肥力；②培育土壤生物活性；③植物通過土壤微生物作用提供營養源；④利用豆科作物和生物質提供植物所需的氮；⑤農作物殘留和牲畜糞便作為固氮的有機材料；⑥主要通過輪作控制雜草、病蟲害；⑦天敵、生物多樣性、抗性品種、限制熱量、生物和化學相互配合使用。

（二）有機農業的標準框架及管理

韓國許多非政府組織和有機農業協會都有各自的有機農產品標準，最權威的是韓國政府制定的有機農產品質量標準。韓國有機農業產品分為以下四類：①低農藥產品（比傳統耕作的農藥適用量少 50%左右）；②無農藥產品；③轉換期有機農產

品（product conversion），即超過一年不施農藥和化肥的農產品；④有機農產品。

為了有效地執行有機農產品標準，國家農產品質量管理局（NAQS）被指定為國家持續農業的認證機構，農產品質量管理辦公室被指定為韓國唯一的有機農產品認證機構，每個縣都設立分支機構。

有機農產品認證證書的發放程序：生產有機農產品前，農民向國家農產品質量管理辦公室提交生產計劃；地方質量管理辦公室分析農場土壤；地方質管辦公室對農產品分析測試，檢測有無農藥殘留，是否使用化肥；通過以上程序後，可貼上有機農產品標籤。

（三）有機農產品發展情況

韓國政府對有機農業非常重視，有機農業發展迅速。2000年，韓國有機農場的面積超過14,235公頃，占總耕地面積的0.7%，主要以低投入的持續農業為主。

由於農民意識到有機農業是未來農業的發展方向，所以農民開始發展新型的持續農業，生產有機水稻和蔬菜。2001年，超過4,800個農場開始生產有機農產品。

韓國有機農業主要由有文化的中年農民來生產。據統計，有50%從事有機農業的農民在40歲以下，60%受過12年以上的教育。農民推行有機農業的動機多種多樣，43.8%是為了生產安全食品，35.5%為了環境保護，8.4%為了賣高價，8.4%為了宗教信仰。

（四）有機農產品市場

有機農產品的行銷是發展有機農業的關鍵，特別是在有機農業發展的初級階段。在有機農業發展的初級階段，生產者和消費者直接交易，政府對有機農產品市場不起任何作用。但隨著有機農業的發展，有機農產品生產量增大，有機農產品的銷售渠道也增多。目前有機農產品渠道有：消費者和生產者直接銷售渠道、國內農產品間接渠道、進口農產品渠道。

近年來，為促銷有機農產品，韓國政府通過補貼有機農產品和支持有機農產品的貿易費用的辦法發展有機農業。在有機農產品貿易方面，政府取消了農產品的制度壁壘。目前，由於農產品達不到出口標準，韓國的有機農產品還很少出口。但個別公司進口有機加工食品，如橘子汁等。

韓國有機農業產品市場規模達6,000億韓元，且每年以7%的速度增長。每一種農產品都有具體、嚴格的認證標準。目前，認證制度已在樂天、現代和新世界等幾家大型百貨店試行。

三、韓國有機農業的制度作用

（一）政府和非政府組織的作用

在有機農業發展開始階段，政府起著非常重要的作用。韓國政府主要採取以下措施：

第八章　韓國食品貿易法規政策

　　支持有機農業農戶，並制定有機農業發展規劃。生產安全食品，雖然對人的健康有很大好處，但農產品的產量降低，影響糧食自給。在人多地少的情況下，一味發展有機農業也不太現實，所以發展低投入的持續農業才是政策目標，韓國的有機農業只能是輔助性的。

　　韓國非政府組織的立場則與政府相反，他們認為應該發展有機農業。韓國大概有 20 個非政府組織特別關注有機農業，韓國政府和非政府組織之間一直意見不一致。

　　韓國政府在有機農業方面的主要活動是建立有機農戶和非政府組織的數據庫。韓國非政府組織的主要活動是對從事有機農業的農民進行有機農業和市場行銷的培訓，農民和消費者建立聯合機構。

　　韓國持續農業組織聯盟於 1996 年成立，主要是建立農戶成員之間的網絡聯繫，此組織還沒有統一的有機農業標準。因為不同的非政府組織有自己的有機農業技術體系和標準，所以這種組織的作用非常有限。韓國的非政府組織為發展有機農業，目前正在與政府協商如何通過補貼發展有機農業。

　　(二) 發展有機農業的政策

　　在 20 世紀 90 年代，韓國決定將持續農業發展政策作為一項重要的農業政策。作為持續農業很重要的一部分，有機農業已列入韓國農業政策框架。為促進農業跟自然協調，政府制定了相關政策，以減少污染物，改善農業環境條件及加強持續農業體系。同時，支持有機農業的政策也列入其制度建設中。

　　韓國啓動環境友好型農業區促進工程，支持農戶發展環境友好型農業。根據工程規模，每個工程可以得到 2 億～10 億韓元資助，以改善環境友好型農業的基礎設施。此項目從 1995 年開始啓動，到 2004 年，679 個地區得到資助，資助金額達 2,103 億韓元，2005 年政府拿出 168 億韓元資助 63 個地區。

　　1999 年開始採用直接支付持續農業的制度，主要支付給由於發展有機農業造成損失的農民。直接支付大約 452,960 韓元/公頃給每個農民，1999 年共支付了大約 52 億韓元。直接支付對象不局限於稻農，也包括蔬菜等環境友好型農產品生產者，目的是保護環境。三年期間，自然公園、上游水資源保護區及國立、省立公園等，面積超過 10,000 公頃；每年補貼金額為 57 億韓元。2001 年的補貼條件較寬鬆，只要農藥和化肥不超標，都可以得到補貼。2002 年則轉變為不用農藥或者獲得綠色認證的農產品才能得到補貼，相當於對不用化肥、農藥等化學物導致產量減少的補償。補貼面積的範圍為 0.1～5 公頃。2007 年，旱地種植支付 794,000 韓元/公頃，水稻種植支付 392,000 韓元/公頃，以發展有機農業。

　　為促進持續農業發展，政府建立了支持體系。1994 年以來，政府給予農民補貼以發展有機農業。1997 年 10 月，政府又通過了支持持續農業的立法《環境友好型農業法》。此法加強發展持續農業，為持續農業的科研和推廣提供資金支持和市場推銷。

2005年，韓國啓動了利用天敵控制害蟲項目，以生產安全、環境友好型的農產品。2007年，此項目涉及的作物擴大到7種園藝作物。

實行有機農產品認證制度。為發展環境友好型農業，保護消費者，環境友好型農產品從農場、包裝、栽培方法、用水、質量管理和種子等多方面實行嚴格的認證制度，執行嚴格的農產品標準。種植作物分三個標準：有機、低農藥和無農藥。畜產品分兩個標準：有機和無抗生素。所有認證由國家農產品質量管理辦公室進行。

為提高土壤肥力，減少土壤酸化，韓國啓動了土壤改良項目。啓動此項目的目的是改良酸性土壤，降低土壤硅酸鹽含量，提高土壤肥力。

韓國政府啓動了家畜糞便處理設施項目和建立環境友好型家畜圈示範項目，以實現農業生產與自然和諧，並生產出環境友好型農產品，同時使環境得到保護。

(三) 韓國有機農業的法規和管理

1997年韓國頒布了《新環境農業育成法》。同時，為加強農業環境保護的機能，最大限度地減少對農業環境破壞，發展持續農業，政府制定了「面向21世紀的農林環境政策」，進一步促進了新環境農業法規的施行。到2010年，韓國新環境農業育成法的三個階段將全部實施；同時，農業將全部向新環境農業轉換，新環境農產品的產量將以年平均47%的速度增長，有機農產品的增長率達每年30%。這一增長率是計算機、電子、化學及能源等任何產業都無法相比的。

國家農產品質量管理辦公室專門負責制定認證標準，實施審查認證，進行事後跟蹤管理，以保證認證工作的國家權威性，提高國民對環保型農產品的信任度。

韓國首次在韓京大學和朝鮮大學產學協力團創建了環境親和型農產品民間鑒定機構，具備檢測設備的正規大學和專門研究人員參與檢測與鑒定，以提高環境親和型農產品的形象和置信度。為對環保型農產品實行跟蹤管理並方便消費者識別，韓國還準備實行農產品生產履歷制度。該制度規定商店銷售的農畜產品除了要標明產地、生產者及聯絡方法外，還須詳細記載農藥和化肥施用量、栽培、生長過程等，消費者通過賣場放置的電腦即可現場查詢。通過加大對有機農業新技術的培訓力度，培養有機農業示範戶，發展生物技術與環境親和型農業相融合的有機農業，提高農產品附加價值，增加農民收入，這是新世紀韓國農業發展的又一新特點和新亮點。

四、中國有機農業發展的現狀和問題

從20世紀80年代以來，中國有機農業發展較快，但發展很不均衡，有機農業生產基地主要分佈在東部和東北部各省區，其中東北三省、內蒙古等地規模最大，東部省份有機產品發展很快。

中國有機和有機轉換產品已有約50大類，400~500個品種。2003年頒布實施《認證認可條例》，有機食品認證工作劃歸認監委統一管理以及有機認證工作的市場化，極大地促進了有機食品發展。到2005年年底，中國約有1,600個企業獲得不同

第八章　韓國食品貿易法規政策

認證機構的有機（轉換）食品認證，有機認證面積 169.4 萬公頃（包括捕撈水域、放牧區域），產量 307 萬噸；轉換認證面積 61 萬公頃，產量 181 萬噸；野生採集 208 萬公頃，產量 5 萬噸。依據國家統計局 2004 年發布的人均食品消費總額計算，中國國內有機食品銷售額占常規食品銷售額的 0.08%，較 2003 年增長了 4 倍，但仍與發達國家的平均消費水準有差距。2006 年，中國有 210 萬公頃農田認證為有機農田，這使中國的有機農田數量位列世界第三，僅次於澳大利亞和阿根廷。雖然中國有機農業迅猛發展，但也存在不少問題。

（一）有機農業的地位和作用沒有合適的定位

中國擁有 13 億人口，糧食安全是中國農業生產的長期發展戰略，發展有機農業和中國的糧食安全這對矛盾必須協調好。不考慮中國國情，誇大有機農業在中國農業發展中的作用，提出一些不切中國實際的目標，是錯誤的；一味強調糧食安全，對發展有機農業也不利，必須明確有機農業在中國農業發展中的地位和作用。

（二）生產規模小、產業化水準低

有機食品發展的規模、生產總量和開發面積都比較小，只占全國大宗農產品種植面積和總產量的 0.1% 左右，而且有機食品的產品結構不盡合理，品種單一，無法滿足人們對食品日益多樣化的需求。

（三）各級政府政策扶持力度不夠

有機農業是從石油農業向傳統農業的轉換，發展有機農業，面臨著減產和受病蟲害的威脅，農業經濟效益存在很大風險；發展有機農業，必須有政府支持，才能調動農民的生產積極性。但國家及各地方政府用於有機食品項目建設的投入很少，直接影響了有機農業的發展。

（四）有機農產品誠信機制系統不足，國內有機農產品市場狹小

國內有機食品的認證、生產、銷售和消費體系不太完善，認證部門繁多，認證機構主要設在環保和質檢部門，設在農業部門的認證機構少，不同認證機構執行標準差異大，使得中國消費者質疑國內有機食品質量。另外，中國有機農業的發展在一定程度上是市場刺激的產物，大部分有機農產品以出口為主。近年來隨著人們生活水準的提高，國內有機農產品市場逐漸擴大，但與發達國家相比，市場規模還相對較小。

（五）對有機農產品的宣傳力度小

中國有機農業比發達國家起步晚，有機農業認證系統跟國外不同，有機農業產品標準也沒有和發達國家接軌；中國對有機農產品的宣傳力度不夠，大部分人不瞭解有機農產品銷售制度，對有機農業的認識不夠，不太瞭解綠色食品的含義，往往把綠色食品和有機農產品混為一談。

五、韓國有機農業對中國的啟示

(一) 解決好發展有機農業和糧食安全之間的矛盾

中國人口眾多,人均耕地面積少,農業生產力水準總體比較低,糧食安全問題始終是中國不可迴避和必須重視的問題。韓國的農業情況與中國相似,也存在人多地少、糧食自給等問題。韓國處理好了有機農業和糧食安全的關係,我們在發展有機農業時,參照韓國的經驗,必須考慮糧食自給,不能盲目誇大有機農業在中國農業發展中的作用,要處理好發展有機農業與解決好中國糧食安全之間的矛盾。

(二) 樹立品牌戰略,發展有機經濟作物

從國際情況來看,中國有機農業的發展方向不明確。中國人口眾多,糧食問題始終是最重要的問題之一,中國不可能也沒有必要發展大田有機農業。中國的糧、棉、毛不具備價格優勢,而蔬菜、水果、畜禽產品、水產品等具有價格優勢。另外,速凍蔬菜、脫水蔬菜、食用菌、果汁、堅果、茶葉、雜糧、雜豆等國際市場前景極好,所以中國應把有機農業的重點放在附加值高的經濟作物和園藝作物上。

(三) 建立有機農業認證標準,加強對認證部門的監管力度

韓國建立的全國統一的有機農產品基本標準包括基地標準、生產標準、產品標準、加工包裝標準等。中國農產品認證標準和發達國家的標準不一致,應予以調整,使之與大部分發達國家一致;同時,中國少數有機農產品存在質量問題,直接影響到所有有機農產品的銷售和信譽度,所以中國必須要嚴格按照《認證認可條例》的要求和國家認監委的有關規定,進一步調整、規範和完善認證管理制度,保證認證工作的有效性、公正性和規範性;加大對有機農產品的監管力度,做到運作規範、確保質量。

(四) 引進農業直接支付制度,支持有機農業發展

由於發展有機農業對技術、管理及周圍環境的要求比石油農業高得多,而且存在農作物產量降低而引起的效益問題,所以發展有機農業的技術成本、認證成本、行銷成本也比一般的農產品高得多。中國傳統農業為有機農業的發展提供了有利條件;偏遠貧困地區受現代農業影響較小,發展有機農業的基礎非常好。但因為發展有機農業存在一定的風險,沒有國家的支持,農民發展有機農產品的積極性不高,加入世界貿易組織後,農業補貼受限制。中國可以學習韓國的農業直接支付制度,扶持有機食品快速發展,同時加大在稅收、認證費用減免等方面的支持力度,保證有機農業產業有序、良性、穩定地發展。

(五) 加強農民職業教育,提高農民有機農業生產知識

韓國加強農民職業教育,提高農民有機農業生產知識儲備,而在中國還沒有形成一個成熟的、能夠為廣大農民服務的體系。中國應提高有機農業科研機構人員的科研水準,以便更好地為廣大農民提供諮詢服務,使農民掌握有機農業科技知識和

第八章　韓國食品貿易法規政策

有機農業操作規範，使農民瞭解農業產業化理論、產業生態學理論、現代育種技術、土壤培肥技術、病蟲害防治技術等行進理論和高新技術；要利用現有的理論和高新生物技術進行理論創新和技術創新，應用現代育種技術、生物防治技術、生物肥料技術等，為有機食品產業的發展提供強大的技術支持。

（六）充分利用非政府組織，建立中國有機農產品統一行銷網絡

中國可以充分發揮農業合作社和農村基層組織等非政府組織的作用，把發展有機農業的農戶組織起來，協調發展有機農業的農戶，形成統一的生產、銷售和認證程序，使有機農業生產規範化。同時，通過非政府組織形成有機農產品品牌，形成統一的銷售網絡，產品品牌效應，使中國有機農業生產和市場持續、健康地向前發展。

第九章　韓國反傾銷政策法規

● 第一節　韓國反傾銷政策法規及其實踐

韓國於 1963 年出抬反傾銷法，是世界上較早制定反傾銷法的國家之一。韓國反傾銷政策法規歷經修訂和完善，形成了目前以《關稅法》《關稅法施行令》《不公平國際貿易行為調查和產業損害救濟法》《不公平國際貿易行為調查和產業損害救濟法施行令》《對外貿易法》和《對外貿易法施行令》為核心的反傾銷政策法規體系，並成為韓國貿易政策法規的重要組成部分。作為中國的重要貿易夥伴，韓國對中國頻頻發起的反傾銷，已日益成為影響中國擴大對韓國出口和中韓兩國經貿關係進一步發展的一個主要障礙。因此，深入探討韓國反傾銷政策法規及其實踐，總結其特點，對於中國全面瞭解韓國反傾銷政策法規以及積極應對韓國對中國的反傾銷，都具有十分重要的意義。

一、韓國反傾銷管理體制

根據韓國現行反傾銷政策法規，負責處理反傾銷事務的管理機構主要有兩個，即韓國貿易委員會和企劃財政部，這兩個機構構成了韓國的反傾銷管理體制。

韓國貿易委員會（Korea Trade Commission，以下稱 KTC）是韓國全面負責反傾銷調查的一個機構。它成立於 1987 年 7 月，是根據 1986 年 12 月韓國頒布的《對外貿易法》第三十八條的規定而設立的。目前，KTC 共由 9 人組成，包括 1 名委員長、1 名常任委員和 7 名非常任委員。委員長由韓國總統直接任命，一般由政府知名人士或社會知名人士擔任。委員是經韓國商工能源部部長推薦並由總統任命，一般由政府部門的官員、法律專家、國際貿易專家和新聞媒體的負責人擔任。委員長

第九章　韓國反傾銷政策法規

和委員的任期均為 3 年，可以連任。KTC 在反傾銷事務中的職能主要包括：負責受理國內申訴人要求對涉案進口產品進行反傾銷調查的申請；決定是否發起反傾銷調查；調查涉案進口產品是否在韓國存在傾銷以及傾銷幅度的大小；調查涉案進口產品是否對韓國國內產業造成損害；以及決定傾銷與損害之間是否存在因果關係。KTC 的反傾銷事務具體由其下屬的調查室協助其工作。調查室設立於 1990 年 4 月，是 KTC 的一個執行機構，編製為 50 人。調查室最高負責人為室長，下設 4 個課：分別是貿易救濟政策課、損害決定課、傾銷調查課和不公平貿易調查課。貿易救濟政策課的職責是：制定有關實施反傾銷制度的基本政策；研究反傾銷法律法規；處理涉及反傾銷制度的各類公共關係；負責 KTC 的行政事務，並受理要求進行產業損害調查的申訴。損害決定課的職責是：在受理反傾銷調查申請後，決定是否發起國內產業損害調查；調查國內產業的損害是否由傾銷產品所引起。傾銷調查課的職責是：調查某一產品是否存在傾銷；如果存在傾銷，還需調查傾銷幅度的大小。不公平貿易調查課的職責是：調查國內產業的損害是否由進口產品的增加所引起；調查進口產品對國內產業競爭力的影響。在調查室進行反傾銷調查的基礎上，KTC 將採取委員多數通過制的方式做出相應的決策。然後，KTC 再把反傾銷調查報告和決策結果提交給韓國企劃財政部，並向企劃財政部提出對涉案進口產品採取臨時反傾銷措施或徵收最終反傾銷稅的稅率和期限的建議。

企劃財政部（Ministry of Strategy and Finance，以下稱 MOSF）是韓國實施反傾銷措施的最終決策機構。該部成立於 2008 年，是由其前身財政經濟部（設立於 1994 年）和計劃預算部（設立於 1999 年）合併組建而成。目前，MOSF 設 1 位部長和 5 位副部長。5 位副部長及其職能分別是：負責稅收、政策和國際事務的副部長；負責計劃、預算和財政的副部長；負責經濟政策協調的副部長；負責國際事務的副部長以及負責金融事務的副部長。同時，MOSF 下設 13 個局級部門和 4 個附屬政府機構，其中，作為局級部門之一的關稅制度課則是 MOSF 內具體負責反傾銷事務的主要機構。MOSF 繼承了其前身財政經濟部原先所承擔的與反傾銷相關的各種行政管理職能。具體來說，在反傾銷事務中，MOSF 的職責有三：一是根據 KTC 提交的初步反傾銷調查報告或最終反傾銷調查報告以及採取臨時反傾銷措施或徵收最終反傾銷稅的建議，決定是否採取臨時反傾銷措施或徵收最終反傾銷稅；二是向傾銷出口商提出實施價格承諾的建議以及決定是否接受外國出口商提出的價格承諾；三是接受反傾銷利害關係方提出的反傾銷復審申請，並決定是否對最終反傾銷稅或價格承諾進行復審。根據韓國反傾銷政策法規所規定的反傾銷程序，MOSF 的上述決定都將作為最終裁決，並付諸實施。

二、韓國實施反傾銷的前提條件

韓國反傾銷政策法規規定，對來自外國的進口產品實施反傾銷必須同時具備三

中日韓食品貿易法規與案例解析

個前提條件：外國進口產品對韓國市場存在傾銷、外國傾銷產品對韓國國內產業造成損害以及外國進口產品的傾銷與韓國國內產業遭受的損害之間存在因果關係。

（一）外國進口產品對韓國市場存在傾銷

根據韓國反傾銷法，傾銷是指外國產品以低於正常價值的價格進口。因此，要認定從外國進口的產品是否對韓國市場存在傾銷，關鍵是要確定外國產品的正常價值以及對韓國的出口價格，如果出口價格低於正常價值，即可認定為傾銷。

正常價值是指產品供應國（即出口國）國內在正常貿易過程中用以消費的同類產品的價格。這裡所謂的同類產品是指與進口產品在物理特性、質量以及消費者的評價等各方面都相同（包括在外觀上具有輕微差異）的產品。如果不存在這種相同產品時，則可將與該進口產品具有相似的功能、特性及構成要素的產品視作同類產品。所謂正常貿易過程，指的是在自由的不受限制的市場條件下進行的交易或貿易，而以下三種情況下的銷售則通常被認為不屬於正常貿易過程：

其一，交易雙方之間存在某種關聯的銷售。這是指購買者與銷售者之間屬於下列特殊關係之一：互相擁有共同管理者的關係；互相是法律上的業務夥伴關係；互相是雇傭關係；某特定人直接或間接擁有或者管理5%以上的具有表決權的股份；一方直接或間接地控制對方；直接或間接地受同一個第三方控制；直接或間接地共同控制同一個第三方；互相是親屬或家庭關係。

其二，低於生產成本的銷售。這是指以低於該產品生產成本加合理的銷售費用以及一般管理費用的價格進行銷售的數量占20%以上，或者加權平均銷售價格低於該交易的加權平均成本，而且該低於成本的銷售不能夠在合理的期間內收回相當於該產品的成本水準的費用。

其三，非市場經濟條件下的銷售。非市場經濟是相對於市場經濟而言的一種經濟形態，通常是指那些國家控制經濟以及市場經濟體系尚未建立的經濟體。

在確定正常價值時，一般採用產品供應國國內同類產品的銷售價格。但如果供應國國內不存在同類產品的銷售，或者由於特殊的市場情況即供應國國內的銷售量少於韓國從該供應國進口量的5%，從而不能適用該銷售價格，則可將該供應國同類產品向第三國出口的具有代表性的出口價格的可比價格，或根據該供應國的生產成本、合理的管理與銷售費用、財務費用、研發費用以及利潤而得出的結構價格視作正常價值。如果進口產品不是直接由產地國而是經第三國進口，則正常價值應採用第三國正常貿易過程中所使用的價格。但是，如果僅僅是通過第三國運輸產品，或者第三國不存在同類產品的實際生產，或者不存在第三國在正常貿易過程中所使用的價格，則產地國在正常貿易過程中所使用的價格可被視為正常價值。對於來自非市場經濟國家的進口產品，正常價值將採用除韓國外的一個市場經濟國家（即類比國）在正常貿易過程中同類產品的消費價格，或者該市場經濟國家向第三國（除韓國外）的出口價格或者結構價格。在選擇類比國時，通常考慮的因素是該類比國是否同該非市場經濟國家的技術水準、經濟發展水準（人均收入）以及生產這種產

第九章　韓國反傾銷政策法規

品的產量和質量相近。對於來自轉型經濟國家的進口產品，則以個案處理的方式，有條件地給予市場經濟待遇。為此，要求應訴企業向韓國反傾銷管理機構提出有關市場經濟待遇的申請，並提供相關的證據證明所在產業屬於市場經濟產業。如果產品的生產及銷售是在市場經濟體制下進行的，則其在正常貿易過程中所使用的價格可被視為正常價值。在韓國對中國的反傾銷實踐中，韓國曾長期把中國視為非市場經濟國家。自1999年起，韓國又轉而視中國為轉型經濟國家。直到2005年11月16日，韓國正式承認了中國的完全市場經濟地位。

在韓國反傾銷政策法規中，出口國的出口價格被稱為傾銷價格。傾銷價格是指發起反傾銷調查時進口商或第三方向出口供應商已經支付或應當支付的產品價格。但是，如果出口供應商與進口商或第三方之間存在特殊關係或補償安排，不可能按已經支付或應當支付的價格為基礎來確定傾銷價格，則傾銷價格將根據進口產品第一次出售給不存在特殊關係或補償安排的購買人的價格加以確定；如果進口產品不是出售給不存在特殊關係或補償安排的購買人，或者產品不是以其進口時的條件出售，則傾銷價格將按合理標準基礎上的價格確定。

正常價值與傾銷價格（出口價格）的比較應盡可能地在相同時期和相同貿易水準上進行。正常情況下比較的基礎應是出廠價的貿易水準。如果正常價值和傾銷價格在調查期間上下波動，則兩者都將以其貿易數量和價格的加權平均值作為標準進行計算。同時，韓國反傾銷法還規定了以下四個影響正常價值與傾銷價格比較的因素，以及由於這些因素而進行調整時所應遵循的原則：第一，產品物理特性差異。該調整應在物理特性對供應國市場價格影響的基礎上做出。但如果無法獲得供應國市場價格的證據，或者該證據不適於價格比較，則該調整應在由於物理特性差異導致產品生產成本差異的基礎上做出；第二，銷售數量差異。該調整應限於由於大規模生產而導致的生產成本降低，或者在正常貿易條件下由於大量銷售而導致對所有購買者給予折扣的情況；第三，銷售條件差異。該調整應限於銷售條件與銷售價格有直接聯繫的情況。其中，涉及正常價值的調整項目包括國內運費、佣金、保險費、包裝費、裝卸費以及倉儲費等雜費，涉及傾銷價格的調整項目包括國際運費、保險費、包裝費、管理費、廣告費、經營開支、利潤、佣金及其他費用；第四，匯率變動差異。該調整應限於匯率正常變化的情況。上述各項調整一般是由韓國反傾銷管理機構自行決定，有關利害關係方亦可提出申請，但必須能夠證明該差異因素對市場價格或生產成本有直接影響。調整後的正常價值與調整後的傾銷價格之間的差額即為傾銷幅度，一般用百分比表示，即：傾銷幅度 = [（調整後的正常價值−調整後的傾銷價格）÷調整後的傾銷價格]× 100%。若傾銷幅度低於2%，則可忽略不計，並將終止對該進口產品的反傾銷調查。在2002年2月的韓國對華白水泥反傾銷案中，同年10月KTC終裁認定，3家向韓國出口白水泥的中國涉案企業的傾銷幅度為1.1% ～ 1.4%，未達到韓國反傾銷法規定的2%的標準，因此決定不對中國產白水泥徵收最終反傾銷稅，並結束有關的反傾銷調查。在2008年1月25日韓國對原

產於中國的聚酯絲反傾銷案件中，KTC認定韓國聚酯絲產業提交的反傾銷訴訟申請符合韓國相關法律規定，並且原產於中國的聚酯絲的傾銷事實成立，因此，KTC決定繼續對原產於中國的聚酯絲進行反傾銷損害調查。

（二）外國傾銷產品對韓國國內產業造成損害

韓國反傾銷法規定，外國傾銷產品對韓國國內產業造成的損害包括三種類型，即實質性損害、實質性損害威脅以及實質性阻礙。只要有證據表明存在其中的一種損害，便可認定外國傾銷產品對韓國國內產業造成的損害成立。所謂國內產業是指所有生產與低於正常價值進口的產品屬同類產品的產業，或占國內同類產品總產量絕大部分的產業。但同時又規定，無論是所有產業或絕大部分的產業，都不包括與該進口產品的供應商或進口商存在特殊關係的生產商經營的產業，以及作為進口商的生產商經營的產業。但對於韓國反傾銷管理機構在收到反傾銷調查申請書日起6個月前進口傾銷產品的生產商以及進口傾銷產品的數量微乎其微的生產商，則可以包括在國內產業範圍內。至於何為國內產業界定中的「絕大部分」，韓國反傾銷政策法規沒有規定具體的量化標準。

在判定外國傾銷產品對韓國國內產業的實質性損害時，KTC主要考慮以下五個因素：第一，傾銷產品的進口數量。不論是絕對量，還是相對於韓國國內生產與消費的相對量即市場份額，是否存在明顯的增長。第二，傾銷產品的價格。與韓國國內同類產品的價格相比，傾銷產品的價格是否有明顯的下降。第三，傾銷的幅度。與出口國國內的正常價值相比，傾銷產品的價格是否有明顯的下降。第四，對國內產業的影響。傾銷產品對韓國國內產業的產量、設備利用率、庫存、銷售量、市場份額、價格（包括影響價格下降或抑制價格上升）、利潤、生產率、投資收益、現金流動、就業、工資、增長率、資金籌措、投資能力以及技術開發等方面的影響。第五，傾銷產品對韓國國內產業實際的或潛在的影響。在2005年6月的韓國對華瓷磚反傾銷案中，KTC認為，2001—2005年，中國產瓷磚在韓國市場的銷售量增長了380%，2005年，中國產瓷磚占韓國國內市場的39.5%，銷售額達到4,504.15億韓元，占進口瓷磚總額的78.3%。據此，KTC裁定中國輸韓瓷磚對韓國同類產業構成了實質性損害。在2007年5月18日韓國對原產於中國的過氧苯甲酰發起的反傾銷案件中，KTC的反傾銷調查結果表明，2006年，韓國該產品的市場需求規模為29億韓元（約290萬美元），其中，韓國產品占65%，中國產品占28%。2008年3月27日，KTC對此案做出反傾銷終裁，判定中國涉案過氧苯甲酰對韓國國內產業造成實質性損害。

實質性損害威脅是指實質性損害尚未發生，但如果傾銷產品繼續進口，則在不久的將來將有發生實質性損害的趨勢或極大的可能性。KTC在裁定外國傾銷產品是否對韓國國內產業造成實質性損害威脅時，主要基於由傾銷產品造成的損害必須是能夠清楚預見的和迫近的，並具體考慮以下四個因素：第一，傾銷產品顯著的增長率預示著進口大幅度增加的可能性；第二，出口國生產能力的實質性增強可能導致

第九章　韓國反傾銷政策法規

對韓國傾銷出口的增加；第三，傾銷產品的價格導致韓國同類產品的價格下降，或者阻止同類產品的價格上升，以及可能引起進口需求的增長；第四，傾銷產品的庫存和韓國同類產品的庫存情況。從韓國反傾銷實踐看，確定實質性損害威脅的存在較多地發生在對反傾銷案件的復審中，因為一個案件經過原審並採取了一段時間的反傾銷措施後，實質性損害可能已經弱化，但是一旦取消反傾銷措施，實質性損害有可能會重新發生，從而構成實質性損害威脅，這正是反傾銷復審所要審查的內容。在 2009 年 6 月 15 日韓國對中國的氯化膽鹼反傾銷復審一案中，2010 年 1 月 29 日，KTC 復審終裁認為，如果取消自 2004 年 9 月 23 日起對中國涉案企業徵收的 10.28%～27.55% 的最終反傾銷稅，進口自中國的氯化膽鹼可能會對韓國國內產業重新造成實質性損害威脅，因此決定繼續維持原定的最終反傾銷稅，徵收期為 3 年。

實質性阻礙是指傾銷產品雖然未對進口國同類產業造成實質性損害或產生實質性損害威脅，但卻嚴重地阻礙了進口國生產相同產品的一個新產業的建立。雖然韓國反傾銷政策法規沒有對實質性損害做出具體規定，但在韓國反傾銷實踐中，KTC 經常使用外國傾銷產品實質性損害阻礙韓國國內相關產業的建立這一標準來認定損害。在對進口產品是否阻礙國內產業的建立進行調查時，KTC 首先要認定的是國內是否正在建立這種產業。所謂「正在建立這種產業」不僅是指正在進行重大投資和建造生產設施，而且包括這種產業的生產經營情況尚未穩定下來。對於後一種情況，KTC 考慮的因素包括：國內產業的銷量及市場份額；國內產業的生產情況和生產設備的利用率；國內產業是否已達到合理的盈虧平衡點。在認定國內相關產業尚未建立之後，KTC 通常是將投資可行性研究報告中列出的數字作為預期的經營業績，並將原來預期的經營業績和實際經營業績加以比較，以決定進口產品是否阻礙國內產業的建立。在 1993 年韓國在日本輸韓國預敏化印刷電路板反傾銷案中，KTC 就以國內同類產業沒能在原定開始生產後 3 年內達到盈虧平衡點為依據，認定進口日產電路板對韓國國內相關產業的建立造成了實質性阻礙，從而裁決損害成立。

在確定外國傾銷進口產品對韓國國內產業造成的上述三種損害時，如果受到反傾銷調查的同一產品來自多個國家，且符合如下兩個條件，那麼 KTC 還可以累積評估這些進口產品的損害影響，這兩個條件是：第一，來自每個國家的進口產品的傾銷幅度和進口數量均不屬於可忽略不計，即傾銷幅度不低於 2%，進口數量分別占韓國該產品總進口量的 3% 以上，或者從多個國家的總進口量超過韓國該產品總進口量的 7%；第二，傾銷進口產品相互之間以及與韓國國內同類產品之間處於競爭狀態。在 2002 年 11 月韓國在中國的紙張反傾銷案中，KTC 調查認為，2001 年來自中國和印尼的被調查產品的傾銷幅度為 5.50%～8.99%，進口量在國內總進口量中所占的比率各為 69.9% 和 15.5%，分別超過了韓國反傾銷法規定的可忽略不計的 2% 和 3% 的標準；2001 年被調查產品的每噸轉售價格 $856×10^3$～$1,002×10^3$ 韓元，進口產品之間價格相差不大，韓國國內產品價格為 $886×10^3$ 韓元，證明了傾銷產品之間以及傾銷產品與韓國國內同類產品之間具有競爭關係。因此，KTC 決定應累計評估

169

中國和印尼輸韓紙張對韓國產業的損害影響,並終裁認定中國輸韓紙張對韓國產業存在損害。

(三) 外國進口產品的傾銷與韓國國內產業

根據韓國反傾銷法,外國產品以低於正常價值的價格進口而使國內產業受到損害,如果認為有必要保護國內產業,則可以徵收相當於傾銷幅度以下的關稅。同時,申請反傾銷調查的申請人應提交有關傾銷產品的進口事實和由於該產品的進口引起損害的充分的證明材料。由此可見,在韓國反傾銷政策法規中,雖然沒有關於外國進口產品的傾銷與韓國國內產業遭受的損害之間存在因果關係的明文規定,但卻隱含了因果關係的概念。在韓國反傾銷實踐中,作為調查機關的 KTC 也適用了因果關係這一反傾銷的前提條件。不僅如此,在判定外國進口產品的傾銷與韓國國內產業遭受的損害之間是否存在因果關係時,韓國採用的是「主要因果關係」標準,即只有當傾銷成為造成損害的主要因素時,傾銷與損害之間的因果關係才能被裁定為成立。

在判斷因果關係時,KTC 一般以確定損害時考慮的因素為基礎,並主要審查傾銷進口產品的數量和價格因素,即審查傾銷產品的進口數量在絕對數量上或者在相對數量上是否存在明顯的增加,傾銷進口產品的價格與國內同類產品的價格相比是否有明顯的下降以及是否導致了國內同類產品價格的下降,或傾銷進口產品是否阻止了國內同類產品價格的上升。在判定因果關係時,KTC 還應審查除了傾銷之外其他損害國內產業的因素,不得將其他因素造成的損害視為傾銷引起的損害。儘管韓國反傾銷法也沒有具體列舉這些其他因素,但從韓國裁決因果關係的實踐看,KTC 所審查的其他損害國內產業的因素主要包括:以非傾銷價格出售的進口產品的數量、原材料的價格、需求的變化、國內產業的出口實績以及匯率的變動等因素。如果有充分的證據認定這些傾銷之外的其他因素是造成韓國國內產業遭受損害的主要原因,則可以判定外國進口產品的傾銷與韓國國內產業遭受的損害之間不存在因果關係。在 2000 年 8 月韓國對原產於泰國和印度尼西亞中質纖維板的反傾銷案中,KTC 經過調查認為,從價格變化趨勢看,2000 年下半年傾銷進口價格有上升趨勢,與此相比,韓國國內同類產品價格反而出現下降趨勢,並認為國內產品價格下降是導致 2000 年度國內同類產業收益減少的主要因素。因此,KTC 最終裁定傾銷進口與國內產業損害之間難以構成因果關係,並於 2001 年 4 月 18 日以終止該反傾銷調查而結案。

三、韓國反傾銷措施

韓國反傾銷政策法規規定的反傾銷措施主要有三種:臨時反傾銷措施、價格承諾和最終反傾銷稅。

(一) 臨時反傾銷措施

KTC 在收到國內產業利害關係方針對進口產品提起的反傾銷調查申請後的 2 個

第九章　韓國反傾銷政策法規

月內，應決定是否對該進口產品發起反傾銷調查。如果決定發起反傾銷調查，應通知調查申請人、該產品的出口國政府及出口商以及與發起調查決定有關的其他利害關係方，並在決定後的 10 天內在官方公報上發布公告，且應公示下列信息：受調查產品和同類產品；生產受調查產品和同類產品的國內產業的範圍；受調查產品的出口國和出口商；調查期間。KTC 應在發起調查後的 3 個月內完成初步反傾銷調查，並向 MOSF 提交初步調查報告。如果 KTC 根據初步反傾銷調查能夠有足夠的證據表明進口產品存在傾銷並對韓國國內產業存在損害，而且針對該產品發起的反傾銷調查已超過至少 60 天，為防止進口產品在反傾銷調查期間繼續產生損害，並認為有必要的話，KTC 還可以向 MOSF 建議對指定產品、出口商或出口國採取臨時反傾銷措施。MOSF 則應在 KTC 提交初步調查報告和建議採取臨時反傾銷措施後的 1 個月內做出初步裁決，決定是否對進口產品採取臨時反傾銷措施。但如果認為有必要，做出該決定的期限可以延長，最長不超過 20 天。

　　臨時反傾銷措施的具體形式是徵收臨時反傾銷稅或者要求提供擔保。韓國反傾銷法沒有明確規定擔保的形式，因此一般來說，現金、債券以及其他擔保措施均可使用。但徵收臨時反傾銷稅或提供擔保的數額均不應超過相當於初步反傾銷調查所估算的傾銷幅度。臨時反傾銷措施的適用期限為 4 個月，但如果產品貿易中特別重要的出口商要求延長適用期限，則臨時反傾銷措施最長可延至 6 個月。2007 年 11 月 6 日，應韓國雙龍制紙株式會社、EN 紙業的申請，KTC 對進口自中國的牛皮紙進行反傾銷立案調查，傾銷調查期為 2006 年 7 月 1 日至 2007 年 6 月 30 日。2008 年 4 月 8 日，KTC 對此案做出肯定性初裁，決定對涉案產品徵收臨時反傾銷稅。在中國涉案企業中，湖南泰格林集團有限公司、青島海王紙業集團和天津天保世紀貿易發展有限公司分別被徵收 4.31%、16.13% 和 16.13% 的臨時反傾銷稅，其他企業則被徵收 7.96% 的臨時反傾銷稅。在 2002 年 2 月的韓國對華白水泥反傾銷案中，KTC 於同年 6 月 28 日初步裁定中國輸韓白水泥存在 5% 的傾銷幅度，並徵收 5% 的臨時反傾銷稅。對此，中國企業提出抗辯，並要求 KTC 對其進行實地調查。KTC 考慮到在調查期間即使對進口自中國的白水泥不採取臨時反傾銷措施，也不會對韓國國內產業造成實質性損害，因此最終同意了中國企業的要求，決定不對中國涉案企業徵收臨時反傾銷稅。

　　(二) 價格承諾

　　當已經發起反傾銷調查，並已做出傾銷與損害的初步肯定性裁決，或已採取臨時反傾銷措施，則涉案產品的出口商或者 MOSF 可提出或建議價格承諾，修改出口商的出口價格或停止以傾銷價格出口，以消除傾銷造成的損害。具體來說，價格承諾應包括以下條款：第一，出口商把出口價格提高到一定程度以消除損害，或在與 MOSF 商議決定的一段期間內停止出口；第二，提供在接受價格承諾前已簽訂的合同項下的產品或已裝運的產品的信息；第三，出口商不會採取任何措施，通過變更種類、形狀、名稱或通過銷售附屬產品來規避履行承諾義務；第四，出口商不會在

事實上通過向第三國或第三方出售產品以干擾承諾義務；第五，出口商將定期匯報在出口國的銷售數量和銷售價格以及對韓國的出口數量和出口價格；第六，允許提供相關材料作證；第七，如果情況發生變化，根據 MOSF 的要求重新進行談判。

出口商提出價格承諾後，MOSF 將通知相關的國內產業生產商和利害關係方，他們應在收到通知之日起 20 天內書面表達其意見。對於從 MOSF 收到價格承諾建議的出口商，則應在 1 個月內報告是否接受該建議。但如果存在下述情況，MOSF 將拒絕接受出口商的價格承諾，這些情況包括：第一，從實施價格承諾之日起，出口價格不能迅速上升到一個合適的水準，或者向下調整出口量直至停止出口行為不能在一個合適的期限內實施；第二，代表多個出口商提出價格承諾，卻缺乏證據表明這些出口商之間簽訂有共同遵守價格承諾的協議；第三，現有條件難以對價格承諾的實施進行必要的核實和監督；第四，一旦發生違反價格承諾的行為，卻難以調查，尤其是在時間和費用上代價高昂；第五，以往曾經發生過該出口國的出口商違反價格承諾的情況；第六，存在其他拒絕價格承諾的合理理由。

如果出口商提出的價格承諾是保證立即修改出口價格，或從與 MOSF 協商確定的承諾之日算起不超過 6 個月的期間內停止以傾銷價格出口，MOSF 通常會接受這種承諾。在承諾停止以傾銷價格出口的情形下，在價格承諾生效之日至完全停止出口日的期間內的出口數量不能超過 MOSF 視為合適的水準。MOSF 一旦接受價格承諾，將中止或終止反傾銷調查，免予實施或撤銷臨時反傾銷措施，並不擬徵收最終反傾銷稅。實施價格承諾的有效期為 5 年。但同時規定，在 MOSF 接受價格承諾後，如果出口商仍要求繼續損害調查或 MOSF 認為有必要時，調查將繼續進行。當調查結果表明不存在損害時，如果 MOSF 認為這是由於實施了價格承諾的結果，則出口商仍需在一段時間內遵守價格承諾。相反，如果 MOSF 認為即使未實施價格承諾也不存在損害，它可隨時撤銷價格承諾。韓國反傾銷政策還規定，在實施價格承諾期間，MOSF 可以要求出口商定期提供有關價格承諾執行情況的資料，並要求其接受重要數據的核查。如果出口商不照此辦理，MOSF 可視之為違反價格承諾，並依據最佳現有資料立即恢復實施臨時反傾銷措施。

（三）最終反傾銷稅

KTC 如果根據初步反傾銷調查做出肯定性的裁決，且向 MOSF 提交初步反傾銷調查報告後，應當開始正式反傾銷調查，並在 3 個月內完成正式調查，同時應將正式調查結果向 MOSF 報告。如果 KTC 認為有必要延長正式調查期間，或者如果利害關係方有正當理由要求延長正式調查期間，則 KTC 可在同 MOSF 協商後延長該期間，最長不超過 1 個月。如正式調查結果認為應當對進口產品採取反傾銷措施，則 KTC 在向 MOSF 提交的正式調查報告中，還應提出徵收最終反傾銷稅的建議。MOSF 在收到 KTC 提交的正式調查報告後的 1 個月內，應最終裁決是否要徵收最終反傾銷稅，並應決定徵收最終反傾銷稅的具體事宜。但如果有必要，該期間可延長，最長不超過 20 天。MOSF 終裁決定徵收最終反傾銷稅後，將停止實施臨時反傾銷措

第九章　韓國反傾銷政策法規

施。最終反傾銷稅的稅額應等於或低於傾銷幅度。如對已採取臨時反傾銷措施的產品徵收最終反傾銷稅，則最終反傾銷稅超過臨時反傾銷措施的差額部分將不再追補；反之，如最終反傾銷稅低於臨時反傾銷措施，則其差額將予以返還。韓國反傾銷政策還規定，最終反傾銷稅可對每一個出口商或出口國規定單獨的反傾銷稅率，但對不合作的出口商，可規定單一反傾銷稅率；對未接受反傾銷調查的出口商，其最終反傾銷稅應按接受反傾銷調查的出口商的加權平均的最終反傾銷稅率徵收；對出口國的新出口商在反傾銷調查期間之後的出口商品，如果新出口商與被徵收最終反傾銷稅的出口商之間存在特殊關係，則按適用於後者的最終反傾銷稅率徵收。如果前者與後者不存在特殊關係，則前者按獨立的最終反傾銷稅率徵收。在 2005 年 6 月的韓國對華瓷磚反傾銷案中，2006 年 4 月，KTC 做出終裁，對中國涉案陶瓷企業裁定的最終反傾銷稅率分別為：應訴或主動應訴的 8 家被抽樣調查企業被徵收 2.76% ~ 7.49% 不等的單獨稅率，已被點名抽樣調查但沒有參與應訴的 1 家企業被課以 29.41% 的高稅率，而其他未接受抽樣調查的企業則享受 13.33% 的平均稅率。最終反傾銷稅從最終反傾銷稅實施之日起徵收，有效期為 5 年。但如屬以下三種例外情況，主管當局可對臨時反傾銷措施實施日之前進口的產品追溯徵收反傾銷稅。這三種例外情況是：第一，如果終裁結果表明進口產品對韓國國內產業造成實質性損害，或者如果不採取臨時反傾銷措施將會造成更嚴重的損害，則可以對在臨時反傾銷措施實施期間進口的產品追溯徵收反傾銷稅；第二，如果過去曾進口同一傾銷產品且對韓國國內產業造成過實質性損害，同時進口商知道或應該知道這一事實，或者在相當短的時間內傾銷進口數量很大，則為了避免發生損害，可以對臨時反傾銷措施生效日前 90 天內進口的產品追溯徵收反傾銷稅；第三，如果出口商因違反價格承諾而被實施臨時反傾銷措施，且早已裁定這種進口產品造成了實質性損害，則可以對臨時反傾銷措施生效日前 90 天內進口的產品追溯徵收反傾銷稅。總之，任何國內產業的利害關係方都可提出充分證據證明存在上述例外情況，但其追溯徵收反傾銷稅的申請須在反傾銷終裁日之前 30 天提出，反傾銷終裁日具體由主管當局預先決定通知。雖然韓國反傾銷措施中的價格承諾和最終反傾銷稅的實施期限均為 5 年，但在價格承諾或最終反傾銷稅生效 1 年後至 5 年期滿前 6 個月的期間，任何反傾銷利害關係方，包括韓國國內同類產品的生產商或其組織，傾銷產品的生產商、出口商、進口商或其組織，以及有關產業的部長，均可向 MOSF 提出反傾銷年度復審或到期復審的申請，MOSF 則在收到復審申請後的 1 個月內決定是否有必要進行復審。復審的具體事務則由 KTC 負責。如果價格承諾或最終反傾銷稅的內容由於復審而發生修改，則這兩種反傾銷措施的實施期限將從修改之日起重新起算，除非另有規定。在 2003 年 8 月 2 日韓國對原產於中國的連二亞硫酸鈉發起的反傾銷案件中，KTC 於 2004 年 6 月 23 日反傾銷調查終裁決定對進口自中國的涉案產品徵收 11.78% ~ 21.07% 的最終反傾銷稅，徵稅期為 3 年。2007 年 2 月 15 日，KTC 對本案啟動了反傾銷到期復審調查程序。2008 年 1 月 31 日，KTC 做出反傾銷到期復審終裁，決定

繼續對進口自中國的連二亞硫酸鈉涉案產品徵收反傾銷稅,反傾銷稅率修改為12.11%~36.18%,實施期限截至2010年1月31日。

四、韓國反傾銷政策法規的實踐特點及其對中國的啟示

與 WTO 反傾銷規則和世界其他國家及地區反傾銷政策法規的實踐相比,韓國反傾銷政策法規在實踐中具有以下四個顯著特點,這些特點為中國應對未來韓國對華反傾銷提供了有益啟示。

(一) 韓國日益成為全球實施反傾銷政策最為積極的國家之一

儘管韓國在 1963 年出抬反傾銷政策後的 23 年中,一直沒有對外國進口產品實施反傾銷政策,然而,自 1986 年 4 月韓國對來自日本的乙醛發起首例反傾銷調查以來,韓國的對外反傾銷日趨頻繁。自 WTO 成立以來的 1995—2008 年間,韓國已成為全球實施反傾銷政策最為積極的國家之一。首先,從反傾銷的數量看,該時期韓國發起反傾銷調查和實施反傾銷措施的案件數量分別達 108 起和 66 起,各占同期全球反傾銷調查案件總數 3,427 起和反傾銷措施案件總數 2,190 起的 3.15% 和 3.01%,在這一時期全球發起反傾銷調查的 43 個國家 (地區) 以及實施反傾銷措施 39 個國家 (地區) 中,韓國分別居全球第 11 位和第 12 位;其次,從反傾銷的目標國看,韓國共對 28 個國家 (地區) 發起了反傾銷調查,並對其中的 17 個國家 (地區) 實施了反傾銷措施。中國則是遭受韓國反傾銷調查和反傾銷措施最多的國家,分別達 23 起和 18 起,各占同期韓國全部反傾銷調查和反傾銷措施的 21.30% 和 27.27%;最後,從反傾銷的產品看,韓國共對 11 類進口產品發起了反傾銷調查,並對其中的 9 類產品實施了反傾銷措施。化工產品和機電產品則分別是遭受韓國反傾銷調查和反傾銷措施最多的產品,各達 27 起和 19 起,分別占同期韓國反傾銷調查案件總數和反傾銷措施案件總數的 25% 和 28.79%。

鑒於此,中國應高度重視並積極應對韓國對中國的反傾銷。首先,中國應大力加強對韓國反傾銷政策法規及其實踐的瞭解和研究。由於傳統上以美國、加拿大和澳大利亞為代表的發達國家一直是對華反傾銷的主要發起國,因此,中國對反傾銷問題的關注,也主要集中在這些發達國家尤其是作為中國主要貿易夥伴的美國的反傾銷政策及實踐上。然而,自 WTO 成立以來韓國頻頻發動反傾銷而且中國成為韓國反傾銷首要目標國的事實卻表明,中國應盡快重視並加強對韓國反傾銷政策法規及其實踐的瞭解和研究,積極應對韓國對中國的反傾銷;其次,中國有關反傾銷政府管理機構以及行業協會或商會應充分發揮其在出口貿易中的管理、組織和協調作用,特別應注重規範中國企業對韓出口的秩序和行為,避免和遏制中國企業在韓國市場上的惡性價格競爭以及由此導致的中國出口企業和韓國國內相關企業最終陷入兩敗俱傷甚至多敗俱傷的局面;再次,中國企業應調整和優化對韓國的出口產品結構。由於中韓兩國經濟兼具互補性和競爭性,而韓國對中國反傾銷的目標產品主要

第九章　韓國反傾銷政策法規

集中在競爭性產品上，因此中國企業一方面應加大對韓國互補性產品的出口比重，另一方面應努力提高輸韓競爭性出口產品的加工深度，增加附加值，避免出口產品引發以低價為特徵的傾銷嫌疑；此外，由於目前中國已成為韓國的第一大出口對象國和第三大貿易夥伴，2009年韓國對中國的貿易依存度已高達20.53%，因此，中國可利用反傾銷的威懾影響，通過適當強化對韓國的反傾銷，以有效遏制韓國對中國濫用反傾銷的勢頭。

(二) 在損害認定中較多引用實質性阻礙標準

WTO反傾銷規則和各國反傾銷政策法規雖然都把實質性阻礙國內產業的建立作為損害的一種類型，但由於這類損害難以判定，因此，一般均沒有規定具體的判定標準。在反傾銷實踐中，各國也極少引用這一損害類型來認定損害。以美國為例，儘管美國反傾銷法早在1921年就制定了實質性阻礙條款，但迄今只有2起反傾銷案件是根據這一規則做出肯定性的裁決。然而，在韓國反傾銷實踐中，KTC和MOSF卻頻繁使用實質性阻礙標準來認定損害。其主要原因在於，自20世紀60年代韓國制定反傾銷法後的幾十年間，正是韓國實施出口導向戰略和工業化快速發展的時期，到20世紀80年代韓國便作為亞洲「四小龍」之一而一躍成為新興工業化國家。相應地，韓國以傳統產業為代表的許多工業部門日漸壯大，國際競爭力也日益提高。因此，儘管韓國這些工業部門也面臨著外國進口產品的激烈競爭，但在反傾銷中若要證明外國進口產品對韓國國內產業造成了實質性損害或實質性損害威脅，往往缺乏充分的證據。然而，自20世紀90年代開始，以信息產業為代表的新興產業在發達國家迅速崛起。同時，從1993年起，韓國推行了旨在調整產業結構、促進高新產業發展的「新經濟政策」。對於當時還是發展中國家的韓國而言，這些新興產業或高新產業都屬於幼稚產業，需要重點扶持和保護。由於實質性阻礙標準恰恰主要適用於幼稚產業，再加之世界貿易組織反傾銷規則缺乏對實質性阻礙標準的具體規定，從而給各國反傾銷管理機構提供了較大的自由裁量權，因此，KTC和MOSF便較多地以外國進口產品實質性阻礙韓國以新興產業或高新產業為代表的幼稚產業的建立為依據，判定損害成立，並實施反傾銷措施。

鑒於此，中國作為韓國反傾銷的首要目標國，一方面，應深入研究KTC和MOSF以往援引實質性阻礙標準對包括中國在內的世界各國實施反傾銷的案例，分析其判定實質性阻礙的標準和依據。這是因為，雖然韓國把實質性阻礙國內產業的建立作為損害的一種類型，但由於無論韓國反傾銷政策法規，還是世界貿易組織反傾銷規則，都沒有就此規定具體的判定標準，這就意味著在反傾銷實踐中，韓國反傾銷管理機構在引用實質性阻礙標準判定進口產品是否對韓國國內產業構成損害時，只能更多地借鑒和援引以往的同類反傾銷判例，並把這類判例中的相關標準自然默認為之後裁決類似反傾銷案件的依據。另一方面，中國企業應當積極應訴韓國以實質性阻礙為由判定損害成立從而對中國企業提起的反傾銷訴訟。由於實質性阻礙這一損害標準缺乏具體的規定，這就意味著，與援引其他損害標準相比較，韓國反傾

中日韓食品貿易法規與案例解析

銷管理機構引用實質性阻礙損害標準時將會擁有較大的行政和司法自由裁量權。然而，申訴方的這種自由裁量權同時也意味著為受訴方提供了較大的應訴空間和靈活性。這表明，中國出口企業在面臨此類反傾銷案件時，應當把積極應訴作為應對韓國反傾銷的首要選擇，通過積極應訴，以爭取對自身有利的結果。否則，如果中國企業不積極應訴，便意味著默認韓國反傾銷申訴方的指控成立，從而韓國反傾銷管理機構便可輕易地以中國出口產品實質性阻礙韓國國內產業的建立為由，判定損害成立，並進而對中國出口企業實施反傾銷措施。此外，在韓國對華反傾銷實踐中，對於韓國在引用實質性阻礙損害標準或相關的反傾銷程序中違背世界貿易組織反傾銷規則的行為或由此所引起的爭端，若無法通過中韓雙方協商解決，還可以通過訴諸世界貿易組織爭端解決機構，以爭取公平合理的裁決結果，維護中國企業的合法權益。

（三）實施反傾銷注重保護公共利益

反傾銷政策法規的產生無疑是為了保護國內相關產業免受傾銷進口產品的損害。然而，各國反傾銷實踐的結果卻普遍形成了過於偏重保護國內反傾銷申訴產業的利益而忽視公共利益的局面。所謂反傾銷的公共利益是指一國受到反傾銷政策與實踐影響的包括反傾銷申訴產業、消費者、上下游相關產業以及整個國家在內的總體利益。雖然韓國反傾銷政策法規所規定的反傾銷三條件也同樣旨在保護本國產業，但在反傾銷實踐中，作為韓國反傾銷最終裁決機構的 MOSF 在最終決定是否實施反傾銷前，往往還要求審查保護國內產業的必要性，即是否有必要通過反傾銷手段來保護國內產業。這就是說，即使實施反傾銷的三個條件都成立，但如果不存在保護韓國國內產業的充分必要性，則可以不實施反傾銷。從韓國反傾銷實踐看，衡量保護國內產業必要性所要考慮的因素一般包括：實施反傾銷是否就能消除對國內產業的損害；實施反傾銷對國內價格指數、本國出口商和其他相關國內產業的影響；實施反傾銷與改用其他產業政策和貿易政策來保護國內產業的效率比較；涉案產品是否屬於《產業發展法》和《技術發展促進法》等其他對國內產業發展起支持和促進作用的法律中規定的扶持性產品；其他公共利益考慮。顯然，韓國反傾銷實踐在重視保護國內反傾銷申訴產業利益的同時，還較為注重整個國家或社會的公共利益，避免出現在保護國內申訴產業利益的同時卻忽視或犧牲本國消費者、上下游相關產業以及全社會公共利益的情況。

鑒於此，一方面，對於中國企業、行業組織和反傾銷管理機構而言，一旦中國出口產品遭受韓國反傾銷調查，應當重視及時溝通或聯合韓國國內除申訴產業以外的其他反傾銷相關利益群體，特別是因一旦實施該反傾銷措施而利益可能遭受損害的韓國進口商、下游產業和消費者組織。這些利益群體具有反傾銷應訴獲勝的強烈動機，與中國出口商有著共同利益，容易結成同盟。同時，這些利益群體比較熟悉韓國相關的法律制度規定，而且他們往往擁有較為充分的權利保障，能夠提供相關證據顯示國家整體利益損失將超過國內某一產業的損失。因此，通過爭取這些利益

第九章　韓國反傾銷政策法規

群體對韓國反傾銷管理機構進行遊說和施加政治壓力等抗辯支持，可以在相當程度上改變或調整韓國對華反傾銷案件的最終裁決，使得裁決結果更加公平合理，從而最大限度地減輕乃至消除反傾銷對中國和韓國相關利益群體的不利影響，以實現雙贏或多贏的局面。另一方面，由於韓國同時也是全球遭受反傾銷最多的國家之一，是國際反傾銷的主要受害者，因此，從某種程度上說，中韓兩國在國際反傾銷問題上有著共同的利益。為此，中國應通過與韓國的溝通與磋商，加強相互之間在反傾銷問題上的國際合作。特別是在世界貿易組織多哈回合新一輪反傾銷談判中，中韓兩國應當相互協調立場，以爭取反傾銷談判結果和世界貿易組織反傾銷規則的改革能夠最大限度地符合兩國乃至發展中國家整體的共同利益。此外，中韓兩國作為東亞近鄰和具有影響力的經濟體，應當在東亞合作和亞太經濟合作組織等框架內，加強雙方的經濟互補與合作，盡力避免包括反傾銷在內的各種貿易摩擦，通過簽訂自由貿易協定等形式，促進雙邊貿易，實現互利雙贏。

（四）尚未有反規避措施及實踐

在世界各國的反傾銷政策法規中，大多還制定了反規避措施，以作為反傾銷措施的延伸和補充。然而，韓國反傾銷政策法規至今尚未制定反規避措施。所謂規避，是指當進口國反傾銷管理機構對於某項進口產品實施反傾銷措施之後，遭受該反傾銷措施的出口商，通過變換形式，刻意迴避進口國已經發布的反傾銷措施，躲避繳納反傾銷稅，但實際上仍在進行與傾銷性質相同的商業活動，從而使得進口國已有的反傾銷措施本應具有的貿易救濟效果被削弱乃至落空。相應地，進口國對此類規避行為實施反規避調查乃至最終徵收反傾銷稅的做法則被稱為反規避措施。雖然WTO反傾銷規則沒有對反規避措施做出具體的規定，但根據各國反規避立法與實踐，出口商的規避行為一般包括以下三種形式：第一，在進口國制成或組裝業已遭受反傾銷措施的產品；第二，在第三國制成或組裝業已遭受反傾銷措施的產品，並出口到進口國；第三，對業已遭受反傾銷措施的產品進行後期開發或做輕微改變，並出口到進口國。由於韓國反傾銷政策法規沒有規定反規避措施，因此在反傾銷實踐中，韓國也從未對外國出口商的規避行為實施反規避措施。相應地，以美國、日本和歐盟為代表的許多國家和地區的跨國公司通過有效利用規避行為，較為成功地規避了韓國的反傾銷，減輕了韓國反傾銷對它們出口所導致的巨大壓力。

鑒於此，中國在應對韓國對華反傾銷的政策選擇中，除了其他各種行之有效的對策措施外，還應注重利用韓國尚未制定反規避措施的現實，設法通過規避行為，有效規避韓國的反傾銷。尤其值得注意的是，在WTO多哈回合有關反規避議題的談判中，韓國對擬議中的WTO反規避規則持保守立場，反對建立一套統一的反規避規則。這意味著在可以預見的將來，韓國依然不會補充制定本國的反規避規則，這為中國利用規避行為調整中國的出口策略並規避韓國的反傾銷提供了更為有利的條件。具體來說，中國企業可通過以下途徑或措施以規避韓國的反傾銷：第一，在韓國國內進行直接投資。出口國在進口國進行直接投資，就地生產，就地銷售，便

可有效避免對進口國的傾銷行為，從而可以直接規避進口國的反傾銷。就中國而言，考慮到中國對韓投資一直處於未超過中國對外投資總額 1.5% 這種低水準的現實，更表明中國通過採取獨資、合資或併購形式，擴大對韓投資規模，並由此規避韓國對中國的反傾銷，具有更加廣闊的空間；第二，在第三國進行直接投資。由於中國從事對韓出口的廠商眾多，出口量較大，因此，中國的對韓出口行為往往容易給韓國國內產業和市場造成較大的壓力和衝擊，從而易於遭受韓國的反傾銷。然而，如果中國通過選擇在第三國，特別是經濟規模較小的第三國或者與韓國簽訂有自由貿易協定的第三國進行直接投資並向韓國出口，由於該第三國對韓國的出口份額相對有限，或者可以利用該第三國與韓國簽訂自由貿易協定而享有的貿易便利和優惠，便可使中國企業既能保持對韓國的出口總規模，又能較為有效地規避韓國的反傾銷；第三，實施產品差異化策略。反傾銷的對象是針對某一具體的產品。中國之所以頻頻遭受韓國反傾銷，一個重要原因便是中國眾多出口企業對韓國的出口產品不僅數量龐大，而且品種單一雷同。因此，如果中國各出口企業通過實施產品差異化策略，即通過改進產品，使得產品的物理特性、消費者效用、最終用途、貿易渠道以及宣傳廣告等方面能夠與先前被韓國指控傾銷的產品有所不同，就可使這些產品排除在韓國反傾銷的範圍之外，從而達到規避韓國反傾銷的目的。

第二節　韓國反傾銷法的不足與完善

目前韓國已經成為中國的重要經濟貿易夥伴。韓中兩國的貿易總額自 1985 年起開始增長，當年貿易總額已達 12.9 億美元。特別是從 1992 年兩國正式建交以來，兩國的貿易規模顯著增長。但是，隨著貿易規模的擴大，兩國之間貿易爭端的發生也是不可避免的。其中最突出的是反傾銷。據韓國貿易委員會的資料顯示，1992 年韓國自提起首例對中國產品的反傾銷立案以來，截至 2002 年，韓國對中國出口產品反傾銷立案共 27 起，涉及調查的產品包括白水泥、電池、一次性打火機和硅錳等。但是，中國對韓國反傾銷法的研究比較落後，這可能導致當中國企業遇到韓國反傾銷措施時，不知該如何應對。這不利於中國企業的經濟利益和貿易爭端圓滿、迅速地解決。

一、韓國反傾銷法的基本框架和運用

韓國反傾銷法最早出現於 1963 年《關稅法》的有關「不當廉賣防止關稅」的條款。韓國政府於 1983 年將該關稅的名稱改為反傾銷稅，但是 1986 年以前韓國沒有採取過實際反傾銷措施。1986 年 2 月韓國正式加入了關貿總協定的《反傾銷守則》，並依照該守則修改了《關稅法》和《關稅法施行令》等有關反傾銷的法律法

第九章　韓國反傾銷政策法規

規。同年4月韓國首次受理反傾銷申訴，終於在1991年對美國和日本出口的產品徵收反傾銷稅，首開了韓國實際運用反傾銷措施的先河。

據貿易委員會的資料顯示，到2002年為止，韓國反傾銷立案共72起，其中判定為肯定的有43起，否定的有21起，調查中的有8起。涉及調查的進口國（組織）包括中、美、日、歐盟和印尼等。其中對中國產品的立案最多，共27起。排在後面的是日本24起、歐盟17起、美國14起等。

目前韓國反傾銷法的主要淵源是《WTO反傾銷協議》《關於不公正貿易行為的調查和產業損害救濟的法律》（以下簡稱《產業損害救濟法》）及其施行令和《關稅法》及其施行令和施行規則。《產業損害救濟法》是2001年2月制定的。該法的內容不僅涉及反傾銷領域，還涉及反補貼和保障措施以及違反原產地表示行為、侵犯知識產權等多種不公正貿易行為的調查和糾正措施。該法中有關反傾銷制度的條文是從《對外貿易法》引進來的，主要規定貿易委員會的設置和運行。該法第五十一條至第五十六條規定傾銷的定義、反傾銷調查和價格承諾、徵收反傾銷稅等各項反傾銷措施的具體內容。

韓國反傾銷制度的運用主要由貿易委員會和財政經濟部負責。貿易委員會於1987年依據原《對外貿易法》成立。它是產業資源部下屬的一個相對獨立且具有準司法性質的機構，負責傾銷和產業損害的調查和判定。目前由1名委員長、1名常任委員和6名非常任委員組成。它設下的貿易調查室實際擔任傾銷和損害調查工作，由調查總括科、產業損害調查科、價格調查科和進出口調查科四個科組成，整個工作人員共50人。

到1995年為止，由關稅廳負責調查傾銷的存在與否，產業損害的判定則由貿易委員會負責，但是為了使反傾銷制度有效地運用，從1996年開始貿易委員會統一負責傾銷和產業損害的存在。但是，反傾銷稅的徵收、價格承諾的接受、開始再審與否等事項的最終判定仍然由貿易委員會建議，由財政經濟部決定，韓國還是保持了二元制的反傾銷運用系統。

二、韓國反傾銷法的不足和完善

韓國反傾銷法是以《WTO反傾銷協議》為基礎的，而且近幾年來韓國積極地吸收了國際反傾銷法的最新動向和變化，並對國內反傾銷法進行了相應的修改工作。因此，可以說目前韓國反傾銷法是與國際反傾銷法基本上相符的。但是它還有很多地方尚待改善。比如，沒有反規避和公共利益條款、抽象且籠統的再審制度和司法審查的缺乏等。

不過，從反傾銷工作實際運行的角度分析，對韓國反傾銷制度的完善，更需要的不是實體規定的修改，而是貿易委員會體制和其他程序規定的完善。因此，本文擬圍繞調查機關和程序方面分析韓國反傾銷法的不足，並提出完善意見。

中日韓食品貿易法規與案例解析

1. 貿易委員會必須獨立，擴大調查人員隊伍，提高專門化水準

貿易委員會是基於原《對外貿易法》的有關規定而設立的國家貿易救濟機關，目前它的法律根據是《產業損害救濟法》。截至 2003 年 6 月底，貿易委員會反傾銷立案共 132 起，對貿易救濟做出了不可忽視的貢獻。但是，從總進口額和反傾銷立案數之比來看，貿易委員會的反傾銷立案數還是較少。根據貿易委員會的資料顯示，2001 年印度進口平均 6.6 億美元的產品時立案 1 起，阿根廷 7.8 億美元、巴西 36.4 億美元、土耳其 28.9 億美元、澳大利亞 27.7 億美元立案 1 起等。然而韓國進口平均 235 億美元時才立案 1 起，這表示貿易委員會未充分完成自己的任務。其原因就在於專門人員的緊缺和非常任委員中心的體制所造成的。所以，韓國必須修改《產業損害救濟法》才能解決貿易委員會所存在的問題。

首先，貿易委員會應當獨立。目前貿易委員會是產業資源部下屬的一個機構，因此有可能受到該部業務方針的影響。對此，利害關係人尤其是外國政府和企業很可能懷疑貿易委員會裁決的公正性和透明性，同時也很難保障委員會的權威性。

如上所述，貿易委員會是一個準司法性質的國家機關，因此與法院的判決具有相同的法律效力，貿易委員會的各項救濟措施必須附有最終的法律效力。為此，必須保障貿易委員會不受其他部門的干涉，以樹立貿易委員會的權威，使申請人更為尊重貿易委員會的裁決。

第二，貿易委員會必須擴大組織且提高專業化水準。貿易委員會負責反傾銷、反補貼和保障措施的調查和判定，它作為一個準司法性質的國家機關，適用於國際規範和國內相關法律而解決各種貿易爭端。此項工作需要具備高度專業知識的人員，但是目前貿易委員會內專業調查人員極少，全體人員中律師、會計師等專業人員只有 4 名，而且其中 3 名是臨時人員，這很難保障反傾銷工作的順利進展。與此相比，美國、加拿大和歐盟等國家和組織均擁有龐大的調查隊伍，其中 50%以上是律師、會計師等專業人員。

專業人員的緊缺使貿易易委會不能採取事先預防措施。反傾銷措施、反補貼和保障措施等貿易救濟措施均為事後的。無疑，最好的貿易救濟措施是事先預防將來的損害，為此，必須進行對貿易和產業的調查。《產業損害救濟法》提供產業競爭力影響調查的法律根據。為此，貿易委員會必要時可以向有關行政機關和事業組織等團體要求提交資料。這種產業貿易影響調查應當由貿易委員會進行，力圖累積有關專業經驗和知識，但是因為專業調查人員緊缺，只能以委託外部研究機構的形式進行調查。與此相比，美國國際貿易委員會（ITC）把全部預算和人力資源的 45%投入到各種研究調查工作中。因此，貿易委員會必須把組織擴大，同時提高人員資源的專門化，力圖確保各項反傾銷工作的有效進展。

第三，貿易委員會內非常任委員過多。8 位委員中常任的只有 1 名，其他 7 名均為非常任的。貿易委員會的委員長也是非常任的，而且沒有人事權，因此委員長難以掌握內部組織和業務的管理。再者，委員的任期較短（3 年），雖然可以連任，

第九章　韓國反傾銷政策法規

但是在這麼短的任期內，難以累積反傾銷方面的實際工作經驗和知識。

短期非常任委員中心的體制大大減少了工作效率。各位非常任委員均為高級人員。由於本職工作忙碌，而且貿易委員的報酬較低，非常任委員又不願意積極參加委員會工作，這免不了影響反傾銷工作的效率和可靠性。比如說，整個反傾銷工作中聽證會是非常關鍵的，所以大部分利害關係人都願意積極參加聽證會而陳述自己的意見。但是，非常任委員由於上述原因而不願意參加聽證會，結果造成了委員會的反傾銷工作難以確保實效性和公正性。與此相比，美國（6名）、加拿大（9名）的委員則均為常任的，而且任期也比較長，以求委員的專門化和反傾銷工作的公正性。

為了解決此問題，貿易委員會必須把非常任委員中心的體制轉換為常任委員中心的體制。至少過半數以上的委員應當換為常任的，這樣才能確保反傾銷工作的專門性、公正性和實效性，並且能提高各委員對反傾銷工作的積極性和責任感。

2. 調查機關必須改為一元化

該令第七十條第3項。關於反傾銷工作，貿易委員會負責傾銷和產業損害的調查和判定，財政經濟部則對反傾銷措施的施行和再審的受理及開始與否負責。這種二元制的模式旨在通過兩個機構的反傾銷業務分攤和協商，確保客觀和公平的反傾銷制度運行。但是，實踐證明這種模式不但使整個反傾銷工作的程序變得十分繁瑣，而且對貿易委員會的獨立和權威形成了一種障礙。因此，這種二元制的運行體制應當轉換為一元制，由貿易委員會獨自負責整個反傾銷領域中的工作，以確保反傾銷工作的效率和一貫性。

3. 必須完善再審和司法審查體制

與美國和歐盟相比，韓國反傾銷法雖然設置多種多樣的再審制度，但是相關規定比較抽象，沒有明確各類再審的具體開始條件和手續。如美國等西方國家和WTO的再審規定比較詳細，列出各項再審的受理條件。而且，韓國現行再審條款沒有明文規定調查機關應當基於再審結果撤銷反傾銷措施，這應是及時要彌補的法律漏洞。

目前反傾銷原審由貿易委員會受理，而再審由財政經濟部受理。但是財政經濟部決定開始再審後，實際調查工作仍由貿易委員會負責，因此原審和再審的分別受理實際意義不大，反而使再審過程複雜化了。因此，不管是原審還是再審，均由貿易委員會統一負責更為有效。此外，從設置再審制度的理由的角度看，在韓國年度再審制度根本沒有存在的意義。因為韓國與美國等國家不同，針對將來進口的產品徵收反傾銷稅，當有關情況變化或者利害關係人申請時進行再審即可，不必每年進行年度再審。然而《關稅法施行令》規定年度再審為貿易委員會的義務事項，造成不必要的行政浪費。因此，若未發生能影響已實施中的貿易救濟措施的變化，貿易委員會應當不進行再審，防止不必要的時間和人力的浪費。

另外，美國和歐盟等均設立司法審查制度，提供利害關係人保護自己合法權益的司法救濟機會，而韓國尚未建設司法審查制度。《WTO反傾銷協議》第十三條規

定了司法審查，即「國內立法含有反傾銷措施規定的各成員，應當設有司法的、仲裁的或者行政的裁決機構或者程序，以特別用於迅速審查與最終裁決和屬於第十一條規定範圍的裁決復審有關的行政行為，此種裁決機構或者程序應當獨立於負責所涉裁決或者復審的主管機關。」本條對司法審查的機關、程序等提出了要求。作為WTO的成員國，韓國應當及時建設司法審查制度，確保反傾銷制度的公正性和利害關係人的合法權益。

三、結論

韓國反傾銷法雖然立法歷史較短，但是在世界貿易組織反傾銷協議的基礎上積極吸收了國際反傾銷法的最新動向和變化，並對國內反傾銷法進行了相應的修改工作。目前與國際反傾銷法基本上相符。

但是，韓國反傾銷法還有很多地方尚待完善。除了反規避和公共利益條款等實體規定的缺乏以外，還沒設立完整透明的再審和司法審查制度。而且，作為擔任反傾銷工作的核心機關，貿易委員會的法律地位較低，而且人力資源緊缺，這些制約造成貿易委員會很難較好地完成自己的任務。因此，貿易委員會必須要擴大、提高人力資源的規模和素質，且確保自己獨立的法律地位。同時，對反傾銷工作由貿易委員會和財政經濟部共同負責的二元制運行體制應當轉換為一元制，由貿易委員會獨自負責整個反傾銷工作，以確保反傾銷工作的及時、有效進展。

● 第三節　中韓反傾銷措施使用現狀

一、文獻梳理

1994年頒布的《關貿總協定》中第六條規定：「傾銷指的是，在正常的貿易過程中，一項產品以出口價格低於其本國內消費的相同產品的可比價格從一國出口到另一國，即以低於其正常價值進入另一國商業渠道銷售的行為。」傾銷被世貿組織列為不正當貿易競爭手段，並制定了嚴格的反傾銷條例加以限制，用來保護貿易自由，促進貿易公平。

中韓兩國自1992年正式建立外交關係以來，經貿領域合作不斷深化。雙方在互惠互利的同時，反傾銷訴訟等貿易摩擦時有發生，並在一定程度上影響了中韓經貿關係的良性發展。因此，國內學術領域也開始不斷關注並圍繞著反傾銷措施的使用及其所帶來的貿易救濟效果展開深入探討，關於中韓兩國反傾銷措施使用現狀的相關研究成果逐漸增多。

研究中國反傾銷措施使用現狀的代表性成果主要有：楊志琴（2003）根據中國反傾銷措施的使用現狀，指出了中國反傾銷措施所存在的立法不足，辦事效率低，

第九章　韓國反傾銷政策法規

貿易救濟力度不夠等問題，並提出瞭解決方案；朱允衛，易開剛（2005）根據 30 起反傾銷案例歸納出了中國反傾銷措施在使用過程中，具有立案數量大幅增加、涉案產品與國家和地區高度集中、標的巨大、勝訴率高和反傾銷終裁稅率較低等特點；丁勇，李磊，朱彤（2008）對中國對外反傾銷的特點進行了分析，並在此基礎上對反傾銷立案調查判決結果的影響因素進行了論證；海聞，李清亮（2011）以中國加入世貿組織十年來對外反傾銷案例為基礎，對中國反傾銷的調查時間、調查結果、徵收稅率以及國別和產品類別方面做了簡要說明，並分析了具體特徵；劉鈞霆，趙磊（2012）對中國反傾銷措施的營運體系和使用情況做了較為詳細的說明，並針對中國反傾銷措施的特點進行了分析。

研究韓國反傾銷措施使用現狀的代表性研究成果主要有：楊堅（1994）較為集中地介紹了韓國反傾銷措施、相關組織機構設置和使用過程中的訴訟審理程序。對韓國如何認定傾銷行為成立，如何判斷傾銷所帶來的損害，如何對傾銷行為加以限制等內容進行了簡要說明；欒信杰（1996）分析比較了韓國反傾銷相關法規與世貿組織《反傾銷協議》的差別；沈培新（1998）針對韓國反傾銷相關法規中關於實質性損害認定的具體執行標準進行了詳細分析；宋利芳（2007）詳盡地論述了韓國對進口產品的反傾銷使用情況，以及韓國遭受國外反傾銷起訴的情況，並分析了韓國對外實施反傾銷措施和被國外反傾銷訴訟過程中的一些顯著特徵；宋利芳（2010）還詳細介紹了韓國反傾銷管理體制和韓國反傾銷措施實施的前提條件，以及具體的反傾銷措施使用情況，並分析了韓國反傾銷政策法規的實踐特點及其給中國帶來的影響。

二、中韓兩國反傾銷措施使用現狀對比

根據中華人民共和國商務部貿易救濟網站公布的數據統計，從 1997 年首次反傾銷立案調查開始，截至 2011 年 12 月底，按照世貿組織規定的統計標準計算，中國共對外進行了反傾銷立案調查 297 起，其中首次反傾銷立案調查 198 起，復審立案調查 99 起。另一方面，根據韓國貿易委員會公布的數據統計，從 1988 年 4 月首次反傾銷立案調查開始到 2011 年 12 月，韓國對外共進行了反傾銷立案調查 225 起，其中首次立案調查 143 起，復審立案調查 82 起。

（一）反傾銷立案調查時間分佈對比

（1）中國從 1997 年出抬了反傾銷與反補貼條例開始到 2000 年年底共發起了反傾銷立案調查 16 起，占案件總數的 5.4%；2001 年隨著中國反傾銷單獨立法的完成，以及正式加入世貿組織，中國從 2001 年到 2005 年進入了反傾銷立案調查的第一個活躍期。在這一區間內，反傾銷立案調查的數量高達 140 起，占案件總數的 47.1%。從 2006 年到 2011 年共計進行反傾銷立案調查 138 起，其中 2006 年和 2007 兩年反傾銷立案調查數量有所下降，2008 年和 2009 年再次達到峰值後趨於平

中日韓食品貿易法規與案例解析

穩（圖9-1）。結合圖9-2中國對外反傾銷措施使用區間段所對應的貿易差額分析，可以看到在貿易順差較小的1999年到2004年前後，反傾銷措施的使用頻率較高，而當反傾銷措施的使用數量增加以後，進出口差額有了較為明顯的改變，順差增幅較大。

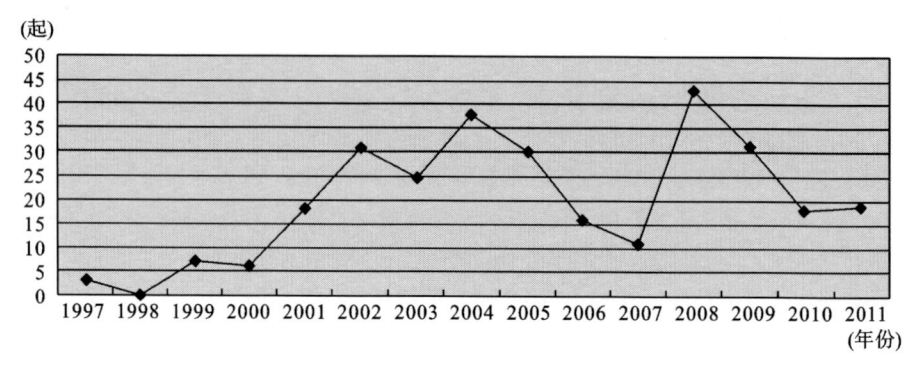

圖9-1　中國反傾銷調查立案分佈

資料來源：根據中國貿易救助信息網 http://www.cacs.gov.cn 統計數據整理所得。

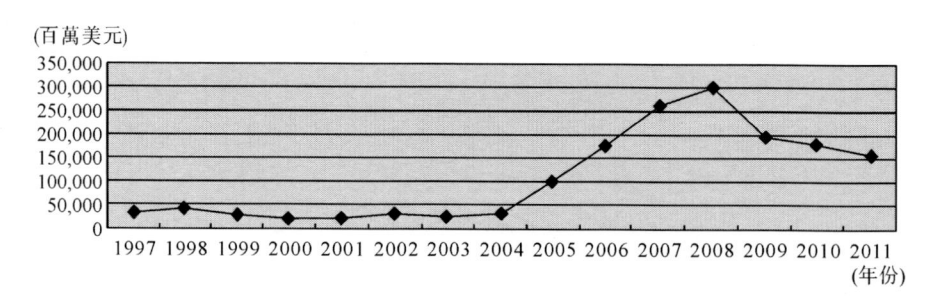

圖9-2　中國反傾銷措施使用期間貿易差額變化

資料來源：根據中華人民共和國海關總署網站 http://www.customs.gov.cn 統計數據整理所得。

（2）韓國的反傾銷措施使用數量在1988—1992年處於緩慢增長階段，1993—1997年則處於快速增長階段，1998—2011年進入波動起伏階段。1994年和1995年先後兩次對《關稅法施行令》做了進一步調整之後，韓國反傾銷措施的使用數量增幅明顯。1997年達到了峰值，經歷了亞洲金融危機後的短暫下滑又再次達到高峰（圖9-3）。2000年和2001年韓國政府在傾銷幅度和聽證會程序上的調整措施使反傾銷數量出現了短暫的下降後開始波段式震盪。同樣將反傾銷措施使用數量與（圖9-4）同一時期的韓國進出口差額比較發現，韓國反傾銷措施的使用數量基本與對外貿易差額緊密相關並伴隨著貿易差額的變化呈現出相應的變動。即順差增加時反傾銷措施的使用數量有所下降，而順差減少時，反傾銷措施的使用數量有所增加。

184

第九章　韓國反傾銷政策法規

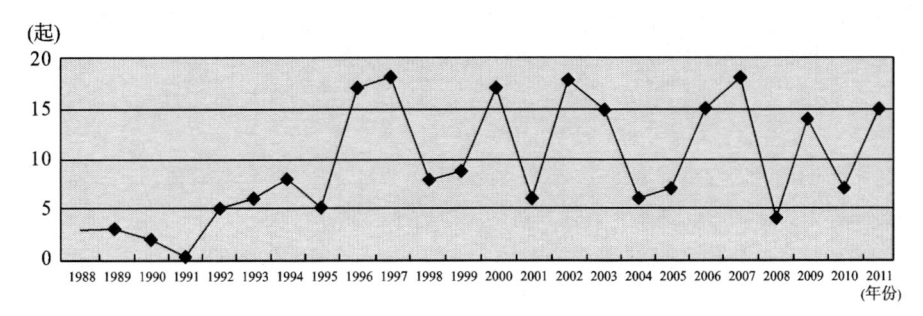

圖 9-3　韓國反傾銷調查立案年度分佈

數據來源：根據韓國貿易委員會網站 http://www.ktc.go.kr 公布數據翻譯整理所得。

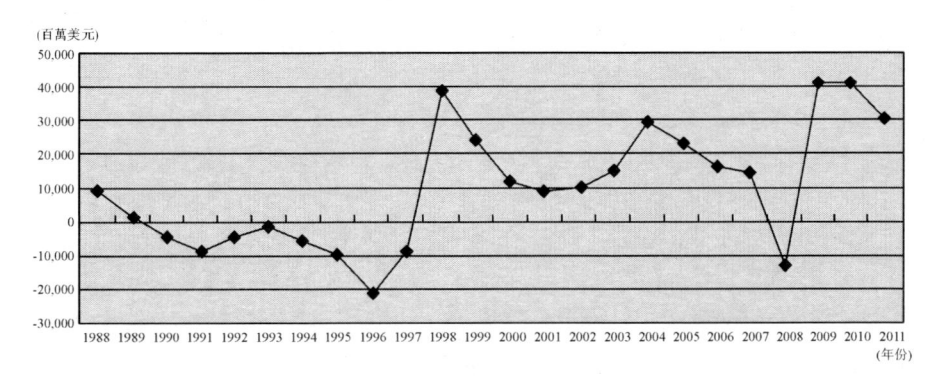

圖 9-4　韓國進出口差額

數據來源：根據韓國貿易協會網站 http://www.kita.net 統計數據翻譯整理所得。

（二）反傾銷立案調查對象分佈對比

（1）中國對外反傾銷立案調查的對象主要集中於韓國、日本、美國、歐盟各成員國、俄羅斯等 25 個國家和地區。從 1997 年 11 月到 2011 年 12 月，針對韓國、日本、美國等國家和地區共進行了 226 起反傾銷立案調查，占案件總數的 76.1%，剩餘的包括俄羅斯、印度、新加坡、馬來西亞、印度尼西亞、泰國在內的 14 個國家累計涉及反傾銷立案調查 71 起，占案件總數的 23.9%。

（2）韓國對外反傾銷措施使用對象，主要集中在中國大陸和臺灣、日本、美國、歐盟各成員國以及包括印度尼西亞、俄羅斯、印度、泰國、馬來西亞等在內的 21 個國家和地區。其中從 1988 年 4 月到 2011 年 12 月累計對中國大陸、臺灣、日本、美國和歐盟各成員國進行了 159 起反傾銷立案調查，占韓國反傾銷立案調查總數的 70.7%，構成了韓國對外反傾銷措施使用的主體。而同期對其他的包括俄羅斯、印度尼西亞、馬來西亞、印度、泰國在內的 16 個國家累計進行了反傾銷立案調查 66 起，僅占韓國反傾銷立案調查總數的 29.3%。

（三）反傾銷立案調查產品行業分佈對比

（1）中國對外進行反傾銷立案調查的產品主要集中在石油化工、鋼鐵冶金、造

中日韓食品貿易法規與案例解析

紙、纖維以及食品添加行業。從 1997 年 11 月至 2011 年 12 月，中國共進行石油化工產品反傾銷立案調查 209 起，占案件總數的 70.4%；進行鋼鐵冶金產品反傾銷立案調查 22 起，占案件總數的 7.4%；進行造紙產品反傾銷立案調查 21 起，占案件總數的 7%；進行纖維產品反傾銷立案調查 16 起，占案件總數的 5.4%；進行食品添加類產品反傾銷立案調查 10 起，占案件總數的 3.4%。上述五個行業產品的反傾銷立案調查占據了中國反傾銷立案調查案件總數的 93.6%。

（2）韓國的反傾銷立案調查在石油化工、造紙、機械電子以及纖維、初級產品、鋼鐵冶金產品行業佔有非常大的比重。從 1988 年 4 月至 2011 年 12 月，韓國共進行石油化工行業類產品反傾銷立案調查 61 起，占案件總數的 27.1%；進行造紙產品反傾銷立案調查 37 起，占案件總數的 16.4%；進行機械電子產品反傾銷立案調查 36 起，占案件總數的 18.2%；進行纖維產品反傾銷立案調查 31 起，占案件總數的 13.8%；進行初級產品反傾銷立案調查 18 起，占案件總數的 8%；進行冶金產品反傾銷立案調查 13 起，占案件總數的 5.8%；進行其他產品反傾銷立案調查 24 起，占案件總數的 10.7%。

（四）反傾銷立案調查判決結果分佈對比

（1）中國首次立案調查後有 158 起案件被判定徵收了不同程度的反傾銷稅，占首次立案調查案件總數的 79.8%；4 起價格承諾，占首次立案調查案件總數的 2%；23 起傾銷不成立，占首次立案調查案件總數的 11.6%；13 起撤訴，占首次立案調查案件總數的 6.6%。期終復審立案調查的最終判定結果中，有 64 起延長徵收反傾銷稅，占復審立案調查案件總數的 64.6%；15 起終止了相關反傾銷措施，占首次立案調查案件總數的 15.2%；另有 20 起復審立案調查正在進行，占首次立案調查案件總數的 20.2%。

（2）韓國首次反傾銷立案調查的 143 起案件中，判定徵收反傾銷稅的有 65 起，占首次立案調查數量的 45.5%；價格承諾 6 起，占首次立案調查數量的 4.2%；既徵收反傾銷稅又實行價格承諾的 11 起，占全部首次反傾銷立案調查數量的 7.7%；判決傾銷不成立 31 起，占全部首次反傾銷立案調查數量的 21.7%；撤訴 29 起，占首次立案調查數量的 20.3%；駁回起訴 1 起，占首次立案調查數量的 0.6%。復審立案調查的 82 起案件中，延長徵收反傾銷稅的有 43 起，占復審立案調查數量的 52.4%；延長價格承諾的 3 起，占復審立案調查數量的 3.7%。延長徵收反傾銷稅的同時延長價格承諾的有 8 起，占復審立案調查數量的 9.8%；終止反傾銷措施的有 28 起，占復審立案調查數量的 34.1%。

三、中韓兩國反傾銷措施特徵及差異

綜合中韓兩國反傾銷措施的使用現狀，將兩國反傾銷措施使用過程中存在的共同特徵及差別總結如下：

第九章　韓國反傾銷政策法規

（1）從時間分佈來看，中韓兩國反傾銷措施的使用數量都與進出口差額變化緊密關聯，帶有明確的改善貿易收支的目的性，同時受自身政策調整和外部經濟環境影響較大。首先，中韓兩國反傾銷措施在使用數量上，都呈現出逐年遞增、波浪式變動的總體特徵。試著分別將同期兩國反傾銷措施使用數量與進出口差額進行比較後發現，中韓兩國反傾銷措施的使用情況始終遵循著改善貿易收支的原則，即當貿易順差增加時，反傾銷措施的使用數量開始減少，而當貿易順差減少時，反傾銷措施的使用數量開始增加。其次，隨著反傾銷相關法律法規的不斷修訂，反傾銷措施執行機構職能的進一步完善，處理反傾銷案件效率的進一步提高，無論是中國還是韓國都在國內反傾銷相關法律法規修訂和反傾銷措施相關執行機構職能調整之後，在反傾銷措施的使用數量上有了明顯的增幅。最後，外部的經濟環境也都對中韓兩國反傾銷措施的使用產生了直接影響。全球金融危機期間中韓兩國反傾銷措施的使用數量都出現了非常明顯的增幅，充分體現出了當遭遇總體經濟環境不景氣時，反傾銷措施等貿易救濟手段對國內同類產品相關產業所起到的保護作用。除了上述這些共同特徵以外，從反傾銷立案調查總體數量上來看，中國雖然在反傾銷立法及相關應用方面起步較晚，但在反傾銷立案調查數量上已經遠遠超過韓國，這一方面與中國的對外貿易總額多於韓國，在對外經濟活動中遭遇不公平待遇的概率更大有關，另一方面也說明加入世界貿易組織以後，中國企業隨著貿易救濟政策普及和宣傳力度的加大，以及政府相關立法措施執行機制的進一步完善，反傾銷措施等貿易救濟手段的使用漸漸普及並日趨常態化。

（2）從反傾銷措施的使用對象上分析，中韓兩國具有使用對象偏重於主要貿易夥伴，戰略意圖較為明顯的共同特徵。排在中國對外反傾銷措施使用對象前五位的分別是韓國、日本、美國、歐盟各成員國和臺灣。排在韓國對外反傾銷措施使用對象前四位的分別是中國、日本、美國、歐盟各成員國。從中韓兩國反傾銷措施使用對象的共同特徵來看，主要都集中在日本、美國以及歐盟各成員國這些有著密切經濟往來的貿易夥伴身上。更加值得關注的是中韓兩國互為對方的反傾銷措施主要使用對象，截至 2011 年 12 月，中國對韓國共進行了 55 起反傾銷立案調查，占其反傾銷立案調查總數的 18.5%，而韓國針對中國進行了 57 起反傾銷立案調查，占其反傾銷立案調查總數的 25.3%。對照中韓兩國對外貿易額排序，2011 年中國的對外貿易主要交易對象排名第六位才是韓國，而韓國的對外貿易主要交易對象排序第一位就是中國。因此，從這一角度分析中國並沒有像韓國一樣按照對外貿易額的排名來決定反傾銷立案調查的對象。中國的前四位立案調查對象相對分佈較為平均，而針對韓國反傾銷立案調查數量之所以最多，與近些年持續對韓貿易赤字有關，韓國則傾向於將反傾銷措施等貿易救濟手段應用於排在首位的主要的貿易夥伴中國，更加明確的凸顯出其戰略目的。

（3）從涉案產品分佈領域來看，中韓兩國的反傾銷措施主要集中在石油化工、造紙、鋼鐵冶金、機械電子、纖維這些產品領域。中國對石化產業的保護力度尤為

突出,。這與現階段中國高附加值石化產品的進口量較大、國內化工企業多為大中型企業,具有市場份額集中度較高、維權意識較強、產業鏈連接較為緊密、便於進行反傾銷立案調查申請有關。而韓國除了對初級產品和冶金產品領域的反傾銷保護力度較弱之外,在其他各個領域的分佈相對平均,但是從反傾銷措施的涉案產品領域分佈可以看出韓國明確地要保護其具有出口優勢的產業產品,改善貿易收支的戰略意圖。

(4)從反傾銷立案調查的判決結果來看,中韓兩國採取有效反傾銷措施的判決結果較多,貿易救濟效果明顯,持續週期較長。中國方面諸如徵收反傾銷稅,價格承諾等長期影響貿易額的判決結果有226起,占全部立案調查案件總數的76%。韓國則為136起,占全部反傾銷立案調查案件總數的60.4%。但都在客觀上有力地證明了中韓兩國反傾銷措施的使用策略是基於從中長期影響貿易額的策略之上的。而從具體的判決結果類型分佈分析,韓國的反傾銷案調查判決結果的分佈更為詳細,囊括了所有類別的反傾銷措施判決結果,並且伴有徵稅和承諾同時進行的特點。

綜上所述,中韓兩國的反傾銷措施使用情況,雖然同美國和歐洲等擁有較長時間成熟經驗的國家相比還有一定的差距,但在具體的使用過程中,也存在著集中於主要貿易夥伴國,涉案產品特徵鮮明並隨著進出口差額的變化不斷調整,帶有明確的調節貿易收支目的和較為明顯的保護出口優勢的戰略意圖。有效判決結果占大多數,同時也容易受到國內政策和外部因素變化影響等反傾銷措施使用過程中應具備的基本特徵。同時,中韓兩國反傾銷措施的使用又具有個性鮮明的自身特點。在注重反傾銷數量的同時,還應該注重有效的判決數量以及貿易救濟質量。在對象上不能只局限於主要貿易夥伴國和主要對外貿易逆差對象,應該從產業佈局調整結構的總體思路去考慮。而韓國將反傾銷措施作為其擴大對華出口,保證貿易順差的戰略手段,從長遠利益考慮也不利於中韓經貿關係的進一步穩固、和諧地向前邁進。

第十章　中韓食品貿易典型案例評析

　　2015年1月21日，位於北京市朝陽區的一家韓國駐中國辦事處門前，二十幾位來自山東省臨沂市蘭陵縣的蒜農在這裡「討說法」。兩個月前，韓國政府向中國招標的2,200噸大蒜，蘭陵縣蒜農中標後，根據標書要求進行備貨，隨後在經過收貨方韓國農水產食品流通公社質檢合格後，將大蒜發往韓國釜山港口。

　　但貨到達港口後，韓國農管所以質量檢測不合格為由要求將貨物返送回中國。蒜農無法接受大蒜被返送的理由，同時他們認為，由貨物返送所帶來的經濟損失高達1,000多萬元，這給通過集資才籌齊此次貿易所需貨款的蒜農帶來了巨大壓力。

一、發貨之前質檢合格，到韓國質檢不過關

　　蒜農王先生告訴北京青年報記者，去年11月，韓國政府通過招標，進口山東省臨沂市蘭陵縣產的大蒜2,200噸。其中，王先生組織供貨600噸，另外兩位蒜農分別供貨600噸和1,000噸。王先生表示，自己和當地的蒜農老鄉一起湊錢做這次對外貿易，大家都是第一次做這種進出口貿易。

　　王先生委託當地裕隆食品公司代理出口，並組織當地蒜農按照標書進行備貨。12月初，大蒜發貨前，按照標書規定，官方質檢機構韓國農水產食品流通公社專職質檢人員對大蒜進行檢驗、監裝，檢驗內容為大蒜質量檢查。合格之後，方才能夠裝箱運輸。王先生表示，檢驗合格後進行封箱，箱子都是韓國農水產食品流通公社親自打上公社的鉛封後放入集裝箱進行運輸的。

　　12月中旬，貨物到達韓國釜山港口，由韓國食品醫藥安全處和韓國農管所分別

中日韓食品貿易法規與案例解析

進行貨物檢驗。韓國食品醫藥安全處負責對大蒜進行動植物檢疫，農管所負責大蒜的質量檢驗。隨後，農管所表示，質量檢驗不合格，重缺點大蒜超標，要求返送貨物。

根據王先生提供的標書，對質量部分的要求是：重缺點大蒜占所有大蒜的5%以下。重缺點指有病蟲害、帶傷、形狀不良及發霉、腐爛的等缺點。隨後，王先生遞交復檢申請書，但復檢結果仍顯示質量不合格。王先生表示非常不解，大蒜在發貨前，韓國農水產食品流通公社質檢結果合格，但到達韓國港口後又被韓國農管所認定為不合格，這一前一後的不一致，令蒜農無法接受。

「我們縣是大蒜生產大縣，我們都是挑質量好的蒜在備貨，當初見過我們備貨的蒜的農民都誇我們的蒜質量好，品質高，現在怎麼韓國那邊說不合格就不合格了。」王先生說，他自己組織的600噸大蒜返送回國僅儲藏費用和運費就需260萬元之多，這給自己造成強大的壓力。

二、「因質量問題」被返送，蒜農認為不符合流程

王先生等蒜農不能接受大蒜被要求返送回國的原因有三：

首先，大蒜在發貨前，按照標書規定，由韓國農水產食品流通公社驗貨人員對大蒜進行質量檢驗，當時質檢合格之後才按照標書規定流程進行裝箱運輸。但貨物運送至釜山港口後，又被韓國農管所認定為質量不合格，前後不一致的檢驗結果令王先生等蒜農無法理解。

其次，王先生拿到的標書顯示，貨物返送的前提是：到港後，韓國食品醫藥安全處檢測不合格時，含放射線照射物質時，需返送，返送費用由供貨方承擔。但是，現在韓國方返送的理由是韓國農管所質量檢驗不合格，重缺點大蒜超標。王先生等蒜農不能理解，按照標書規定，有權要求貨物返送的機構是韓國食品醫藥安全處，現在突然出現了韓國農管所，這並不符合標書規定的流程。

最後，王先生等蒜農根據拿到的標書流程顯示，貨物到達韓國港口後，應該先由韓國食品醫藥安全處進行動植物檢疫，檢疫合格後，韓國農水產食品流通公社應該予以收貨並付給蒜農90%的貨款，收貨後再由韓國農管所進行質量檢驗，如有質量不合格，可在剩下10%的貨款中進行扣除。但現在，韓國方面在沒有卸貨的情況下，韓國農管所和食品醫藥安全處直接來港口進行檢測，王先生等認為，這是不符合標書流程的。

事情發生後，王先生等蒜農找了韓國一家質檢機構檢驗大蒜質量，檢驗結果為合格，但農管所並不認可此結果。王先生等還表示，農管所認為重缺點大蒜超標，但何為重缺點，何為輕缺點，定義十分模糊，解釋權和檢驗的權利都歸韓國方面所有，蒜農並不清楚哪些被定義為重缺點，因此不能輕易接受韓方的檢驗結果。

第十章　中韓食品貿易典型案例評析

三、韓國方面稱符合流程，蒜農手中的標書不全

對此，記者致電此次貿易的代理公司韓國大農農產公司。王先生等蒜農此次貿易中與韓國政府方面的溝通都通過大農農產公司進行。大農農產公司的獨孤女士告訴記者，對於韓國農管所質量檢驗不合格這一點，大農農產方面也感到非常意外，「這是我們遇見的第一次貨物被農管所要求返送的案例，一般都是韓國食品醫藥安全處要求返送。」獨孤女士也表示，即使申訴，政府機構韓國農管所的檢驗結果也很難會被改變，「農管所一般不會改變自己的檢驗結果，他們不會願意自我否認的。」

針對王先生等蒜農提出的質疑，獨孤女士解釋說，在發貨前和貨物到港後質檢結果不同，原因是兩次質檢的方法不同。按照韓國農水產食品流通公社的檢驗方法，每袋大蒜在質檢前可以先剔除出少於3%的整頭壞蒜，之後再進行檢驗。但韓國農管所的質檢方法是直接在每袋中抽取四分之一的大蒜進行質檢，不提前剔除部分壞蒜，因此，檢測出的重缺點大蒜比例變高。對此，獨孤女士表示十分無奈，韓國農水產食品流通公社的質檢方法和農管所的質檢方法不同，但都是韓國官方質檢機構，很難進行申訴。

王先生認為標書中提到，具備在港口驗貨並要求返送資格的為韓國食品醫藥安全處，對突然出現的農管所表示不能接受。對此，獨孤女士表示，王先生拿到的標書是大農農產公司將韓國農水產食品流通公社的韓文標書翻譯成中文之後的版本。原本韓國農水產食品流通公社的標書內容多達40多頁。翻譯的時候只翻譯了其中的基本內容和重要信息，對於其他大農農產公司認為無用的信息沒有進行翻譯。而根據原標書，韓國食品醫藥安全處負責大蒜動植物檢疫，農管所負責質量檢查，兩家機構均可同時驗貨，但翻譯時只保留了韓國食品醫藥安全處的部分。韓國大農農產公司根據公司多年的經驗，從未有過農管所質檢不合格的先例，常發生的是食品醫藥安全處檢疫不合格，因此，在翻譯時直接去掉了韓國農管所部分的內容。

除此之外，對於王先生等認為不符合標書流程的部分，獨孤女士表示，與韓國農水產流通公社簽訂最終合同的是韓國大農農產公司，都是韓文合同，蒜農並沒有看到這份合同。根據合同內容，韓國政府機構方面是符合流程的。

同時，獨孤女士還告訴北青報記者，農管所不允許參觀質檢過程，至於重缺點和輕缺點是如何區分和定義的，也一直沒有明確的說法。

四、蒜農集資做出口貿易，維權只能在韓國起訴

王先生和供貨1,000噸的張先生都表示，這是自己第一次做對外貿易，當初考慮到對方是韓國政府機構，便十分認可對方的信譽。最初的資金都是通過各種途徑從蒜農那裡籌集來的。張先生表示，錢主要是從親戚朋友那裡借來的，也找了擔保

中日韓食品貿易法規與案例解析

人向民間融資公司、資產互助合作社等機構籌錢，東拼西湊湊夠了前期的資金。

現在，當初借錢給王先生和張先生的人都知道這筆貿易出事了，很多人都來催債。「現在沒上門來催債的，只能說都是自己特別熟的親戚朋友了。」對於有可能落在自己肩上的這筆巨額債務，王先生表示，「壓力非常大，走一步看一步吧！」

目前，考慮到貨物在韓國釜山港口高額的儲藏費用，王先生等人暫決定先將貨物返送回國，在蘭陵縣政府的協調幫助下，當地銀行向王先生等人提供了一筆貸款，以供蒜農先將貨物返送回國。現貨物已經到達山東濟寧港口，對於貨物的後期處理，王先生和張先生都表示，只能一點點賣出去，能賣多少先賣多少。

針對此事，北青報記者致電蘭陵縣縣委焦書記，焦書記表示，當地蒜農第一次做對外貿易，資料都是韓文的，蒜農看不懂，對對外貿易的規則不是很清楚，韓國方面條款也比較苛刻。現在，縣政府也向韓國駐青島領事館遞交了材料進行維權，並聘請了維權律師梳理此事。

北青報記者致電國家商務部詢問此事，商務部工作人員表示，這類糾紛只能嚴格根據合同來處理，沒有更好的處理方式，如果要走法律程序，也需要前往韓國的法院進行維權申訴。除此之外，中國駐韓大使館和山東省商務廳均介入此事。王先生等也向國家商務部亞洲司官網遞交材料進行申訴。

此外，記者致電韓國駐華大使館辦公室，工作人員表示，已經得知此事，但大使館方面暫時沒有計劃介入此事的處理。

參考文獻

外文部分：

[1] Lisa Martin, Beth Simmons. Theoretical and Empirical Studies of International Institutions [J]. International Organization, 1998 (4): 729-757.

[2] Charles P. Kindleberger. Dominance and Leadership in the International Economy: Exploitation, Public Goods, and Free Riders [J]. International Studies Quarterly, 1981: 242-254.

[3] 福井屋農林水産部. 食品表示ガイドブック [EB/OL]. (2007-07-14) [2010-05-26]. http://www.info.pre.f fuku.i jp/shokuan/guide/main-03-B.htm, l 2007.

[4] 食品添加物表示問題連絡會. 新食品添加物表示の実務 [M]. 東京：日本食品添加劑協會, 2007: 1-729.

[5] Patrik Stlgren. Regional Public Goods and the Future of International Development Cooperation: A Review of the Literature on Regional Public Goods [M]. Working Paper, 2000: 2.

[6] Yoshimatsu, Hidetaka. Trade Policy in TransitionT - The Political Economy of Antidumping in Japan [J]. Journal of the Asia Pacific Economy, 2001, 6 (1): 25-27.

[7] Zanardi, Maurizio. Anti-dumping: What are the Numbers to Discuss at DohaT [J]. The World Economy, 2004, 27 (3): 414-417.

[8] Bruce A. Blonigen, Chad P. Bown. Antidumping and Retaliation Threats [J]. Journal of International Economics, 2003 (60): 249-273.

[9] Korean Rural Economic Institute. Agriculture in Korea [M]. Seoul: Dongdae-

mun-Gu, 2008.

［10］Agricultural Sciences Institute. Studies on Organic Farming in Korea［R］. the Rural Development Administration, 1993.

［11］Stephen Scoones. Organic agriculture in China-current situation and challenges［R］. EU-China Trade Project, 2008.

［12］Maurizio Zanardi. Anti-dumping: What are the Numbers to Discuss at Doha?［J］. The World Economy, 2004, 27 (3): 408.

［13］Hyung Jin Kim. The Korean Anti-Dumping System -Various Questions［J］. Journal of World Trade, 1996, 30 (2): 122 -124.

［14］Jai S. Mah, Yong Dae Kim. Antidumping Duties and Macroeconomic Variables: The Case of Korea［J］. Journal of Policy Modeling, 2006, (28): 157 -162.

［15］Moon-Kap Oh. A Study on Operational Strategy the Korea Anti-dumping System［J］. The Journal of Korea Research Society for Customs, 2011: 12.

［16］Sang-Chul Yoon. The Economic Impacts of Anti -dumping Actions on Imports in Korea［J］. Journal of fair trade, 2011: 6.

［17］WangDezhang, Sun Lu. Marketstructure and enterprise competitiveness: strategic choices facing China's organic food industry［C］. World Review ofEntrepreneurship, Management and Sust. Development, vo. l 2, Nos. 1 /2, 2006.

［18］LiLong. The GM Applied in Chinese Green Food Industry Development［C］. Proceedings of 2007 IEEE International Conference on Grey Systems and IntelligentServicesVolume 1, 2007: 390-393.

中文部分：

［1］羅伯特·吉爾平. 國際關係政治經濟學［M］. 楊宇光, 等, 譯. 北京: 經濟科學出版社, 1989: 20.

［2］金徵寧. 食品安全導論［M］. 北京: 化學工業出版社, 2005: 4-8.

［3］邵繼勇. 食品安全與國際貿易［M］. 北京: 北京化學工業出版社, 2006: 231.

［4］陸忠偉. 非傳統安全論［M］. 北京: 時事出版社, 2003: 20.

［5］俞正梁. 國際關係與全球政治［M］. 上海: 復旦大學出版社, 2007: 232.

［6］傅勇. 非傳統安全論［M］. 上海: 人民出版社, 2007: 45.

［7］羅伯特·基歐漢. 霸權之後——世界政治經濟中的合作與紛爭［M］. 蘇長和, 等, 譯. 上海: 上海人民出版社, 2006: 23.

［8］Andrew J Wilson. 歐洲聯盟食品安全要求和WTO/SPS協定［R］. 德國: 歐盟食品安全論壇, 2002.

參考文獻

［9］漆雁斌. 食品安全問題國內內外研究綜述［J］. 農村經濟與科技, 2008, 19（12）：71.

［10］樊勇明. 區域性公共產品——解析區域合作的另一個理論視點［J］. 世界經濟與政治, 2008（1）：7-13.

［11］夏友富. 試論技術性貿易壁壘（TBT）［J］. 中國工業經濟, 2007, 201（2）：2.

［12］張守文. 發達國家食品安全監管體制的主要模式及對中國的啟示［J］. 中國食品學報, 2008, 8（6）：4.

［13］管淞凝. 美國、歐盟食品安全監管模式談析及其對中國的借鑑意義［J］. 當代社科視野, 2009（1）：40.

［14］佚名. 部分發達國家和地區食品安全監管體系簡介［J］. 輕工標準與質量, 2009（1）：33.

［15］陳錫文, 鄧楠. 中國食品安全戰略研究［M］. 北京：化學工業出版社, 2004：226.

［16］浙江省標準化研究院. 歐盟食品安全管理基本法及其研究［M］. 北京：中國標準出版社, 2007：4.

［17］卡羅爾·克萊美, 萊布萊克·西爾維納·李博士. 美國食品安全管理概況［R］. 北京：農產品食品安全國際研討會, 2003.

［18］黑龍江省食品藥品監督管理局. 食品安全監督管理［M］. 北京：中國醫藥科技出版社, 2008：38.

［19］張志寬. 淺析歐美食品安全監管的基本原則［J］. 中國工商管理研究, 2005（6）：7-10.

［20］佚名. 中日毒餃子事件的公共輿論危機［J］. 海德資訊, 2008, 2（19）：3.

［21］張萍.「肯定列表制度」對中國農產品出口貿易的影響及其對策研究［D］. 南京：南京師範大學, 2008：

［22］王敏. 日本的食品安全監管［J］. 農業質量標準, 2006（3）：45-48.

［23］陳戎杰. 日本的食品安全檢疫措施及其對中日農產品貿易的影響［J］. 農業經濟問題, 2004（9）：78-80.

［24］樊勇明. 轉型中的日本對華直接投資［J］. 世界經濟研究, 2007（5）：69-74.

［25］賀蔚蔚.「餃子事件」的原因及其對中日食品貿易的影響與對策［J］. 當代經濟（下半月）, 2008（5）：100-101.

［26］佚名.「餃子事件」連累在日華人. 呼籲日本國民勿過敏感［N］. 國際先驅導報, 2008-02-20（3）.

［27］瑪麗恩·內斯特爾. 食品政治［M］. 劉文俊，譯. 北京：社會科學文獻出版社，2004：227.

［28］柳延恒. 中國農產品對日本出口的障礙及對策分析［J］. 經濟論壇，2006（15）：57-59.

［29］朱俊峰，武拉平，高連雲. 中日農產品貿易摩擦的新動向［J］. 世界農業，2008（1）：15-17.

［30］周星，範燕平. 中國食品出口競爭力的實證分析［J］. 國際貿易問題，2008（3）：60-66.

［31］姜榮春，華曉紅. 金融危機下中國外貿形勢分析：未來趨勢與主要挑戰［J］. 國際貿易問題，2009（5）：3-10.

［32］王天令. 中國對日水產品出口貿易之 SWOT 分析［J］. 河北漁業，2009（3）：41-44.

［33］尹小平，王洪會. 日本《肯定列表制度》對中國食品貿易的影響及對策［J］. 經濟縱橫，2006（7）：59-60.

［33］任智華. 日本食品安全監督管理體系現狀分析［J］. 市場與貿易，2010（6）：93-94.

［34］趙宗緒，李奇. 對日本食品安全規制的思考［J］. 科技資訊，2011（16）：242.

［35］廖衛東，時洪洋. 日本食品公共安全規制的制度分析［J］. 當代財經，2008（5）：90-94.

［36］樊瑛，張煒. 中國食品貿易競爭力及食品安全體系的變遷與展望［J］. 北京社會科學，2009（2）：17-22.

［37］吳瑩，羅芬. 日本食品安全新標準對中國水產品出口產生的影響［J］. 現代經濟：現代物業，2012（4）：137-138.

［38］何薇，時洪洋. 日本食品貿易安全規制分析及對中國的啟示［J］. 企業經濟，2009（2）：190-192.

［39］楊志花. 新形勢下應對日本食品貿易壁壘的策略研究［J］. 標準科學，2009（8）：70-73.

［40］王大寧，董益陽，鄒明強，等. 農藥殘留檢測與監控技術［M］. 北京：化學工業出版社，2006.

［41］謝麟，長青. 獸用藥劑技術手冊［M］. 南寧：廣西科學技術出版社，1993.

［42］吳永寧，邵兵，沈建忠，等. 獸藥殘留檢測與監控技術［M］. 北京：化學工業出版社，2007.

參考文獻

［43］劉迎貴，方俊英. 對農產品質量安全體系的思考［J］. 畜牧與飼料科學，2009（2）：104-106.

［44］劉燕群，李玉萍，梁偉紅，等. 發達國家農產品農藥殘留現狀及啟示［J］. 農業經濟問題，2008（4）：106-109.

［45］簡秋，姬新. 歐盟農藥殘留立法管理簡介及對中國農產品質量安全管理的啟示［J］. 農產品加工創新版，2010（8）：49-51.

［46］中國獸醫藥品監察所. 歐盟動物源食品安全管理法規［M］. 北京：中國農業科學技術出版社，2003.

［47］劉迎貴，於波，方俊英. 芻議無公害動物性食品的生產要求［J］. 畜禽業，2007（4）：16-18.

［48］張祖維. 正確使用食品添加劑［J］. 大眾標準化，2007（3）：42-43.

［49］周宇，陳鶯歌. 如何規範食品添加劑的使用以保證食品安全［J］. 監督與選擇，2007（7）：20-21.

［50］梁寒，程小梅，王志偉. 食品添加劑存在的問題及安全對策分析［J］. 監督與選擇，2007（C1）：56-57.

［53］雲振宇，劉文，蔡曉湛，等. 中國與國際食品法典委員會（CAC）食品添加劑使用限量標準的對比分析研究［J］. 中國食品添加劑，2009（3）：43-47.

［54］張衛兵，蔣志群，顧幫朝，等. 中國食品安全的立法思考［J］. 食品科技，2005（3）：1-4.

［55］張虎，朱孔文，湯建華. 海州灣人工魚礁養護資源效果初探［J］. 海洋漁業，2005，27（1）：38-43.

［57］涂忠，張秀梅，張沛東，等. 榮成哩島人工魚礁建設項目——人工魚礁養護生物資源效果的評價［J］. 現代漁業信息，2009，24（11）：16-20.

［58］劉舜斌，汪振華，林良偉，等. 嵊泗人工魚礁建設初期效果評價［J］. 上海水產大學學報，2007，16（3）：297-302.

［59］潘永璽，邱盛堯，楊寶清，等. 養馬島人工魚礁區生物群落結構調查［J］. 齊魯漁業，2009，26（2）：4-7.

［60］周永東. 浙江沿海漁業資源放流增殖的回顧與展望［J］. 海洋漁業，2004，26（2）：131-139.

［61］弋志強，王永玲，沈其璋. 淺談長江口區漁業資源增殖放流［J］. 現代漁業信息，2006，21（6）：15-17.

［62］尤永生. 人工魚礁建設的實踐與思考［J］. 漁業現代化，2004（4）：36-37.

［63］楊寶清，王樹田，王熙杰，等. 山東省人工魚礁建設情況調查報告［J］. 齊魯漁業，2007（5）：19-22.

[64] 劉惠飛. 日本人工魚礁研究開發的最新動向 [J]. 漁業現代化, 2002 (1): 25-27.

[65] 於沛民, 張秀梅. 日本美國人工魚礁建設對中國的啟示 [J]. 漁業現代化, 2006 (2): 5-6.

[66] 賈曉航, 李崢. 國內外有機食品市場流通發展的比較與建議 [M]. 世界農業, 2010 (3): 3-7.

[67] 王霞, 肖興基, 張愛國, 尤文鵬. 中國消費者對有機食品的態度研究——以南京市調研結果為例 [J]. 安徽農業科學, 2009. 37 (14): 6795-6796, 6804.

[68] 劉旭霞, 朱鵬, 陳晶. 轉基因食品安全監管法律制度研究現狀 [J]. 農村經濟與科技, 2008 (19): 71-73.

[69] 王廣印, 韓世棟, 陳碧華, 等. 轉基因食品的安全性與標示管理 [J]. 食品科學, 2008 (29): 667-673.

[70] 高永富, 張玉卿. 國際反傾銷法 [M]. 上海: 復旦大學出版社, 2001.

[71] 吳清津. WTO反傾銷規則 [M]. 廣州: 廣東人民出版社, 2001.

[72] 龔玉霞, 王殿華. 韓國食品安全監管體系及對中國的啟示 [J]. 洛陽師範學院學報, 2011 (2): 101.

[73] 鄭基惠. 為強化中國社會基礎的食品安全管理的政策方向 [J]. 保健福祉討論, 2011 (9): 51.

[74] 季任天. 食品生產加工標準化 [M]. 北京: 中國計量出版社, 2005: 95.

[75] 信春鷹. 中華人民共和國食品安全法解讀 [M]. 北京: 中國法制出版社, 2009: 70.

[76] 鄭基惠. 為保護國民健康的食品安全管理體系的擴充 [J]. 保健福祉論壇, 2010 (8): 32.

[77] 丁志春. 論中國食品安全監管中政府與行業協會的良性互動 [J]. 江蘇教育學院學報 (社會科學版), 2010 (1): 99.

[78] 劉桂榮, 等. 韓國食品安全管理體系及進口食品監管制度簡介 [J]. 檢驗檢疫學刊, 2010 (2): 74.

[79] 季任天. 論中國食品安全法中的食品安全標準 [J]. 河南省政法管理幹部學院學報, 2012 (4): 126.

[80] 曾詳華. 食品安全監管主體的模式轉換與法治化 [J]. 西北政法大學學報, 2009 (1): 23.

[81] 金玄默. 韓國行政調查基本法 [J]. 行政法學研究, 2009 (2): 112-113.

[82] 國家統計局. 中國統計年鑒 (1996) [Z]. 北京: 中國統計出版社, 1996: 824, 586.

［83］國家統計局. 中國統計年鑒（2006）［Z］. 北京：中國統計出版社，2006：1030，740.

［84］魏琦，王春波. 中韓貿易差額分析及對策研究［J］. 價格月刊，2006（9）：19.

［85］杜相革. 中國有機產品發展需破解四大難題［EB/OL］. http://zhongguowang.blog.china.com.cn/art/show.do? dn = zhangjixian&id = 132365&agMode = 1&com.trs.idm.gSessionId = 4CBA199FE57FE09D35B48D5F5D7A2652.

［86］徐永輝. 中韓農業結構特徵與一體化合作研究［J］. 東北亞論壇，2006（3）：54.

［87］尚明. 反傾銷：WTO 規則及中外法律與實踐［M］. 北京：法律出版社，2003：351.

［88］陰之春. 中韓貿易結構分析［J］. 求是學刊，2006（3）：74.

［89］尚明. 反傾銷：WTO 規則及中外法律與實踐［M］. 北京：法律出版社，2003.

［90］吳喜梅. WTO 反傾銷立法與各國實踐［M］. 鄭州：鄭州大學出版社，2003.

［91］李淳雨. 中國貿易救濟業務的問題和改善方案［J］. 貿易救濟（春季），2003.

［92］商務部進出口公平貿易局. 國外對中國產品反傾銷、反補貼、保障措施案例集，亞非卷（第二冊）［M］. 北京：中國商務印書館，2006：288.

［93］尚明. 反傾銷：WTO 規則及中外法律與實踐［M］. 北京：法律出版社，2003：352 -354.

［94］宋利芳. WTO 成立以來韓國的反傾銷摩擦及其特點分析［J］. 東北亞論壇，2007（2）：85.

［95］肖偉. 國際反傾銷法律與實務（美國卷）［M］. 北京：知識產權出版社，2005：205.

［96］欒信杰，李杰. 日、韓對擬議中的 WTO 反規避規則的基本立場及其分析［J］. 國際商務研究，2007（2）：33.

［97］張寶仁，曹洪舉. 近期中韓經貿合作現狀與前景分析［J］. 東北亞論壇，2008（3）：88.

［98］宋利芳. 韓國反傾銷政策法規及其實踐［J］. 東北亞論壇，2010：5.

［99］商務部進出口公平貿易局. 應對國外貿易救濟調查指南［M］. 北京：中國商務出版社，2009.

［100］劉鈞霆，趙磊. 中國反傾銷立案調查現狀及特徵分析［J］. 遼寧大學學報（社科版），2012：5.

［101］王德章. 中國綠色食品出口發展戰略研究［M］. 北京：中國財政經濟出

版社，2005.

[102] 王德章，李龍，李翠霞. 中國綠色食品產業集群創新與發展競爭優勢研究 [J]. 農業經濟問題，2007（5）：91-93.

[103] 肖雪，翟印禮，謝海軍. 中韓農產品貿易發展現狀及影響因素分析 [J]. 世界農業. 2006（12）：9-11.

[104] 劉瑞涵，李先德. 中韓蔬菜貿易現狀及市場開拓初探 [J]. 世界農業，2006（5）：44-47.

[105] 李龍. 綠色食品產業集群發展對策研究——以黑龍江省為例 [J]. 學術交流，2007（12）：109-111.

[106] 金漢信，喬均. 基於韓國物流發展戰略的東北亞物流合作探析 [J]. 中國流通經濟. 2006（11）：8-10.

[107] 隋映輝. 中韓經貿合作與東亞自由貿易區構建 [J]. 東北亞論壇，2006（5）：13-17.

[108] 徐永輝. 中韓農業結構特徵與一體化合作研究 [J]. 東北亞論壇，2006（3）：53-57.

附錄　日韓食品法規標準

附表1　　　　　　　　　　日本食品添加劑含量標準

食品添加劑中文名	食品添加劑英文名	食品中文名	食品英文名	限量
1-戊烯-3-醇	1-penten-3-ol	所有食品	All foods	未規定
1,8-桉葉腦	1,8-cineole(eucalyptol)	所有食品	All foods	未規定
2-(3-苯丙基)吡啶	2-(3-phenylpropyl)pyridine	所有食品	All foods	未規定
2,3-二甲基吡嗪	2,3-Dimethylpyrazine	所有食品	All foods	未規定
2,5-二甲基吡嗪	2,5-Dimethylpyrazine	所有食品	All foods	未規定
2,6-二甲基吡啶	2,6-Dimethylpyridine	所有食品	All foods	未規定
2,6-二甲基吡嗪	2,6-Dimethylpyrazine	所有食品	All foods	未規定
2-甲基吡嗪	2-Methypyrazine	所有食品	All foods	未規定
2-甲基丁醇	2-Methylbutanol	所有食品	All foods	未規定
2-甲基丁醛	2-Methylbutyraldehyde	所有食品	All foods	未規定
2-戊醇	2-Pentanol	所有食品	All foods	未規定
2-乙基-3-甲基吡嗪	2-Ethyl-3-methylpyrazine	所有食品	All foods	未規定
2-乙基-3,5-二甲基吡嗪和2-以及-3,6-二甲基吡嗪的混合物	Mixture of 2-Ethyl-3,5-dimethylpyraine and 2-Ethyl-3,6-dimethylpyraine	所有食品	All foods	未規定
2-乙基-5-甲基吡嗪	2-Ethyl-5-methylpyrazine	所有食品	All foods	未規定
2-甲基吡嗪	2-Ethylpyrazine	所有食品	All foods	未規定
2,3,5-三甲基吡嗪	2,3,5-Trimethylpyrazine	所有食品	All foods	未規定
2,3,5,6-四甲基吡嗪	2,3,5,6-Tetramethylpyrazine	所有食品	All foods	未規定
3-甲基-2-丁醇	3-Methyl-2-butanol	所有食品	All foods	未規定
3-甲基-2-丁烯醇	3-Methyl-2-butenol	所有食品	All foods	未規定

附表1(續1)

食品添加劑中文名	食品添加劑英文名	食品中文名	食品英文名	限量
3-甲基-2-丁烯醛	3-Methyl-2-butenal	所有食品	All foods	未規定
3-乙基吡嗪	3-Ethylpyridine	所有食品	All foods	未規定
5,6,7,8-四氫喹喔啉	5,6,7,8-Tetrahydroquinoxaline	所有食品	All foods	未規定
5'-核糖核苷酸鈣	Calcium5'-Ribonucleotide	所有食品	All foods	未規定
5'-甲基喹噁啉	5-Methylquinoxaline	所有食品	All foods	未規定
5-乙基-2-甲基吡啶	5-Ethyl-2-methylpyridine	所有食品	All foods	未規定
6-甲基喹啉	6-Methylquinoxaline	所有食品	All foods	未規定
DL-a-生育酚	DL-a-tocopherol	所有食品	All foods	未規定
DL-丙氨酸	DL-Alanine	所有食品	All foods	未規定
DL-薄荷腦	DL-Menthol	所有食品	All foods	未規定
DL-酒石酸	DL-Tartaric acid	所有食品	All foods	未規定
DL-酒石酸二鈉	Disodium DL-tartrate	所有食品	All foods	未規定
DL-酒石酸氫鉀	Potassium DL-bitartrate	所有食品	All foods	未規定
DL-蘋果酸	DL-malic-acid	所有食品	All foods	未規定
DL-蘋果酸鈉	Sodium DL-malate	所有食品	All foods	未規定
DL-色氨酸	DL-tryptophan	所有食品	All foods	未規定
DL-蘇氨酸	DL-threonine	所有食品	All foods	未規定
d-冰片	d-borneol	所有食品	All foods	未規定
D甘露醇	D-Mannitol	口香糖	chewing gum	20%
D甘露醇	D-Mannitol	糖果	candies	40%
D甘露醇	D-Mannitol	口香糖	chewing gum	20%
D甘露醇	D-Mannitol	糖果	candies	40%
D-酒石酸	D-Tartaric Acid	所有食品	All foods	未規定
D-木糖	D-Xylose	所有食品	All foods	未規定
D-山梨糖醇	D-Sorbitol	所有食品	All foods	未規定
L-苯基丙氨酸	L-phenylalanine	所有食品	All foods	未規定
L-薄荷醇	L-menthol	所有食品	All foods	未規定
L-谷氨酸鈉	Momosodium L-glutamate	所有食品	All foods	未規定
L-谷氨酸鹽酸	L-glutamic acid	所有食品	All foods	未規定
L-谷氨酸一銨	Monoammonium L-glutamate	未規定	未規定	未規定
L-甲硫氨酸	L-methionine	所有食品	All foods	未規定
L-精氨酸L-谷氨酸酯	L-arginine L-glutamate	所有食品	All foods	未規定
L-酒石酸二鈉	Disodium L-bitartrate	所有食品	All foods	未規定
L-酒石酸氫鉀	Potassium L-tartarta	所有食品	All foods	未規定
L-抗壞血酸-2-葡萄苷	L-ascorbic acid-2-glucoside	所有食品	All foods	未規定
L-抗壞血酸鈉	Sodium L-ascorbate	所有食品	All foods	未規定
L-賴氨酸-L-谷氨酸鹽	L-Lysine L-glutamate	所有食品	All foods	未規定

附錄　日韓食品法規標準

附表1(續2)

食品添加劑中文名	食品添加劑英文名	食品中文名	食品英文名	限量
L-賴氨酸-L-天冬氨酸鹽	L-Lysine L-aspartate	所有食品	All foods	未規定
L-賴氨酸鹽酸鹽	L-Lysine monohydrochioride	所有食品	All foods	未規定
L-色氨酸	L-tryptophan	所有食品	All foods	未規定
L-蘇氨酸	L-threonine	所有食品	All foods	未規定
L-天冬氨酸一鈉	Monoammonium L-aspartate	所有食品	All foods	未規定
L-纈氨酸	L-valine	所有食品	All foods	未規定
L-鹽酸組氨酸	L-histidine monohydrochioride	所有食品	All foods	未規定
L-鹽酸半胱氨酸	L-cysteine monohydrochioride	麵包	Bread	未規定
L-鹽酸半胱氨酸	L-cysteine monohydrochioride	果汁	Fruit juice	未規定
L-乙酸薄荷酯	l-mentyl acetate	所有食品	All foods	未規定
L-異亮氨酸	L-isoleucine	所有食品	All foods	未規定
L-脂溶性維他命C	L-Ascorbyl stearate	所有食品	All foods	未規定
L-紫蘇醛	l-Perillaldehyde	所有食品	All foods	未規定
R,R,R-α-生育	R,R,R-α-Tocopheryl	健康食品	Foods with	以α-生育酚
α-戊基桂醛	α-Amylcinnamicaldehyde	所有食品	All foods	未規定
β-胡蘿卜素	β-Carotene	未規定	未規定	未規定
υ-壬內酯	υ-Nonalactone	所有食品	All foods	未規定
γ-十一內酯	γ-Undecalactone	所有食品	All foods	未規定
氨基酸與蛋氨酸	DL-Methionine	所有食品	All foods	未規定
氨水	Ammonia	所有食品	All foods	未規定
胞苷酸二鈉	Disodium 5'-Cytidylate	所有食品	All foods	未規定
苯酚(通常認為高毒性的物質除外)	Phenols (excluding substances generally recognized as highly toxic)	所有食品	All foods	未規定
苯甲醇(苄基酒精)	Benzyl Alcohol	所有食品	All foods	未規定
苯甲酸	Benzoic Acid	糖漿	Syrup	0.60g/kg
苯甲酸	Benzoic Acid	無酒精飲料	Nonalcoholic beverages	0.60g/kg
苯甲酸	Benzoic Acid	人造黃油	Margarine	1.0g/kg
苯甲酸	Benzoic Acid	魚子醬	Caviar	2.5g/kg
苯甲酸	Benzoic Acid	醬油	Soy sauce	0.60g/kg
苯甲酸鈉	Sodium Benzoate	醬油	Soy sauce	以苯甲酸計,0.60g/kg
苯甲酸鈉	Sodium Benzoate	糖漿	Syrup	以苯甲酸計,0.60g/kg
苯甲酸鈉	Sodium Benzoate	人造黃油	Margarine	以苯甲酸計,1.0g/kg

中日韓食品貿易法規與案例解析

附表1(續3)

食品添加劑中文名	食品添加劑英文名	食品中文名	食品英文名	限量
苯甲酸鈉	Sodium Benzoate	生產糖果用果醬和果汁(包括濃縮果汁)	Fruit paste and fruit juice (including concentrated juice) used for manufacturing confectionary	以苯甲酸計,1.0g/kg
苯甲酸鈉	Sodium Benzoate	魚子醬	Caviar	以苯甲酸計,2.5g/kg
苯甲酸鈉	Sodium Benzoate	無酒精飲料	Nonalcoholic beverages	以苯甲酸計,2.5g/kg
苯甲酰硫胺二硫化物	Bisbentiamine	所有食品	All foods	未規定
苯乙酸乙酯	Ethyl Phenyl acetate	所有食品	All foods	未規定
苯乙酸異丁酯	Isobutyl Phenylacetate	所有食品	All foods	未規定
苯乙酸異戊酯	Isoamyl Phenylacetate	所有食品	All foods	未規定
吡咯	Pyrrolidine	所有食品	All foods	未規定
吡咯	Pyrrole	所有食品	All foods	未規定
吡嗪	Pyrazine	所有食品	All foods	未規定
冰乙酸	Acetic Acid, Glacial	所有食品	All foods	未規定
丙醇	Propanol	所有食品	All foods	未規定
丙二醇	Propylene Glycol	中式面粉皮(燒賣,春卷,混孫,餃子)	Crust of Chinese pastry (shao mai, spring roll, wonton, zaio-z)	1.20%
丙二醇	Propylene Glycol	其他食品	Other foods	0.60%
丙二醇	Propylene Glycol	未加工麵條	Raw noodles	2.00%
丙二醇	Propylene Glycol	熏墨魚	Smoked cuttlefish	2.00%
丙醛	Propionaldehyde	所有食品	All foods	未規定
丙酸	Propionic Acid	麵包和蛋糕	Bread and cakes	以丙酸計,2.5g/kg
丙酸	Propionic Acid	所有食品	All foods	未規定
丙酸	Propionic Acid	干酪	Cheese	以丙酸計,3.0g/kg
丙酸苄酯	Benzyl Propionate	所有食品	All foods	未規定
丙酸鈣	Calcium Propionate	干酪	Cheese	以丙酸計,3.0g/kg
丙酸鈣	Calcium Propionate	麵包和蛋糕	Bread and cakes	以丙酸計,3.0g/kg
丙酸鈉	Sodium Propionate	麵包和蛋糕	Bread and cakes	以丙酸計,3.0g/kg
丙酸鈉	Sodium Propionate	干酪	Cheese	以丙酸計,3.0g/kg
丙酸乙酯	Ethyl Propionate	所有食品	All foods	未規定
丙酸異戊酯	Isoamyl Propionate	所有食品	All foods	未規定
丙酮	Acetone	油脂類	Fats and oils	未規定
丙酮	Acetone	巴西可可果	Guarana nuts	未規定
草酸	Oxalic Acid	未規定	未規定	未規定
茶氨酸	L-Theanine	所有食品	All foods	未規定
呈味核苷酸二鈉	Disodium 5'-Ribonucleotide	所有食品	All foods	未規定
除了化學合成的食品添加劑之外的食用色素	Food colors other than chemically synthesized food additives	未規定	未規定	未規定

附錄　日韓食品法規標準

附表1(續4)

食品添加劑中文名	食品添加劑英文名	食品中文名	食品英文名	限量
次氯酸鈉	Sodium Hypochlorite	未規定	未規定	未規定
次氯酸水	Hypochlorous Acid Water	未規定	未規定	未規定
丁基羥基甲苯(BHT)	Butylated Hydroxytoluene(BHT)	干土豆泥	Mashed potato (dried)	以 BHA 計 0.2g/kg
丁基羥基甲苯(BHT)	Butylated Hydroxytoluene(BHT)	魚/貝(冷凍)(除外冷凍的生鮮食用品)	Fish & shellfish (frozen) (except frozen products cosumed raw)	以 BHA 計 1g/kg, 浸泡
丁醛	Butyraldehyde	所有食品	All foods	未規定
丁酸	Butyric Acid	所有食品	All foods	未規定
丁酸丁酯	Butyl Butyrate	所有食品	All foods	未規定
丁酸環乙酯	Cyclohexyl Butyrate	所有食品	All foods	未規定
丁酸乙酯	Ethyl Butyrate	所有食品	All foods	未規定
丁子香酚	Eugenol	所有食品	All foods	未規定
對甲基苯乙酮	ρ-Methyl Acetophenone	所有食品	All foods	未規定
對羥基苯甲酸乙酯	Ethyl ρ-Hydroxybenzoate	糖漿	Syrup	以對羥基苯甲酸計, 0.10g/kg
對羥基苯甲酸乙酯	Ethyl ρ-Hydroxybenzoate	醬油	Soy sauce	以對羥基苯甲酸計, 0.25g/L
對羥基苯甲酸乙酯	Ethyl ρ-Hydroxybenzoate	果皮和果蔬皮	Rind of fruit sand fruit vegetables	以對羥基苯甲酸計, 0.012g/kg
對羥基苯甲酸乙酯	Ethyl ρ-Hydroxybenzoate	無酒精飲料	Nonalcoholic beverages	以對羥基苯甲酸計, 0.10g/kg
對羥基苯甲酸乙酯	Ethyl ρ-Hydroxybenzoate	水果醬	Fruit sauce	以對羥基苯甲酸計, 0.20g/kg
對羥基苯甲酸異丁酯	Isobutyl p-Hydroxybenzoate	水果醬	Fruit sauce	以對羥基苯甲酸計, 0.20g/kg
對羥基苯甲酸異丁酯	Isobutyl p-Hydroxybenzoate	醋	Vinegar	以對羥基苯甲酸計, 0.10g/L
對羥基苯甲酸異丁酯	Isobutyl p-Hydroxybenzoate	糖漿	Syrup	以對羥基苯甲酸計, 0.10g/kg
對羥基苯甲酸異丁酯	Isobutyl p-Hydroxybenzoate	醬油	Soy sauce	以對羥基苯甲酸計, 0.25g/L
對羥基苯甲酸異丁酯	Isobutyl p-Hydroxybenzoate	果皮和果蔬皮	Rind of fruits and fruit vegetables	以對羥基苯甲酸計, 0.012g/kg
對羥基苯甲酸異丁酯	Isobutyl p-Hydroxybenzoate	無酒精飲料	Nonalcoholic beverages	以對羥基苯甲酸計, 0.10g/kg
多聚磷酸鉀	Potassium Polyphosphate	所有食品	All foods	未規定
二 L-谷氨酸-鈣	Monocalcium Di-L-Glutamate	所有食品	All foods	以 Ca 計, 1%。限量不適用於標籤上有「特殊膳食」字樣的食品
二 L-谷氨酸-鎂	Monomagnesium Di-L-Glutamate	所有食品	All foods	未規定
二苯基	Diphenyl	柚子	Grapefruit	最大殘留限量為 0.070g/kg

附表1(續5)

食品添加劑中文名	食品添加劑英文名	食品中文名	食品英文名	限量
二苯基	Diphenyl	橙子	Orange	最大殘留限量為0.070g/kg
二苯基	Diphenyl	檸檬	Lemon	最大殘留限量為0.070g/kg
二苯酰硫胺素	Dibenzoyl Thiamine	所有食品	All foods	未規定
二苯酰鹽酸硫胺	Dibenzoyl Thiamine-Hydrochlorid	所有食品	All foods	未規定
二澱粉磷酸酯	Distarch Phosphate	所有食品	All foods	未規定
二甲基羥基香草醛	Hydroxycitronellal Dimethylacetal	所有食品	All foods	未規定
二氧化硅	Silicon Dioxide	未規定	未規定	未規定
二氧化硅(上等)	Silicon Dioxide(fine)	所有食品	All foods	2.0%,當與硅酸鈣一同使用總計不應超過2.0%
二氧化硫	Sulfur Dioxide	天然果汁(僅限飲用前稀釋5倍或以上的食品)	Natural fruit juice (confined to foods to be consumed in 5-fold or more dilution)	SO_2殘留量0.15g/kg
二氧化硫	Sulfur Dioxide	冷凍未加工的螃蟹	Frozen raw crab	SO_2殘留量0.10g/kg
二氧化硫	Sulfur Dioxide	干果(葡萄干除外)	Dried fruits (excluding raisins)	SO_2殘留量2.0g/kg
二氧化硫	Sulfur Dioxide	對蝦	Prawn	SO_2殘留量0.10g/kg
二氧化硫	Sulfur Dioxide	發酵酒(任何種類的水果發酵酒,除外用於發酵酒生產的酒精度低於1%的壓榨果汁及其濃縮產品)	Wine(any kind of fruit juice containing alcohol of not less than 1% by volume which is used for manufacturing wine and a concentrate of the same.)	SO_2殘留量0.35g/kg
二氧化硫	Sulfur Dioxide	糖化用木署粉	Tapipca starch for saccharification	SO_2殘留量0.25g/kg
二氧化硫	Sulfur Dioxide	其他食品(除外密漬櫻桃用櫻桃,釀造啤酒用啤酒花,生產發酵酒用果汁,酒精度低於1%的壓榨果汁及其濃縮產品)	Other foods (excluding cherry used for candied cherry, hop used for brewing beer fruit juice used for manufacturing-wine, and squeezed fruir juice containing alcohol of not less than 1% by volume, and a concenreate of the same.)	SO_2殘留量0.030g/kg
二氧化硫	Sulfur Dioxide	魔芋粉	KONNYAKU-KO; powdered konjac	SO_2殘留量0.90g/kg
二氧化硫	Sulfur Dioxide	KANPYO:干制瓠果條	KANPYO: dried gourd strips	SO_2殘留量5.0g/kg

附錄　日韓食品法規標準

附表1(續6)

食品添加劑中文名	食品添加劑英文名	食品中文名	食品英文名	限量
二氧化硫	Sulfur Dioxide	明膠	Gelatin	SO_2 殘留量 0.50g/kg
二氧化硫	Sulfur Dioxide	MIZUAME(澱粉糖漿)	MIZUAME (starch syrup)	SO_2 殘留量 0.20g/kg
二氧化硫	Sulfur Dioxide	雞尾酒	Miscellaneous alcoholic beverages	SO_2 殘留量 0.35g/kg
二氧化硫	Sulfur Dioxide	糖化用木薯粉	Tapipca starch for saccharification	未規定
二氧化硫	Sulfur Dioxide	其他食品(密漬櫻桃用櫻桃,釀造啤酒用啤酒花,生產發酵酒用果汁,酒精度低於1%的壓榨果汁及其濃縮產品)	Other foods (excluding cherry used for candied cherry, hop used for brewing beer, fruit juice used for manufacturing wine, and squeezed fruir juice containing alcohol of not less than 1% by volume, and a concenreate of the same.)	未規定
二氧化硫	Sulfur Dioxide	干制瓠果條	dried gourd strips	未規定
二氧化硫	Sulfur Dioxide	明膠	Gelatin	未規定
二氧化硫	Sulfur Dioxide	澱粉糖漿	starch syrup	未規定
二氧化硫	Sulfur Dioxide	雞尾酒	Miscellaneous alcoholic beverages	未規定
二氧化氯	Chlorine dioxide	小麥粉	Whear flour	未規定
二氧化鈦	Titanium Dioxide	未規定	未規定	未規定
二氧化碳	Carbon Dioxide	未規定	未規定	未規定
泛酸鈣	Calcium Pantothenate	所有食品	All foods	未規定
泛酸鈉	Sodium Pantothenate	所有食品	All foods	未規定
芳香醇	Aromatic Alcohols Aromatic	所有食品	All foods	未規定
富馬酸鉀鈉	Monosodium Fumarate	所有食品	All foods	未規定
富馬酸(反丁烯二酸)	Fumaric Acid	所有食品	All foods	未規定
鈣化醇	Ergocalciferol	所有食品	All foods	未規定
干式維生素 A	Dry Formed Vitamin A	所有食品	All foods	未規定
甘氨酸	Glycine	所有食品	All foods	未規定
甘草酸二鈉	Disodium Glycyrrhizinate	醬油	Soy sauce	未規定
甘草酸二鈉	Disodium Glycyrrhizinate	味噌(發酵黃豆醬)	MISO (fermented-soybeanpaste)	未規定
甘油(丙三醇)	Glycerol	所有食品	All foods	未規定
甘油磷酸鈣	Calcium Glycerophosphate	所有食品	All foods	以 Ca 計,1%。限量不適用於標籤上有「特殊膳食」字樣的食品

中日韓食品貿易法規與案例解析

附表1(續7)

食品添加劑中文名	食品添加劑英文名	食品中文名	食品英文名	限量
高級脂肪醇(通常認為高毒性的物質除外)	Aliphatic Higher Alcohols(excluding substances generally recognized as highly toxic)	所有食品	All foods	未規定
高級脂肪醛(通常認為高毒性的物質除外)	Aliphatic Higher Aldehydes (excluding substances generally recognized as highly toxic)	所有食品	All foods	未規定
高級脂肪烴(通常認為高毒性的物質除外)	Aliphatic Higher Hydrocarbons (excluding substances generally recognized as highly toxic)	所有食品	All foods	未規定
高效次氯酸鈉	High-Test Hypochlorite	所有食品	All foods	未規定
庚酸乙酯	Ethyl Heptanoate	所有食品	All foods	未規定
谷氨酸-鉀	Monopotassium L-Glutamate	所有食品	All foods	未規定
硅樹脂	Silicone resin	所有食品	All foods	0.050g/kg
硅酸鎂	Magnesium Silicate	未規定	未規定	未規定
硅酸鹽	Calcium Silicate	所有食品	All foods	2.0%,相當於二氧化硅(上等)一起使用時,總量不應超過2%
葵醛	Decanal	所有食品	All foods	未規定
過硫酸銨	Ammonium Persulfate	小麥粉	Whear flour	0.30g/kg
過氧化苯甲酰	Benzoyl Peroxide	小麥粉	Whear flour	未規定
過氧化氫	Hydrogen Peroxide	所有食品	All foods	未規定
合成膨脹劑氨類發酵粉	Baking Powder Ammonia Type Baking Powder	所有食品	All foods	未規定
合成膨脹劑純發酵粉	Baking Powder Single Type Baking Powder	所有食品	All foods	未規定
合成膨脹劑雙重發酵粉	Baking Powder Dulpex Type Baking Powder	所有食品	All foods	未規定
核黃素	Riboflavin	所有食品	All foods	未規定
核黃素-5'-磷酸酯	Riboflavin 5'-Phosphate Sodium	所有食品	All foods	未規定
核黃素丁四酯	Riboflavin Tetrabutyrate	所有食品	All foods	未規定
胡椒基丁醚	Piperonyl Butoxide	谷類	Cereal grains	0.024g/kg
胡椒醛	Piperonal	所有食品	All foods	未規定
硅樹脂	silicone resin	所有食品	All foods	0.050g/kg
硅酸鎂	Magnesium Silicate	未規定	未規定	未規定
硅酸鹽	Calcium Silicate	所有食品	All foods	2.0%,當與二氧化硅(上等)一起使用時,總量不應超過2%
葵醛	Decanal	所有食品	All foods	未規定
過硫酸銨	Ammonium Persulfate	小麥粉	Wheat Flour	0.30g/kg
過氧化苯甲酰	Benzoyl Peroxide	小麥粉	Wheat Flour	未規定
過氧化氫	Hydrogen peroxide	所有食品	All foods	未規定

附錄　日韓食品法規標準

附表1(續8)

食品添加劑中文名	食品添加劑英文名	食品中文名	食品英文名	限量
核黃素	Riboflavin	所有食品	All foods	未規定
核黃素-5'-磷酸酯	Riboflavin 5'-Phosphate	所有食品	All foods	未規定
核黃素四丁酯	Riboflavin Tetrabutyrate	所有食品	All foods	未規定
胡椒基丁醚	Piperonyl Butoxide	谷類	Cereal grains	0.024g/kg
胡椒醛	Piperonyl	所有食品	All foods	未規定
琥珀酸	Succinic Acid	所有食品	All foods	未規定
琥珀酸二鈉	Disodiium Succinate	所有食品	All foods	未規定
琥珀酸一鈉	Monosodium succinate	所有食品	All foods	未規定
環己基丙酸烯丙酯	Ally Cyclohexylpropionate	所有食品	All foods	未規定
茴香醛	Anisaldehyde	所有食品	All foods	未規定
活性炭	Active Carbon	所有食品	All foods	未規定
肌苷酸氫二鈉	Disodium 5'-Inosinate	所有食品	All foods	未規定
己二酸	Adipic Acid	所有食品	All foods	未規定
己酸	Hexanoic Acid	所有食品	All foods	未規定
己酸烯丙酯	Ally Hexanoate	所有食品	All foods	未規定
己烷	Hexane	未規定	未規定	未規定
甲醇鈉	Sodium Methoxide	未規定	未規定	未規定
甲基-N-甲基蒽醌-合成酶	Methyl N-Methylanthranilate	所有食品	All foods	未規定
甲基β-萘酮	Methyl β-naphthyl Ketone	所有食品	All foods	未規定
甲基橙皮式	Methyl Hesperidine	所有食品	All foods	未規定
甲基纖維素	Methyl cellulose	所有食品	All foods	2.00%
甲酸香茅酯	Citronellyl Formate	所有食品	All foods	未規定
甲酸香葉酯	Geranyl Formate	所有食品	All foods	未規定
甲酸異戊酯	Isoamyl Formate	所有食品	All foods	未規定
焦磷酸二氫鈣	Calcium Dihydrogen pyrophosphate	所有食品	All foods	以Ca計, 1.0%。限量不適用於標籤上有「特殊膳食」字樣的食品
焦磷酸鉀	Potassium Pyrophosphate	所有食品	All foods	未規定
焦磷酸鈉	Sodium Pyrophosphate	所有食品	All foods	未規定
焦磷酸鐵	Ferric Pyrophosphate	所有食品	All foods	未規定
焦亞硫酸鉀	Potassium Pyrosulfite	脫水馬鈴薯	Dried potato	SO_2殘留量 0.50g/kg
焦亞硫酸鉀	Potassium Pyrosulfite	葡萄干	Raisins	SO_2殘留量 1.50g/kg
焦亞硫酸鉀	Potassium Pyrosulfite	澱粉糖漿	Starch syrup	SO_2殘留量 0.20g/kg
焦亞硫酸鉀	Potassium Pyrosulfite	干制瓠果條	Dried gourd strips	SO_2殘留量 5.0g/kg
焦亞硫酸鉀	Potassium Pyrosulfite	明膠	Gelatin	SO_2殘留量 0.50g/kg
焦亞硫酸鉀	Potassium Pyrosulfite	冷凍未加工的螃蟹	Frozen raw crab	SO_2殘留量 0.10g/kg
焦亞硫酸鉀	Potassium Pyrosulfite	食品糖漿	Food molasses	SO_2殘留量 0.30g/kg
焦亞硫酸鉀	Potassium Pyrosulfite	對蝦	Prawn	SO_2殘留量 0.10g/kg

附表1(續9)

食品添加劑中文名	食品添加劑英文名	食品中文名	食品英文名	限量
焦亞硫酸鉀	Potassium Pyrosulfite	法式第戎芥末醬	Dijion mustard	SO_2 殘留量 0.50g/kg
焦亞硫酸鉀	Potassium Pyrosulfite	糖制櫻桃	Candied cherry	SO_2 殘留量 0.30g/kg
焦亞硫酸鉀	Potassium Pyrosulfite	一種日式甜點;糖制干豆	AMANATTO; dried candied beans	SO_2 殘留量 0.10g/kg
焦亞硫酸鉀	Potassium Pyrosulfite	發酵酒(任何種類的水果發酵酒,除外用於發酵酒生產的酒精度低於1%的壓榨果汁及其濃縮產品)	Wine (any kind of fruit wine, excluding squeezed fruit juice containing alcohol of not less than 1% by volume which is used for manufacturing wine and a concentrate of the same.)	SO_2 殘留量 0.35g/kg
焦亞硫酸鉀	Potassium Pyrosulfite	糖化用木薯粉	Tapioca starch for saccharification	SO_2 殘留量 0.25g/kg
焦亞硫酸鉀	Potassium Pyrosulfite	葡萄干	Raisins	SO_2 殘留量 1.5g/kg
焦亞硫酸鉀	Potassium Pyrosulfite	MIZUAME(澱粉糖漿)	MIZUAME (starch syrup)	SO_2 殘留量 0.20g/kg
焦亞硫酸鉀	Potassium Pyrosulfite	KANPYO;干制瓠果條	KANPYO; dried gourd strips	SO_2 殘留量 5.0g/kg
焦亞硫酸鉀	Potassium Pyrosulfite	明膠	Gelatin	SO_2 殘留量 0.50g/kg
焦亞硫酸鉀	Potassium Pyrosulfite	冷凍未加工的螃蟹	Frozen raw crab	SO_2 殘留量 0.10g/kg
焦亞硫酸鉀	Potassium Pyrosulfite	食品糖漿	Food molasses	SO_2 殘留量 0.30g/kg
焦亞硫酸鈉	Sodium Metabisulfite	天然果汁(僅限飲用前須稀釋5倍或以上的食品)	Natural fruit juice (confined to foods to be consumed in 5-fold or more dilution)	SO_2 殘留量 0.15g/kg
焦亞硫酸鉀	Potassium Pyrosulfite	煮制豆	Simmered beans	SO_2 殘留量 0.10g/kg
焦亞硫酸鈉	Sodium Metabisulfite	對蝦	Prawn	SO_2 殘留量 0.10g/kg

附表2　　　　　　　　　　日本農獸藥殘留標準

農獸藥中文名	農獸藥英文名	食品中文名	食品英文名	限量
1,1-二氯-2,2-二(4-乙苯)乙烷	1,1-Dichloro-2,2-Bis (4-Ethylphenyl) Ethane	BBD03 鴨腎臟	BBD03 Duck, kidney	0.01(ppm)
1,1-二氯-2,2-二(4-乙苯)乙烷	1,1-Dichloro-2,2-Bis (4-Ethylphenyl) Ethane	BAD01 牛腎臟	BAD01 Cattle, kidney	0.01(ppm)
1,1-二氯-2,2-二(4-乙苯)乙烷	1,1-Dichloro-2,2-Bis (4-Ethylphenyl) Ethane	BBB04 火雞脂肪	BBB04 Turkey, fat	0.01(ppm)
1,1-二氯-2,2-二(4-乙苯)乙烷	1,1-Dichloro-2,2-Bis (4-Ethylphenyl) Ethane	BBA01 雞肉	BBA01 Chicken, muscle	0.01(ppm)
1,1-二氯-2,2-二(4-乙苯)乙烷	1,1-Dichloro-2,2-Bis (4-Ethylphenyl) Ethane	BBB01 雞脂肪	BBB01 Chicken, fat	0.01(ppm)
1,1-二氯-2,2-二(4-乙苯)乙烷	1,1-Dichloro-2,2-Bis (4-Ethylphenyl) Ethane	BBB03 鴨脂肪	BBB03 Duck, fat	0.01(ppm)

附錄　日韓食品法規標準

附表2(續1)

農獸藥中文名	農獸藥英文名	食品中文名	食品英文名	限量
1,1-二氯-2,2-二(4-乙苯)乙烷	1,1-Dichloro-2,2-Bis(4-Ethylphenyl)Ethane	BBD02 其他家禽腎臟	BBD02 Other poultry animals, kideny	0.01(ppm)
1,1-二氯-2,2-二(4-乙苯)乙烷	1,1-Dichloro-2,2-Bis(4-Ethylphenyl)Ethane	BBD04 火雞腎臟	BBD04 Turkey, kidney	0.01(ppm)
1,1-二氯-2,2-二(4-乙苯)乙烷	1,1-Dichloro-2,2-Bis(4-Ethylphenyl)Ethane	BBB02 其他家禽脂肪	BBB02 Other poultry animals, fat	0.01(ppm)
1,1-二氯-2,2-二(4-乙苯)乙烷	1,1-Dichloro-2,2-Bis(4-Ethylphenyl)Ethane	BBC03 鴨肝臟	BBC03 Duck, liver	0.01(ppm)
1,1-二氯-2,2-二(4-乙苯)乙烷	1,1-Dichloro-2,2-Bis(4-Ethylphenyl)Ethane	BBD01 雞腎臟	BBD01 Chicken, kidney	0.01(ppm)
1,1-二氯-2,2-二(4-乙苯)乙烷	1,1-Dichloro-2,2-Bis(4-Ethylphenyl)Ethane	BBC01 雞肝臟	BBC01 Chicken, liver	0.01(ppm)
1,1-二氯-2,2-二(4-乙苯)乙烷	1,1-Dichloro-2,2-Bis(4-Ethylphenyl)Ethane	BBC02 其他家禽肝臟	BBC02 Other poultry animals, liver	0.01(ppm)
1,1-二氯-2,2-二(4-乙苯)乙烷	1,1-Dichloro-2,2-Bis(4-Ethylphenyl)Ethane	BBC03 鴨肝臟	BBC03 Duck, liver	
1,1-二氯-2,2-二(4-乙苯)乙烷	1,1-Dichloro-2,2-Bis(4-Ethylphenyl)Ethane	BBD01 雞腎臟	BBD01 Chicken, kidney	
1,1-二氯-2,2-二(4-乙苯)乙烷	1,1-Dichloro-2,2-Bis(4-Ethylphenyl)Ethane	BBC01 雞肝臟	BBC01 Chicken, liver	
1,1-二氯-2,2-二(4-乙苯)乙烷	1,1-Dichloro-2,2-Bis(4-Ethylphenyl)Ethane	BBC02 其他家禽肝臟	BBC02 Other poultry animals, liver	
1,1-二氯-2,2-二(4-乙苯)乙烷	1,1-Dichloro-2,2-Bis(4-Ethylphenyl)Ethane	BBC04 火雞肝臟	BBC04 Turkey, liver	
1,1-二氯-2,2-二(4-乙苯)乙烷	1,1-Dichloro-2,2-Bis(4-Ethylphenyl)Ethane	BBE02 其他家禽可食用	BBE02 Other poultry animals, edible offal	
1-萘乙酸	1-Naphthaleneaceticacid	AEA05 其他香料	AEA05 Other spices refer to all spices, except Unshu organge peels, Sansho, horseradish, Wasabi (Japanese horseradish) tubers, garlic, peppers chili, paprika, giger, lemon peels, orange peels(including navel orange,), yuzu (Chinese citron) peels and sesame seeds)	
1-萘乙酸	1-Naphthaleneaceticacid	ACA06 橙	ACA06 Orange (including navel orange)	
1-萘乙酸	1-Naphthaleneaceticacid	ACA09 其他柑橘類水果	ACA09 Other citrus fruits	
1-萘乙酸	1-Naphthaleneaceticacid	ACC06 櫻桃	ACC06 Cherry	
1-萘乙酸	1-Naphthaleneaceticacid	ACG01 其他水果	ACG01 Other fruits	
1-萘乙酸	1-Naphthaleneaceticacid	ACC06 櫻桃	ACC06 Cherry	0.10(ppm)
1-萘乙酸	1-Naphthaleneaceticacid	ACG01 其他水果	ACG01 Other fruits	0.10(ppm)
2-(1-萘)乙酰氨	2-(1-Naphthyl)Acetamide	ACB03 梨	ACB03 Pear	0.10(ppm)
2-(1-萘)乙酰氨	2-(1-Naphthyl)Acetamide	ACB01 蘋果	ACB01 Apple	0.10(ppm)

211

附表2(續2)

農獸藥中文名	農獸藥英文名	食品中文名	食品英文名	限量
2,4,5-涕	2,4,5-T	DAA39 小麥粉(全谷除外)	DAA39 Wheat flour(except whole grain)	不得檢出
2,4,5-涕	2,4,5-T	ADA01 向日葵籽	ADA01 Sunflower seeds	不得檢出
2,4,5-涕	2,4,5-T	AFA02 發酵茶	AFA02 Fermented tea	不得檢出
2,4,5-涕	2,4,5-T	AFA03 未發酵茶	AFA03 Unfermented tea	不得檢出
2,4,5-涕	2,4,5-T	ADB06 其他堅果	ADB06 Other nuts	不得檢出
2,4,5-涕	2,4,5-T	ADA11 胡桃	ADA11 Walnut	不得檢出
2,4,5-涕	2,4,5-T	ADA09 美洲山核桃	ADA09 Pecan	不得檢出
2,4,5-涕	2,4,5-T	ADA08 栗子	ADA08 Chestnut	不得檢出
2,4,5-涕	2,4,5-T	ADA10 杏仁	ADA10 Almond	不得檢出
2,4,5-涕	2,4,5-T	ADB01 咖啡豆	ADB01 Coffee beans	不得檢出
2,4,5-涕	2,4,5-T	AGA01 啤酒花	AGA01 HOP	不得檢出
2,4,5-涕	2,4,5-T	ADA08 栗子	ADA08 Chestnut	不得檢出
2,4,5-涕	2,4,5-T	ADA10 杏仁	ADA10 Almond	不得檢出
2,4,5-涕	2,4,5-T	ADB01 咖啡豆	ADB01 Coffee beans	不得檢出
2,4,5-涕	2,4,5-T	AGA01 啤酒花	AGA01 HOP	不得檢出
2,4-滴	2,4-D	BBD03 鴨腎臟	BBD03 Duck,kidney	0.05(ppm)
2,4-滴	2,4-D	BCB02 魚貝類(限有殼軟體動物)	BCB02 Shelled molluscas	1(ppm)
2,4-滴	2,4-D	BBC01 雞肝臟	BBC01 Chicken,liver	0.05(ppm)
2,4-滴	2,4-D	BBB03 鴨脂肪	BBB03 Duck,fat	0.05(ppm)
2,4-滴	2,4-D	BBC02 其他家禽肝臟	BBC02 Other poultry animals,liver	0.05(ppm)
2,4-滴	2,4-D	BBC04 火雞肝臟	BBC04 Turkey,liver	0.05(ppm)
2,4-滴	2,4-D	BBE02 其他家禽可食用	BBE02 Other poultry animals,edible offal	0.05(ppm)
2,4-滴	2,4-D	BCA01 魚貝類(限鮭形目)	BCA01 Salmoniformes (such as salmon,trout)	1(ppm)
2,4-滴	2,4-D	BBC03 鵝肝臟	BBC03 Duck,liver	0.05(ppm)
2,4-滴	2,4-D	BCA03 魚貝類(限鰻鱺目)	BCA03 Anguilliformes (such as eel)	1(ppm)
2,4-滴	2,4-D	BCB02 魚貝類(限有殼軟體動物)	BCB02 Shelled molluscas	1(ppm)
2,4-滴	2,4-D	BBC01 雞肝臟	BBC01 Chicken,liver	0.05(ppm)
2,4-滴	2,4-D	BBB03 鴨脂肪	BBB03 Duck,fat	0.05(ppm)
2,4-滴	2,4-D	BBC02 其他家禽肝臟	BBC02 Other poultry animals,liver	0.05(ppm)
2,4-滴	2,4-D	BBC04 火雞肝臟	BBC04 Turkey,liver	0.05(ppm)
2,4-滴	2,4-D	BBE02 其他家禽可食用下水	BBE02 Other poultry animals,edible offal	0.05(ppm)
2,4-滴	2,4-D	BCA01 魚貝類(限鮭形目)	BCA01 Salmoniformes (such as salmon,trout)	1.00(ppm)
2,4-滴	2,4-D	BBC03 鴨肝臟	BBC03 Duck,liver	0.05(ppm)

附錄　日韓食品法規標準

附表2(續3)

農獸藥中文名	農獸藥英文名	食品中文名	食品英文名	限量
2,4-滴丙酸	Dichlorprop	ADA09 美洲山核桃	ADA09 Pecan	3.00(ppm)
2,4-滴丙酸	Dichlorprop	ADA08 栗子	ADA08 Chestnut	3.00(ppm)
2,4-滴丙酸	Dichlorprop	AFA03 未發酵茶	AFA03 Unfermented tea	0.10(ppm)
2,4-滴丙酸	Dichlorprop	AFA02 發酵茶	AFA02 Fermented tea	0.10(ppm)
2,4-滴丙酸	Dichlorprop	AEB03 其他藥草	AEB03 Other herbs (refer to all herbs, except Spearmint, Peppermint, watercress, nira, parslry stems and leaves, celery stems and leaves)	
2,4-滴丙酸	Dichlorprop	AEB02 胡椒薄荷	AEB02 Peppermint	
2,4-滴丙酸	Dichlorprop	ADA07 銀杏果	ADA07 Ginkgo nut	
2,4-滴丙酸	Dichlorprop	ADA09 美洲山核桃	ADA09 Pecan	
2,4-滴丙酸	Dichlorprop	ADA08 栗子	ADA08 Chestnut	
2,4-滴丙酸	Dichlorprop	AFA02 發酵茶	AFA02 Fermented tea	
2,4-滴丙酸	Dichlorprop	BBD03 鴨腎臟	BBD03 Duck, kidney	
2,4-滴丁酸	2,4-DB	BBB02 其他家禽脂肪	BBB02 Other poultry animals, fat	
2,4-滴丁酸	2,4-DB	BBC01 雞肝臟	BBC01 Chicken, liver	
2,4-滴丁酸	2,4-DB	BBB03 鴨脂肪	BBB03 Duck, fat	
2,4-滴丁酸	2,4-DB	BBC02 其他家禽肝臟	BBC02 Other poultry animals, liver	
2,4-滴丁酸	2,4-DB	BBC04 火雞肝臟	BBC04 Turkey, liver	
2,4-滴丁酸	2,4-DB	BBE02 其他家禽可食用下水	BBE02 Other poultry animals, edible offal	
2,4-滴丁酸	2,4-DB	BBB03 鴨脂肪	BBB03 Duck, fat	0.05(ppm)
2,4-滴丁酸	2,4-DB	BBC02 其他家禽肝臟	BBC02 Other poultry animals, liver	0.05(ppm)
2,4-滴丁酸	2,4-DB	BBC04 火雞肝臟	BBC04 Turkey, liver	0.05(ppm)
2,6-二氟苯甲酸	2,6-Difluorobenzoicacid	ABJ01 草菇	ABJ01 Button mushroom	1.00(ppm)
2,6-二異丙基萘	2,6-Diisopropylnaphthalene	BAD07 山羊腎臟	BAD07 Goat, kidney	1.00(ppm)
2,6-二異丙基萘	2,6-Diisopropylnaphthalene	BAD02 豬腎臟	BAD02 Pig, kidney	1.00(ppm)
2,6-二異丙基萘	2,6-Diisopropylnaphthalene	BAF01 奶	BAF01 Milk	0.7(ppm)
2,6-二異丙基萘	2,6-Diisopropylnaphthalene	BAD03 其他陸生哺乳動物腎臟	BAD03 Other terrestrial mammals, kidney	1.00(ppm)
2,6-二異丙基萘	2,6-Diisopropylnaphthalene	BAD01 牛腎臟	BAD01 Cattle, kidney	1.00(ppm)
2,6-二異丙基萘	2,6-Diisopropylnaphthalene	BAD04 綿羊腎臟	BAD04 Sheep, kidney	1.00(ppm)
2,6-二異丙基萘	2,6-Diisopropylnaphthalene	BAC03 其他陸生哺乳動物肝臟	BAC03 Other terrestrial mammals, liver	1.00(ppm)

附表2(续4)

农兽药中文名	农兽药英文名	食品中文名	食品英文名	限量
2,6-二异丙基萘	2,6-Diisopropylnaphthalene	BAD06 鹿肾脏	BAD06 Deer, kidney	1.00(ppm)
2,6-二异丙基萘	2,6-Diisopropylnaphthalene	BAD02 猪肾脏	BAD02 Pig, kidney	1.00(ppm)
2,6-二异丙基萘	2,6-Diisopropylnaphthalene	BAF01 奶	BAF01 Milk	0.7(ppm)
2,6-二异丙基萘	2,6-Diisopropylnaphthalene	BAD03 其他陆生哺乳动物肾脏	BAD03 Other terrestrial mammals, kidney	1.00(ppm)
2,6-二异丙基萘	2,6-Diisopropylnaphthalene	BAD01 牛肾脏	BAD01 Cattle, kidney	1.00(ppm)
2-乙酰胺基-5-硝基噻唑	2-Acetylamino-5-Nitrothiazole	BBD03 鸭肾脏	BBD03 Duck, kidney	0.10(ppm)
2-乙酰胺基-5-硝基噻唑	2-Acetylamino-5-Nitrothiazole	BBA04 火鸡肉	BBA04 Turkey, muscle	0.10(ppm)
2-乙酰胺基-5-硝基噻唑	2-Acetylamino-5-Nitrothiazole	BBA03 鸭肉	BBA03 Duck, muscle	0.10(ppm)
2-乙酰胺基-5-硝基噻唑	2-Acetylamino-5-Nitrothiazole	BBB03 鸭脂肪	BBB03 Duck, fat	0.10(ppm)
2-乙酰胺基-5-硝基噻唑	2-Acetylamino-5-Nitrothiazole	BBD02 其他家禽肾脏	BBD02 Other poultry animals, kidney	0.10(ppm)
2-乙酰胺基-5-硝基噻唑	2-Acetylamino-5-Nitrothiazole	BBB04 火鸡脂肪	BBB04 Turkey, fat	0.10(ppm)
2-乙酰胺基-5-硝基噻唑	2-Acetylamino-5-Nitrothiazole	BBD04 火鸡肾脏	BBD04 Turkey, kidney	0.10(ppm)
2-乙酰胺基-5-硝基噻唑	2-Acetylamino-5-Nitrothiazole	BBC03 鸭肝脏	BBC03 Duck, liver	0.10(ppm)
2-乙酰胺基-5-硝基噻唑	2-Acetylamino-5-Nitrothiazole	BBB02 其他家禽脂肪	BBB02 Other poultry animals, fat	0.10(ppm)
2-乙酰胺基-5-硝基噻唑	2-Acetylamino-5-Nitrothiazole	BBC02 其他家禽肝脏	BBC02 Other poultry animals, liver	0.10(ppm)
2-乙酰胺基-5-硝基噻唑	2-Acetylamino-5-Nitrothiazole	BBC04 火鸡肝脏	BBC04 Turkey, liver	0.10(ppm)
2-乙酰胺基-5-硝基噻唑	2-Acetylamino-5-Nitrothiazole	BBD03 鸭肾脏	BBD03 Duck, kidney	0.10(ppm)
4-氨基吡啶	4-Aminopyridine	ADA01 向日葵籽	ADA01 Sunflower seeds	0.10(ppm)
4-氨基吡啶	4-Aminopyridine	AAA06 玉米(玉蜀黍,包括黄玉米和甜玉米)	AAA06 Corn(maize, including pop corn and sweet corn	0.10(ppm)
5-(丙磺酰基)-1-H-苯并咪唑-2-胺(5-(丙基硫酰)-1-H-苯丙咪唑-2-胺)	5-(Propylsulphonyl)-1-H-Benzimidazole-2-Amine	BBD04 火鸡肾脏	BBD04 Turkey, kidney	5.00(ppm)
5-(丙磺酰基)-1-H-苯并咪唑-2-胺(5-(丙基硫酰)-1-H-苯丙咪唑-2-胺)	5-(Propylsulphonyl)-1-H-Benzimidazole-2-Amine	BBB01 鸡脂肪	BBB01 Chicken, fat	0.10(ppm)

附錄　日韓食品法規標準

附表2(續5)

農獸藥中文名	農獸藥英文名	食品中文名	食品英文名	限量
5-(丙磺醯基)-1-H-苯並咪唑-2-胺(5-(丙基硫酰)-1-H-苯丙咪唑-2-胺)	5-(Propylsulphonyl)-1-H-Benzimidazole-2-Amine	BBC03 鴨肝臟	BBC03 Duck, liver	5.00(ppm)
5-(丙磺醯基)-1-H-苯並咪唑-2-胺(5-(丙基硫酰)-1-H-苯丙咪唑-2-胺)	5-(Propylsulphonyl)-1-H-Benzimidazole-2-Amine	BBD01 雞腎臟	BBD01 Chicken, kidney	5.00(ppm)
5-(丙磺醯基)-1-H-苯並咪唑-2-胺(5-(丙基硫酰)-1-H-苯丙咪唑-2-胺)	5-(Propylsulphonyl)-1-H-Benzimidazole-2-Amine	BBB02 其他家禽脂肪	BBB02 Other poultry animals, fat	0.10(ppm)
5-(丙磺醯基)-1-H-苯並咪唑-2-胺(5-(丙基硫酰)-1-H-苯丙咪唑-2-胺)	5-(Propylsulphonyl)-1-H-Benzimidazole-2-Amine	BBC01 雞肝臟	BBC01 Chicken, liver	5.00(ppm)
5-(丙磺醯基)-1-H-苯並咪唑-2-胺(5-(丙基硫酰)-1-H-苯丙咪唑-2-胺)	5-(Propylsulphonyl)-1-H-Benzimidazole-2-Amine	BBC02 其他家禽肝臟	BBC02 Other poultry animals, liver	5(ppm)
Aminopyralid	Aminopyralid	BAA07 山羊肉	BAA07 Goat, muscle	0.02(ppm)
Aminopyralid	Aminopyralid	BAA08 其他陸生哺乳動物肉	BAA08 Other terrestrial mammals, muscle	0.02(ppm)
Aminopyralid	Aminopyralid	BAC01 牛肝臟	BAC01 Cattle, liver	0.02(ppm)
Aminopyralid	Aminopyralid	BAD05 馬腎臟	BAD05 Horse, kidney	0.30(ppm)
Aminopyralid	Aminopyralid	BAD06 鹿腎臟	BAD06 Deer, kidney	0.30(ppm)
Aminopyralid	Aminopyralid	BAC03 其他陸生哺乳動物肝臟	BAC03 Other terrestrial mammals, liver	0.02(ppm)
Aminopyralid	Aminopyralid	BAD03 其他陸生哺乳動物腎臟	BAD03 Other terrestrial mammals, kidney	0.30(ppm)
Aminopyralid	Aminopyralid	BAD04 綿羊腎臟	BAD04 Sheep, kidney	0.30(ppm)
Aminopyralid	Aminopyralid	BAF01 奶	BAF01 Milk	0.03(ppm)
Aminopyralid	Aminopyralid	BAD07 山羊腎臟	BAD07 Goat, kidney	0.30(ppm)
Aminopyralid	Aminopyralid	BAA08 其他陸生哺乳動物肉	BAA08 Other terrestrial mammals, muscle	
Aminopyralid	Aminopyralid	BAC01 牛肝臟	BAC01 Cattle, liver	
Aminopyralid	Aminopyralid	BAD05 馬腎臟	BAD05 Horse, kidney	
Aminopyralid	Aminopyralid	BAD06 鹿腎臟	BAD06 Deer, kidney	
Aminopyralid	Aminopyralid	BAC03 其他陸生哺乳動物肝臟	BAC03 Other terrestrial mammals, liver	
Aminopyralid	Aminopyralid	BAD03 其他陸生哺乳動物腎臟	BAD03 Other terrestrial mammals, kidney	
Aminopyralid	Aminopyralid	BAD04 綿羊腎臟	BAD04 Sheep, kidney	
Aminopyralid	Aminopyralid	BAF01 奶	BAF01 Milk	
Aminopyralid	Aminopyralid	BAD07 山羊腎臟	BAD07 Goat, kidney	

附表2(續6)

農獸藥中文名	農獸藥英文名	食品中文名	食品英文名	限量
Cyenopyrafen	Cyenopyrafen	AEB03 其他藥草	AEB03 Other herbs (refer to all herbs, except Spearmint, Peppermint, watercress, nira, parsley stems and leaves, celery stems and leaves)	

附表3　　　　　　　　　日本微生物含量標準

微生物中文名	微生物英文名	食品中文名	食品英文名	限量
腸球菌	Enterococci	礦泉水	Mineral water	未檢出
大腸埃希氏菌	Escherichiacoli	肉製品	Dried meat products	未檢出
大腸埃希氏菌	Escherichiacoli	冷凍食品	Frozen foods	未檢出
大腸埃希氏菌	Escherichiacoli	熱處理的肉製品	Products among heated meat products	未檢出
大腸埃希氏菌	Escherichiacoli	牡蠣	Oysters	<230cfu/100g
大腸埃希氏菌	Escherichiacoli	特定熱處理的肉製品	Special heated meat products	<100cfu/g
大腸埃希氏菌	Escherichiacoli	未加熱處理的肉製品	Unheated meat products	<100cfu/g
大腸菌群	Coliformbacilli	碎冰	Crushed ice	未檢出
大腸菌群	Coliformbacilli	加工乳	Processed milk	未檢出
大腸菌群	Coliformbacilli	脫脂牛乳	No fat cow's milk	未檢出
大腸菌群	Coliformbacilli	低脂牛乳	Low fat cow's milk	未檢出
大腸菌群	Coliformbacilli	合成物-標準牛乳	Composition-controlled cow's milk	未檢出
大腸菌群	Coliformbacilli	巴氏消毒山羊乳	Pasteurized goats milk	未檢出
大腸菌群	Coliformbacilli	冷凍食品	Frozen foods	未檢出
大腸菌群	Coliformbacilli	冷凍蜜餞	Frozen confections	未檢出
大腸菌群	Coliform bacilli	冷凍蜜餞	Frozen confections	未檢出
單增李斯特菌	Listeria monocytogenes	天然干酪	Natural cheese	未檢出
非特定微生物	No-specific microorganisms	用於除礦泉水, 冷凍果汁飲料, 生產果汁原料外的軟飲料生產的原料	Soft drink beverages other than mineral Water, frozen fruit juice drinks, and soft drink beverages other than fruit juices used as raw materials for such	100cfu/ml
非特定微生物	No-specific microorganisms	礦泉水	Mineral water	100cfu/ml
副溶血性弧菌	Vibrio parahaemolyticus	新鮮魚和貝	Fresh fish and shellfish	<100cfu/g
副溶血性弧菌	Vibrio parahaemolyticus	煮螃蟹	Boiled crab	未檢出
副溶血性弧菌	Vibrio parahaemolyticus	煮章魚	Boiled octopus	未檢出
副溶血性弧菌	Vibrio parahaemolyticus	冷凍鮮魚和貝	Frozen fresh fish and shellfish	<100cfu/g
金黃色葡萄球菌	Staphylococcus aureus	未熱處理的肉製品	Unheated meat products	<1,000cfu/g
金黃色葡萄球菌	Staphylococcus aureus	待定熱處理的肉製品	Special heated meat products	<1,000cfu/g

附錄　日韓食品法規標準

附表3(續1)

微生物中文名	微生物英文名	食品中文名	食品英文名	限量
藍膿杆菌	Green pus bacilli	礦泉水	Mineral water	未檢出
沙門氏菌	Salmonella spp	食用烏蛋(雞蛋)	Edible birds' eggs (eggs of chickens)	未檢出
沙門氏菌	Salmonella spp	熱處理的肉製品	Products among heated meat products	未檢出
沙門氏菌	Salmonella spp	特定熱處理的肉製品	Special heated meat products	未檢出
沙門氏菌	Salmonella spp	未熱處理的肉製品	Unheated meat products	未檢出
梭菌	Clostridium spp	熱處理的肉製品	Products among heated meat products	<1,000cfu/g
梭菌	Clostridium spp	熱處理的肉製品	Products among heated meat products	<1,000cfu/g
梭菌	Clostridium spp	特定熱處理的肉製品	Special heated meat products	<1,000cfu/g
微生物計數	Bacteria count	粉狀軟飲料	powdered soft drink	<3,000cfu/g
微生物計數	Bacteria count	粉狀軟飲料	powdered soft drink	<3,000cfu/g
微生物計數	Bacteria count	碎冰	Crushed ice	100cfu/ml
細菌計數	Bacteria count	冷凍蜜餞	Frozen confections	<10,000cfu/ml
細菌計數	Bacteria count	加糖乳粉	Sweetened milk power	50,000cfu/g
細菌計數	Bacteria count	配方乳粉	Formulated milk power	50,000cfu/g
細菌計數	Bacteria count	冷凍鮮魚和貝	Frozen fresh fish and shell-fish	<1,000cfu/g
細菌計數	Bacteria count	冷凍煮章魚	Frozen boiled octopus	<10,000cfu/g
細菌計數	Bacteria count	巴氏消毒山羊乳	Pasterurized goats milk	<50,000cfu/ml
細菌計數	Bacteria count	特定牛乳	Special cow's milk	<30,000cfu/ml
細菌計數	Bacteria count	合成物-標準牛乳	Composition-controlled cow's milk	<50,000cfu/ml
細菌計數	Bacteria count	濃縮脫脂乳	Concentrated skimmed milk	100,000cfu/g
細菌計數	Bacteria count	蒸發乳	Evapotated milk	0cfu/g
細菌計數	Bacteria count	加糖乳粉	Sweetened milk powder	50,000cfu/g
細菌計數	Bacteria count	配方乳粉	Formulated milk power	50,000cfu/g
細菌計數	Bacteria count	冷凍鮮魚和貝	Frozen fresh fish and shell-fish	<1,000cfu/g
細菌計數	Bacteria count	冷凍煮章魚	Frozen boiled octopus	<10,000cfu/g
細菌計數	Bacteria count	巴氏消毒山羊乳	Pasterurized goats milk	<50,000cfu/ml
細菌計數	Bacteria count	特定牛乳	Special cow's milk	<30,000cfu/ml
細菌計數	Bacteria count	合成物-標準牛乳	Composition-controlled cow's milk	<50,000cfu/ml
細菌計數	Bacteria count	低脂牛乳	Low fat cow's milk	<50,000cfu/ml
細菌計數	Bacteria count	脫脂牛乳	No fat cow's milk	<30,000cfu/ml
細菌計數	Bacteria count	加工乳	Processed milk	<50,000cfu/ml
細菌計數	Bacteria count	乳飲料	Milk drinks	<30,000cfu/ml
細菌計數	Bacteria count	冷凍食品	Frozen foods	<10,000cfu/g

附表3(續2)

微生物中文名	微生物英文名	食品中文名	食品英文名	限量
細菌計數	Bacteria count	冷凍食品	Frozen foods	<3,000,000 cfu/g
細菌計數	Bacteria count	冷凍食品	Frozen foods	<100,000cfu/g
細菌計數	Bacteria count	冷凍食品	Frozen foods	<3,000,000 cfu/g
細菌計數	Bacteria count	加糖濃縮奶粉	Sweetened condensed milk	50,000cfu/g
細菌計數	Bacteria count	加糖濃縮脫脂奶粉	Sweetened condensed skimmed	50,000cfu/g
細菌計數	Bacteria count	全脂乳粉	Whole milk powder	50,000cfu/g
細菌計數	Bacteria count	脫脂乳粉	Skimmed milk powder	50,000cfu/g
細菌計數	Bacteria count	脫水奶油	Cream powder	50,000cfu/g
細菌計數	Bacteria count	乳清粉	Whey powder	50,000cfu/g
細菌計數	Bacteria count	乳清粉濃縮蛋白	Whey powder protein concentrated	50,000cfu/g
細菌計數	Bacteria count	酪乳粉	Buttermilk powder	50,000cfu/g
細菌計數	Bacteria count	原乳	Raw milk	<4,000,000 cfu/ml
細菌計數	Bacteria count	牛乳	Cow's milk	<50,000cfu/ml

附表4　　日本其他有毒有害物質含量標準

其他有毒有害物質中文名	其他有毒有害物質英文名	食品中文名	食品英文名	限量
棒曲霉素	Patulin	僅由蘋果汁和/或榨汁水果制成的軟飲料	Soft drink beverage only made and/or juice fruit	0.05(ppm)
酚類(苯酚)	Phenols(as Phenol)	用於生產軟飲料的水	Water used to manufacture soft drink bevaerages	0.005(ppm)
硫化氫(H2S)	Sulfide(as H2S)	用於生產需泉水的水	Water used to manufacture mineral waters	0.05mg/liter
氯離子	Chlorine ions	用於生產軟飲料的水	Water used to manufacture soft drink bevaerages	200mg/liter
氯離子	Chlorine ions	用於生產需泉水的水	Water used to manufacture mineral waters	—
硼(如 H3BO3)	Boron(ad H3BO3)	用於生產軟飲料的水	Water used to manufacture soft drink bevaerages	—
硼(如 H3BO4)	Boron(ad H3BO4)	用於生產需泉水的水	Water used to manufacture mineral waters	30mg/liter
氰	Cyanogen	用於生產軟飲料的水	Water used to manufacture soft drink bevaerages	0.01mg/liter
氰	Cyanogen	用於生產需泉水的水	Water used to manufacture mineral waters	0.01mg/liter
氰化物	Cyanide	用於進一步加工的豆醬	Bean Jam for Further Processing	不得檢出

附錄　日韓食品法規標準

附表4(續1)

其他有毒有害物質中文名	其他有毒有害物質英文名	食品中文名	食品英文名	限量
氰化物	Cyanide compound	Saltani bean，棉豆，pequia bean，大白蕓豆，利馬豆	Saltani bean, saltabia bean,butter bean, pequia bean, white bean, lima bean	500(ppm)
氰化物	Cyanide compound	其他豆	Other type of beans	ND
氰化物	Cyanide	蕓豆	Kidney beans	不得檢出
脫氧雪腐鐮刀菌烯醇	Deoxynibalenol	小麥	Wheat	1.1(ppm)
硝酸銀根	Silver nitrate radicals	鮭魚卵和鱈魚卵	Salmon roe and cod roe	5mg/kg
亞硝酸根	Nitrite radicals	燻鯨肉	Whale meat bacon	70mg/kg
亞硝酸根	Nitrite radicals	肉製品	Meat products	70mg/kg
亞硝酸鹽和硝酸鹽氮	Nitrire&nitrate nitriogen	用於生產軟飲料的水	Water used to manufacture soft drink bevaerages	10mg/liter
亞硝酸鹽和硝酸鹽氮	Nitrire&nitrate nitriogen	用於生產泉水的水	Water used to manufacture mineral waters	10mg/liter
亞硝酸根	Silver nitrite	魚肉香腸和火腿	Fish sausage and fish ham	50mg/kg
有機磷	Organic phosphorus	用於生產軟飲料的水	Water used to manufacture soft drink bevaerages	0.1mg/liter
有機磷	Organic phosphorus	用於生產泉水的水	Water used to manufacture mineral waters	—
有機物質(消耗的KmnO4)	Organic substance (in terms of consumption of KmnO4)	用於生產泉水的水	Water used to manufacture mineral waters	12mg/liter
有機物質(消耗的KmnO5)	Organic substance (in terms of consumption of KmnO5)	用於生產軟飲料的水	Water used to manufacture soft drink bevaerages	10mg/liter

附表5　　韓國食品添加劑含量標準

食品添加劑中文名	食品添加劑英文名	食品中文名	食品英文名	限量
5'-胞苷酸	5'-Cytidylic acid	配方乳粉等產品中的營養補充劑	Nutrients supplement in milk formula etc.	允許使用,未明確規定用量
5'-核黃素磷酸鈉	Rionflavin 5-phosphate sodium	配方乳粉等產品中的營養補充劑	Nutrients supplement in milk formula etc.	允許使用,未明確規定用量
5'-核糖核苷酸鈣	Calcium 5'-ribonucleotide	配方乳粉等產品中的營養補充劑	Nutrients supplement in milk formula etc.	允許使用,未明確規定用量
5'-腺嘌呤核苷酸	5'-Adenylic acid	配方乳粉等產品中的營養補充劑	Nutrients supplement in milk formula etc.	允許使用,未明確規定用量
d-a 混合濃縮生育酚	D-Tocopherol Concentrate Mixed	配方乳粉等產品中除營養補充劑外其他添加物	Others except nutrients supplement in milk formula etc.	允許使用,未明確規定用量

219

附表5(續1)

食品添加劑中文名	食品添加劑英文名	食品中文名	食品英文名	限量
d-a-醋酸生育酚	D-a-Tocopheryl Acetate	配方乳粉等產品中的營養補充劑	Nutrients supplement in milk formula etc.	允許使用,未明確規定用量
L-苯基丙氨酸	L-Phenylalanine	配方乳粉等產品中的營養補充劑	Nutrients supplement in milk formula etc.	允許使用,未明確規定用量
L-胱氨酸	L-Cystine	配方乳粉等產品中的營養補充劑	Nutrients supplementin milk formula etc.	允許使用,未明確規定用量
L-甲硫氨酸	L-Methionine	配方乳粉等產品中的營養補充劑	Nutrients supplementin milk formula etc.	允許使用,未明確規定用量
L-精氨酸	L-Arginine	配方乳粉等產品中的營養補充劑	Nutrients supplementin milk formula etc.	允許使用,未明確規定用量
L-酒石酸鈉	Sodium L-Tartrate	配方乳粉等產品中的營養補充劑	Nutrients supplementin milk formula etc.	允許使用,未明確規定用量
L-抗壞血酸鈉	Sodium L-Ascorbate	配方乳粉等產品中的營養補充劑	Nutrients supplementin milk formula etc.	允許使用,未明確規定用量
L-亮氨酸	L-Leucine	配方乳粉等產品中的營養補充劑	Nutrients Supplementin milk formula etc.	允許使用,未明確規定用量
L-亮氨酸	L-Leucine	未明確規定	未明確規定	未明確規定
L-肉鹼	L-Carnitine	配方乳粉等產品中的營養補充劑	Nutrients Supplementin milk formula etc.	允許使用,未明確規定用量
L-蘇氨酸	L-Threonine	配方乳粉等產品中的營養補充劑	Nutrients supplement in milk formula etc.	允許使用,未明確規定用量
L-纈氨酸	L-Valine	配方乳粉等產品中的營養補充劑	Nutrients supplement in milk formula etc.	允許使用,未明確規定用量
L-異亮氨酸	L-Isoleucine	配方乳粉等產品中的營養補充劑	Nutrients supplement in milk formula etc.	允許使用,未明確規定用量
富馬酸亞鐵片	Ferrous Fummarate	配方乳粉等產品中的營養補充劑	Nutrients supplement in milk formula etc.	允許使用,未明確規定用量
干式維生素A	Dry Formed Vitamin A	配方乳粉等產品中的營養補充劑	Nutrients supplement in milk formula etc.	允許使用,未明確規定用量
甘油磷酸鈣	Calcium Glycerophophate	配方乳粉等產品中的營養補充劑	Nutrients supplement in milk formula etc.	允許使用,未明確規定用量
富馬酸亞鐵片	Ferrous Fumarate	配方乳粉等產品中的營養補充劑	Nutrients supplement in milk formula etc.	允許使用,未明確規定用量

附錄 日韓食品法規標準

附表5(續2)

食品添加劑中文名	食品添加劑英文名	食品中文名	食品英文名	限量
干式維生素A	Dry Formed Vitamin A	配方乳粉等產品中的營養補充劑	Nutrients supplement in milk formula etc.	允許使用,未明確規定用量
甘油磷酸鈣	Calcium Glyerophophate	配方乳粉等產品中的營養補充劑	Nutrients supplement in milk formula etc.	允許使用,未明確規定用量
磷酸二氫鉀	Potassium Phosphate, Monobasic	配方乳粉等產品中的營養補充劑	Nutrients supplement in milk formula etc.	允許使用,未明確規定用量
磷酸二氫鈉	Sodium Phosphate, Monobasic	配方乳粉等產品中的營養補充劑	Nutrients supplement in milk formula etc.	允許使用,未明確規定用量
磷酸鈣	Magnesium Phosphate, Tribasic	配方乳粉等產品中的營養補充劑	Nutrients supplement in milk formula etc.	允許使用,未明確規定用量
磷酸氫二鈉	Sodium Phosphate, Dibasic	配方乳粉等產品中的營養補充劑	Nutrients supplement in milk formula etc.	允許使用,未明確規定用量
磷酸氫鈣	Calcium Phosphate, Dibasic	配方乳粉等產品中的營養補充劑	Nutrients supplement in milk formula etc.	允許使用,未明確規定用量
氯化肥鹼	Choline Choride	配方乳粉等產品中的營養補充劑	Nutrients supplement in milk formula etc.	允許使用,未明確規定用量
氯化鈣	Calcium Choride	配方乳粉等產品中的營養補充劑	Nutrients supplement in milk formula etc.	允許使用,未明確規定用量
氯化鉀	Potassium Choride	配方乳粉等產品中的營養補充劑	Nutrients supplement in milk formula etc.	允許使用,未明確規定用量
氯化鎂	Monosodium Choride	配方乳粉等產品中除營養補充劑外其他的添加物	Other exceptnutrients supplement in milk formula etc.	允許使用,未明確規定用量
氯化鎂	Monosodium Choride	配方乳粉等產品中的營養補充劑	Nutrients supplement in milk formula etc.	允許使用,未明確規定用量
麥芽糖澱粉酶	Maltogenic Amylase	配方乳粉等產品中除營養補充劑外其他的添加物	Other exceptnutrients supplement in milk formula etc.	允許使用,未明確規定用量
氫氧化鈣	Calcium Hydroxide	配方乳粉等產品中除營養補充劑外其他添加物	Others except nutrients supplement in milk formula etc.	允許使用,未明確規定用量
氫氧化鎂	Magnesium Hydroxide	配方乳粉等產品中營養補充劑	Nutrients supplement in milk formula etc.	允許使用,未明確規定用量
氫氧化鈉液	Sodium Hydroxide Solution	未明確規定	未明確規定	未明確規定
去水醋酸	Dehydroacetic Acid	見使用限量	Nutrients supplement in milk formula etc.	已取消

221

附表5(續3)

食品添加劑中文名	食品添加劑英文名	食品中文名	食品英文名	限量
溶菌酶	Lysozyme	配方乳粉等產品中除營養補充劑外其他添加物	Others except nutrients supplement in milk formula etc.	允許使用,未明確規定用量
乳酸	Latic Acid	配方乳粉等產品中除營養補充劑外其他添加物	Others except nutrients supplement in milk formula etc.	允許使用,未明確規定用量
乳酸鈣	Calcium Lacate	配方乳粉等產品中的營養補充劑	Nutrients supplement in milk formula etc.	允許使用,未明確規定用量
乳酸鈉	Sodium Lacate	未明確規定	Nutrients supplement in milk formula etc.	允許使用,未明確規定用量
乳酸亞鐵	Ferrous Lacate	配方乳粉等產品中的營養補充劑	Nutrients supplement in milk formula etc.	允許使用,未明確規定用量
維生素 B6	pyridoxine hydrochoride	配方乳粉等產品中的營養補充劑	Nutrients supplement in milk formula etc.	允許使用,未明確規定用量
非細菌 a-澱粉酶	a-Amylases, nonBacterial(DU)	配方乳粉等產品中除營養補充劑外其他添加物	Others except nutrients supplement in milk formula etc.	允許使用,未明確規定用量
非洲洛脂樹堅果色素	Shea Nut color	見使用限量	見使用限量	下列食品不得使用:1 肉類、魚類和貝類(包括鯨魚肉)、蔬菜、水果、海藻、豆類以及他們的簡單加工食品(去皮或切塊)2 茶和咖啡 3 紅辣椒粉或紅辣椒絲 4 泡菜 5 辣椒醬(發酵紅辣椒醬)調味辣椒醬(有紅辣椒的調為豆醬)6 醋
酚類	phenols	見使用限量	見使用限量	已取消
酚醚	phenolic ether	見使用限量	見使用限量	已取消
泛酸鈣	Calcium Pantoththenate	見使用限量	見使用限量	鈣在食品中的使用量不應超過 1%,但是有特定用途的食品和健康補充食品不受此限
芳醇	Aromatic Aldehydes	見使用限量	見使用限量	已取消
芳香醇	Aromatic Alcohols	見使用限量	見使用限量	已取消
非細菌∝-澱粉酶	∝-AmylasenonBacterial(DU)	配方乳粉等產品中除營養補充劑外其他添加物	Other except nutrients supplement in milk formula etc.	允許使用,未明確規定用量
富馬酸亞鐵片	Ferrous Fumarate	配方乳粉等產品中的營養補充劑	Nutrients supplement in milk formula etc.	允許使用,未明確規定用量
干式維生素 A	Dry Formed Vitamin A	配方乳粉等產品中的營養補充劑	Nutrients supplement in milk formula etc.	允許使用,未明確規定用量
甘油磷酸鈣	Calcium Glycerophophate	配方乳粉等產品中的營養補充劑	Nutrients supplement in milk formula etc.	允許使用,未明確規定用量

附錄　日韓食品法規標準

附表5(續4)

食品添加劑中文名	食品添加劑英文名	食品中文名	食品英文名	限量
核黃素	riboflavin	配方乳粉等產品中的營養補充劑	Nutrients supplement in milk formula etc.	允許使用,未明確規定用量
肌苷酸氫二鈉	Disodium 5'-Inosinate	配方乳粉等產品中的營養補充劑	Nutrients supplement in milk formula etc.	允許使用,未明確規定用量
膠質	Pectin	配方乳粉等產品中除營養補充劑外其他添加物	Other except nutrients supplement in milk formula etc.	允許使用,未明確規定用量
酪蛋白酸鈉	Sodium caseinate	配方乳粉等產品中除營養補充劑外其他添加物	Others espect nutrients supplement in milk formula etc.	允許使用,未明確規定用量
磷酸	Phosphoric Acid	配方乳粉等產品中的營養補充劑	Nutrients supplement in milk formula etc.	允許使用,未明確規定用量
磷酸二氫鉀	Potassium phosphate, monobasic	配方乳粉等產品中的營養補充劑	Nutrients supplement in milk formula etc.	允許使用,未明確規定用量
磷酸二氫鉀	Potassium phosphate, monobasic	配方乳粉等產品中的營養補充劑	Nutrients supplement in milk formula etc.	允許使用,未明確規定用量
磷酸鈣	Magnesium phosphate tribasic	配方乳粉等產品中的營養補充劑	Nutrients supplement in milk formula etc.	允許使用,未明確規定用量
磷酸氫二鈉	Phosphate, dibasic	配方乳粉等產品中的營養補充劑	Nutrients supplement in milk formula etc.	允許使用,未明確規定用量
磷酸氫鈣	Calcium phosphate, dibasic	配方乳粉等產品中的營養補充劑	Nutrients supplement in milk formula etc.	允許使用,未明確規定用量
磷酸氫鉀	Phtaussium Phosphate Dibasic	配方乳粉等產品中的營養補充劑	Nutrients supplement in milk formula etc.	允許使用,未明確規定用量
磷酸氫鉀	Phtaussium Phosphate Dibasic	配方乳粉等產品中除營養補充劑外其他添加物	Nutrients supplement in milk formula etc.	允許使用,未明確規定用量
磷酸亞鐵	Ferrous pyrophosphate	配方乳粉等產品中的營養補充劑	Nutrients supplement in milk formula etc.	允許使用,未明確規定用量
氯化肥鹼	Choline chloride	配方乳粉等產品中的營養補充劑	Nutrients supplement in milk formula etc.	允許使用,未明確規定用量
氯化鈣	Calcium chloride	配方乳粉等產品中的營養補充劑	Nutrients supplement in milk formula etc.	允許使用,未明確規定用量
氯化鉀	Potassium chloride	配方乳粉等產品中的營養補充劑	Nutrients supplement in milk formula etc.	允許使用,未明確規定用量
氯化鎂	Magnesium chloride	配方乳粉等產品中除營養補充劑外其他添加物	Nutrients supplement in milk formula etc.	允許使用,未明確規定用量

附表5(續5)

食品添加劑中文名	食品添加劑英文名	食品中文名	食品英文名	限量
氯化鎂	Magnesium chloride	配方乳粉等產品中的營養補充劑	Nutrients supplement in milk formula etc.	允許使用,未明確規定用量
氯化錳	Manganese chloride	配方乳粉等產品中的營養補充劑	Nutrients supplement in milk formula etc.	允許使用,未明確規定用量

附表6　　　　　　　　韓國農獸藥殘留含量標準

農獸藥中文名	農獸藥英文名	食品中文名	食品英文名	限量
1-萘乙酸	1-Naphtylacetic acid	中國柑桔	Mandanrins	0.01(*)(mg/kg)
2(2'-呋喃)-苯並咪唑	Fuberidazole	小麥	Wheat	0.05(*)(mg/kg)
2,4,5-涕	2,4,5-T	牛肉	Cattle meat	0.05(mg/kg)
2,4,5-涕	2,4,5-T	山羊肉	Goat meat	0.05(mg/kg)
2,4,5-涕	2,4,5-T	綿羊	Sheep	0.05(mg/kg)
2,4,5-涕	2,4,5-T	豬肉	Pig meat	0.05(mg/kg)
2,4,5-涕	2,4,5-T	馬肉	Horse meat	0.05(mg/kg)
2,4-滴	2,4-D	高粱	Sorghum	0.05(mg/kg)
2,4-滴	2,4-D	蛋	Eggs	0.05(無殼)(mg/kg)
2,4-滴	2,4-D	水果	Fruits	2(mg/kg)
2,4-滴	2,4-D	柑橘類水果	Citrus frutis	2.00(ppm)
2,4-滴	2,4-D	杏	Apricot	2(mg/kg)
2,4-滴	2,4-D	姜	Ginger	0.10(mg/kg)
2,4-滴	2,4-D	芹菜	Celery	0.10(mg/kg)
2,4-滴	2,4-D	鱷梨	Avocado	1.00(mg/kg)
2,4-滴	2,4-D	蘆筍	Asparagus	0.10(mg/kg)
2,4-滴	2,4-D	粉碎的穀物	Milled Foodgrains	0.003(mg/kg)
2,4-滴	2,4-D	馬鈴薯	Potatoes	0.2(mg/kg)
2,4-滴	2,4-D	食用穀物	Food grains	0.01(mg/kg)
2,4-滴	2,4-D	奶和奶製品	Milk and Milk products	0.05(mg/kg)
2,4-滴	2,4-D	肉和家禽	Meat and Poultry	0.05(mg/kg)
2,4-滴	2,4-D	蛋	Eggs	0.05(無殼)(mg/kg)
2,4-滴	2,4-D	水果	Fruits	2.00(mg/kg)
2,4-滴	2,4-D	柑橘類水果	Citrus fruits	2.00(ppm)
2,4-滴	2,4-D	杏	Apricot	2.00(mg/kg)
2,4-滴	2,4-D	姜	Ginger	0.10(mg/kg)
2,4-滴	2,4-D	芹菜	Celery	0.10(mg/kg)
2,4-滴丙酸	Dichlorprop	蘋果	Apple	0.05(mg/kg)
2甲4氯	Methyl Chloro phenoxyacetic Acid(MCPA)	小麥	Wheat	0.05(mg/kg)
2甲4氯	Methyl Chloro phenoxyacetic Acid(MCPA)	稻米	Rice	0.05(mg/kg)
6-苄氨基嘌呤	N6-Benzyladenine	櫻桃	Cherries	0.01(*)(mg/kg)

附錄　日韓食品法規標準

附表6(續1)

農獸藥中文名	農獸藥英文名	食品中文名	食品英文名	限量
6-苄氨基嘌呤	N7-Benzyladenine	蘋果	Apples	0.01(*)(mg/kg)
Ametoctradin	Ametoctradin	薯香山藥塊莖	Ttue yam tubers	0.05(ppm)
Ametoctradin	Ametoctradin	豬(被閹過的公豬)脂肪	Fat of hogs	0.02(ppm)
Ametoctradin	Ametoctradin	萵苣	Endives	40.00(ppm)
Ametoctradin	Ametoctradin	新鮮茴香葉和主莖	Fresh Florence fennel leaves and stalks	40.00(ppm)
Ametoctradin	Ametoctradin	結球萵苣	Head lettuce	40.00(ppm)
Ametoctradin	Ametoctradin	散葉萵苣	Leaf lettuce	40.00(ppm)
Ametoctradin	Ametoctradin	法國菠菜	Orach	40.00(ppm)
Ametoctradin	Ametoctradin	蒲公英葉子	Dandelion leaves	40.00(ppm)
Ametoctradin	Ametoctradin	酸模	Dock	40.00(ppm)
Ametoctradin	Ametoctradin	威爾士洋蔥頭部	Whlsh onion tops	20.00(ppm)
Ametoctradin	Ametoctradin	蔥葉	Shallot leaves	20.00(ppm)
Ametoctradin	Ametoctradin	西印度土豆	Yam bean roots	0.05(ppm)
唑嘧菌胺	Cyenopyrafen	蘋果	Apple	1.00(mg/kg)
唑嘧菌胺	Cyenopyrafen	西瓜	Watermelon	0.05(mg/kg)
唑嘧菌胺	Cyenopyrafen	韓國香瓜	Korean melon	0.50(mg/kg)
唑嘧菌胺	Cyenopyrafen	葡萄	Grape	3.00(mg/kg)
唑嘧菌胺	Cyenopyrafen	甜椒	Sweet pepper	1.00(mg/kg)
唑嘧菌胺	Cyenopyrafen	茄子	Eggplant	2.00(mg/kg)
唑嘧菌胺	Cyenopyrafen	中國柑橘	Mandarin	0.50(mg/kg)
環丙磺酰胺	Cyprosulfamide	大田玉米	Field corn	0.01(ppm)
環丙磺酰胺	Cyprosulfamide	綿羊脂肪	Fat of sheep	0.02(ppm)
德奎尼爾	Derquantel	綿羊肌肉	Sheep Muscle	0,1(mg/kg)
德奎尼爾	Derquantel	綿羊雜碎	Sheep Offal	0.10(mg/kg)
德奎尼爾	Derquantel	綿羊脂肪	Sheep Fat	0.10(mg/kg)
福美雙,甲基代森鋅,代森錳鋅	Dithiocarbamateszineb, thiram, propineb, mancozeb	南瓜	Pumpkin	0.2(mg/kg)
福美雙,甲基代森鋅,代森錳鋅	Dithiocarbamateszineb, thiram, propineb, mancozeb	家禽組織	Machine in poultry	0.10(mg/kg)
福美雙,甲基代森鋅,代森錳鋅	Dithiocarbamateszineb, thiram, propineb, mancozeb	雞蛋	Eggs	0.05(mg/kg)
福美雙,甲基代森鋅,代森錳鋅	Dithiocarbamateszineb, thiram, propineb, mancozeb	雞蛋	Eggs	0.05(mg/kg)
EBDC [Ethylenebis (dithio-carbamate)s]	EBDC [Ethylenebis (dithio-carbamate)s]	高麗參(新鮮)	Ginseng(Fresh)	0.3(mg/kg)
EBDC [Ethylenebis (dithio-carbamate)s]	EBDC [Ethylenebis (dithio-carbamate)s]	番茄	Tomato	3.00(mg/kg)

附表6(續2)

農獸藥中文名	農獸藥英文名	食品中文名	食品英文名	限量
EBDC [Ethylenebis (dithio-carbamate) s]	EBDC [Ethylenebis (dithio-carbamate) s]	大蔥	Welsh Onion	0.3(mg/kg)
EBDC [Ethylenebis (dithio-carbamate) s]	EBDC [Ethylenebis (dithio-carbamate) s]	葡萄	Grape	5.00(mg/kg)
EBDC [Ethylenebis (dithio-carbamate) s]	EBDC [Ethylenebis (dithio-carbamate) s]	黃瓜	Cucumber	1.00(mg/kg)
EBDC [Ethylenebis (dithio-carbamate) s]	EBDC [Ethylenebis (dithio-carbamate) s]	芝麻籽(黑芝麻)	Sesame seed (Black seasame)	1.00(mg/kg)
EBDC [Ethylenebis (dithio-carbamate) s]	EBDC [Ethylenebis (dithio-carbamate) s]	蜀子	Persimmon	0.50(mg/kg)
EBDC [Ethylenebis (dithio-carbamate) s]	EBDC [Ethylenebis (dithio-carbamate) s]	甜椒	Sweet pepper	7.00(mg/kg)
EDC	EDC	參見 Ethylene dichloride	See Ethylene dichloride	see Ethylene dichloride
氟美沙嗪	Flumioxazine	蘋果	Apple	0.10(mg/kg)
氟美沙嗪	Flumioxazine	中國柑橘	Mandarin	0.10(mg/kg)
氯氟吡氧乙酸乙辛酯	Fluroxypyr-meptyl	綿羊肉副產品(腎臟除外)	Meat byproducts of sheep (except kidney)	0.10(ppm)
氯氟吡氧乙酸乙辛酯	Fluroxypyr-meptyl	豬(被閹過的公豬)肉副產品(腎臟除外)	Meat byproducts of hogs (except kidney)	0.10(ppm)
氯氟吡氧乙酸乙辛酯	Fluroxypyr-meptyl	馬脂肪	Fat of horses	0.10(ppm)
氯氟吡氧乙酸乙辛酯	Fluroxypyr-meptyl	豬(被閹過的公豬)脂肪	Fat of hogs	0.10(ppm)
氯氟吡氧乙酸乙辛酯	Fluroxypyr-meptyl	牛肉	Meat of cattle	0.10(ppm)
氯氟吡氧乙酸乙辛酯	Fluroxypyr-meptyl	牛肉副產品(腎臟除外)	Meat byproducts of cattle (except kidney)	0.10(ppm)
氯氟吡氧乙酸乙辛酯	Fluroxypyr-meptyl	山羊肉副產品(腎臟除外)	Meat byproducts of goats (except kidney)	0.10(ppm)
氯氟吡氧乙酸乙辛酯	Fluroxypyr-meptyl	豬(被閹過的公豬)肉副產品(腎臟除外)	Meat byproducts of hogs (except kidney)	0.10(ppm)
氯氟吡氧乙酸乙辛酯	Fluroxypyr-meptyl	馬肉副產品(腎臟除外)	Meat byproducts of horses (except kidney)	0.10(ppm)
氟唑菌酰胺	Fluxapyroxad	豆莢可食用的刀豆	Edible-podded sword beans	2.00(ppm)
氟唑菌酰胺	Fluxapyroxad	豆莢可食用的甜豌豆	Edible-podded sugar snap peas	2.00(ppm)
氟唑菌酰胺	Fluxapyroxad	豆莢可食用的大豆	Edible-podded soybeans	2.00(ppm)
氯氟吡氧乙酸乙辛酯	Fluroxyr-meptyl	馬脂肪	Fat of horses	0.10(ppm)
氯氟吡氧乙酸乙辛酯	Fluroxyr-meptyl	豬(被閹過的公豬)脂肪	Fat of hogs	0.10(ppm)
氯氟吡氧乙酸乙辛酯	Fluroxyr-meptyl	牛肉	Meat of cattle	0.10(ppm)

附錄　日韓食品法規標準

附表6(續3)

農獸藥中文名	農獸藥英文名	食品中文名	食品英文名	限量
氯氟吡氧乙酸乙辛酯	Fluroxyr-meptyl	牛肉副產品(腎臟除外)	Meat byproducts of cattle (except kidney)	0.10(ppm)
氯氟吡氧乙酸乙辛酯	Fluroxyr-meptyl	山羊肉副產品(腎臟除外)	Meat byproducts of goats (except kidney)	0.10(ppm)
氯氟吡氧乙酸乙辛酯	Fluroxyr-meptyl	豬(被閹過的公豬)肉副產品(腎臟除外)	Meat byproducts of hogs (except kidney)	0.10(ppm)
氯氟吡氧乙酸乙辛酯	Fluroxyr-meptyl	馬肉副產品(腎臟除外)	Meat byproducts of horses (except kidney)	0.10(ppm)
氟唑菌醯胺	Fluapyroxad	豆莢可食的刀豆	Edible-podded sword beans	2.00(ppm)
氟唑菌醯胺	Fluapyroxad	豆莢可食的甜豌豆	Edible-podded sugar snap peas	2.00(ppm)
氟唑菌醯胺	Fluapyroxad	豆莢可食的大豆	Edible-podded spybeans	2.00(ppm)
吡唑萘菌胺	Isopyrazam	小麥	Wheat	0.20(my/kg)
吡唑萘菌胺	Isopyrazam	大麥	Barley	0.20(my/kg)
雷皮菌素	Lepimectin	南瓜	Squash	0.05(my/kg)
雷皮菌素	Lepimectin	南瓜	Squash	0.05(my/kg)
雷皮菌素	Lepimectin	南瓜嫩葉	Pumpkin young leaves	2(my/kg)
雷皮菌素	Lepimectin	青椒和紅椒(新鮮)	Green&red pepper (Fresh)	0.05(my/kg)
雷皮菌素	Lepimectin	萵苣(葉)	Lettuce(leaf)	1(my/kg)
雷皮菌素	Lepimectin	菠菜	Spinach	0.05(my/kg)
雷皮菌素	Lepimectin	葉類蔬菜(蕓薹屬)	Brassica leafy vegetables	0.05(my/kg)
雷皮菌素	Lepimectin	黃瓜	Cucumber	0.20(my/kg)
雷皮菌素	Lepimectin	大蔥	Welsh Onion	0.05(my/kg)
消蟎多	Meptyldinocap	蜀子	Persimmon	0.50(my/kg)
消蟎多	Meptyldinocap	杏	Apricot	0.10(my/kg)
消蟎多	Meptyldinocap	西瓜	Watermelon	0.10(my/kg)
消蟎多	Meptyldinocap	黃瓜	Cucumber	1(my/kg)
消蟎多	Meptyldinocap	韓國香瓜	Korean melon	1(my/kg)
消蟎多	Meptyldinocap	梨	Pear	0.10(my/kg)
消蟎多	Meptyldinocap	桃	Peach	0.10(my/kg)
消蟎多	Meptyldinocap	蘋果	Apple	0.10(my/kg)
消蟎多	Meptyldinocap	葡萄	Grape	0.10(my/kg)
消蟎多	Meptyldinocap	南瓜	Squash	0.10(my/kg)
消蟎多	Meptyldinocap	草莓	Strawberry	1(my/kg)
消蟎多	Meptyldinocap	瓜類	Melon	0.10(my/kg)
吡噻菌胺	Penthiopyrad	馬肉	Meat of horses	0.03(ppm)

附表6(續4)

農獸藥中文名	農獸藥英文名	食品中文名	食品英文名	限量
吡噻菌胺	Penthiopyrad	牛肉副產品	Meat byproducts of cattle	0.09(ppm)
吡噻菌胺	Penthiopyrad	山羊肉副產品	Meat byproducts of goats	0.09(ppm)
吡噻菌胺	Penthiopyrad	馬肉副產品	Meat byproducts of horses	0.09(ppm)
吡噻菌胺	Penthiopyrad	綿羊肉副產品	Meat byproducts of sheep	0.09(ppm)
吡噻菌胺	Penthiopyrad	蔥莖	Shallot bulus	3.00(ppm)
吡噻菌胺	Penthiopyrad	南瓜	Pumpkins	0.6(ppm)
吡噻菌胺	Penthiopyrad	干菜豆	Dry navy beans	0.40(ppm)
吡噻菌胺	Penthiopyrad	干pink豆	Dry pink beans	0.40(ppm)
吡噻菌胺	Penthiopyrad	新鮮細葉芹屬植物葉	Fresh chervil leaves	30(ppm)
吡噻菌胺	Penthiopyrad	牛肉	Meat of cattle	0.03(ppm)
吡噻菌胺	Penthiopyrad	山羊肉	Meat of goats	0.03(ppm)
磷胺	Phosphamidone	其他薯類	Other potatoes	0.05(my/kg)
磷胺	Phosphamidone	大豆	Soy bean	0.20(my/kg)
磷胺	Phosphamidone	豇豆	Cowpea	0.20(my/kg)
磷胺	Phosphamidone	草莓	Strawberry	0.20(my/kg)
磷胺	Phosphamidone	酸橙	Lime	0.40(my/kg)
磷胺	Phosphamidone	檸檬	Lemon	0.40(my/kg)
磷胺	Phosphamidone	扁豆	Lentils	0.20(my/kg)
磷胺	Phosphamidone	利馬豆	Lima bean	0.20(my/kg)
磷胺	Phosphamidone	桃	Peach	0.20(my/kg)
磷胺	Phosphamidone	蘋果	Apple	0.50(my/kg)
磷胺	Phosphamidone	黑豆	Black bean	0.20(my/kg)
磷胺	Phosphamidone	甘薯	Sweet Potato	0.05(my/kg)
磷胺	Phosphamidone	高粱米	Great millet	0.10(my/kg)
磷胺	Phosphamidone	蒟蒻	Elephant food	0.05(my/kg)
阿特拉津	Atrazine	玉米	Maize	0.10(ppm)
阿特拉津	Atrazine	菠蘿	Pineapples	0.10(ppm)
阿特拉津	Atrazine	高粱	Sorghum	0.10(ppm)
阿特拉津	Atrazine	甘蔗	Sugarcanes	0.10(ppm)
阿特拉津	Atrazine	甜玉米	Sweet corn	0.10(ppm)
阿特拉津	Atrazine	馬鈴薯	Potatoes	0.01(ppm)
阿特拉津	Atrazine	家禽脂肪	Fat of poultry	0.04(ppm)
阿特拉津	Atrazine	綿羊脂肪	Fat of sheep	0.04(ppm)
阿特拉津	Atrazine	大田玉米	Field corn	0.20(ppm)
阿特拉津	Atrazine	牛肉副產品	Meat byproducts of cattle	0.04(ppm)
阿特拉津	Atrazine	山羊肉副產品	Meat byproducts of goats	0.04(ppm)

附錄　日韓食品法規標準

附表6(續5)

農獸藥中文名	農獸藥英文名	食品中文名	食品英文名	限量
阿特拉津	Atrazine	豬(被閹過的公豬)肉副產品	Meat byproducts of hogs	0.04(ppm)
阿特拉津	Atrazine	山羊脂肪	Fat of goats	0.04(ppm)
阿特拉津	Atrazine	豬(被閹過的公豬)脂肪	Fat of hogs	0.04(ppm)
阿維菌素	Abamectin	英國核桃	English walnuts	0.005(ppm)
苯嘧磺草胺	Saflufenacil	豬(被閹過的公豬)肉	Meat of hogs	0.01(ppm)
苯嘧磺草胺	Saflufenacil	馬肉	Meat of horses	0.01(ppm)
苯嘧磺草胺	Saflufenacil	綿羊肉	Meat of sheep	0.01(ppm)
苯嘧磺草胺	Saflufenacil	牛肉	Meat of cattle	0.01(ppm)
苯嘧磺草胺	Saflufenacil	牛脂肪	Fat of cattle	0.01(ppm)
氟唑環菌胺	Sedaxane	牛脂肪	Fat of cattle	0.01(ppm)
氟唑環菌胺	Sedaxane	油菜籽	Rapeseeds (canola)	0.01(ppm)
氟唑環菌胺	Sedaxane	牛肉	Meat of cattle	0.01(ppm)
氟唑環菌胺	Sedaxane	牛肉副產品	Meat byproducts of cattle	0.01(ppm)
氟唑環菌胺	Sedaxane	山羊脂肪	Fat of goats	0.01(ppm)
氟唑環菌胺	Sedaxane	黑小麥	Triticale	0.01(ppm)
氟唑環菌胺	Sedaxane	小麥	Wheat	0.01(ppm)
氟唑環菌胺	Sedaxane	大麥	Barley	0.01(ppm)
氟唑環菌胺	Sedaxane	干大豆	Dry soybeans	0.01(ppm)
氟唑環菌胺	Sedaxane	蛋	Eggs	0.01(ppm)
艾克敵	Spinosad	葉類蔬菜	leafy vegatable	5.00(mg/kg)
艾克敵	Spinosad	菊苣	Endive	5.00(mg/kg)
艾克敵	Spinosad	萵苣(頭部)	Lettuce(head)	5.00(mg/kg)
艾克敵	Spinosad	菊苣(葉)	Chicory(leaves)	5.00(mg/kg)
艾克敵	Spinosad	羽衣甘藍	Kale	5.00(mg/kg)
艾克敵	Spinosad	番茄	Tomato	1(mg/kg)
艾克敵	Spinosad	大蔥	Welsh Onion	0.7(mg/kg)
艾克敵	Spinosad	西芹	Parsley	5.00(mg/kg)
艾克敵	Spinosad	葡萄	Grape	0.5(mg/kg)
艾克敵	Spinosad	甜椒	Sweet pepper	0.5(mg/kg)
艾克敵	Spinosad	南瓜	Squash	0.10(mg/kg)
艾克敵	Spinosad	山蘿蔔	Chervil	5.00(mg/kg)
艾克敵	Spinosad	茶	tea	0.10(mg/kg)
艾克敵	Spinosad	干菜豆	Dry navy beans	0.02(ppm)
艾克敵	Spinosad	萵苣(頭部)	Lettuce(head)	5.00(mg/kg)
艾克敵	Spinosad	菊苣(葉)	Chicory(leaves)	5.00(mg/kg)
艾克敵	Spinosad	羽衣甘藍	Kale	5.00(mg/kg)
艾克敵	Spinosad	番茄	Tomato	1(mg/kg)

附表6(續6)

農獸藥中文名	農獸藥英文名	食品中文名	食品英文名	限量
艾克敵	Spinosad	大蔥	Welsh Onion	0.7(mg/kg)
艾克敵	Spinosad	西芹	Parsley	5.00(mg/kg)
艾克敵	Spinosad	葡萄	Grape	0.5(mg/kg)
艾克敵	Spinosad	甜椒	Sweet pepper	0.5(mg/kg)
艾克敵	Spinosad	南瓜	Squash	0.10(mg/kg)
艾克敵	Spinosad	山蘿蔔	Chervil	5.00(mg/kg)
艾克敵	Spinosad	茶	tea	0.10(mg/kg)
艾克敵	Spinosad		Dry mung beans	0.02(ppm)
艾克敵	Spinosad	干菜豆	Dry navy beans	0.02(ppm)
艾氏劑	Aldrin(HHDN)	茄子	Egg-plants	0.10(ppm)
艾氏劑	Aldrin(HHDN)	蛋(無殼)	Egg(on shell-free basis)	0.10(ppm)
艾氏劑和狄氏劑	Aldrin & Dieldrin	韓國芥末根	Korean wasabi(root)	0.10(mg/kg)
艾氏劑和狄氏劑	Aldrin & Dieldrin	糧谷	Cereal Grains	0.02(mg/kg)
艾氏劑和狄氏劑	Aldrin & Dieldrin	香櫞	Citron	0.05(mg/kg)
艾氏劑和狄氏劑	Aldrin & Dieldrin	奶	Milk	0.006(mg/kg)(F)
艾氏劑和狄氏劑	Aldrin & Dieldrin	哺乳動物肉	Mammalia meat	0.10(mg/kg)(1)
艾氏劑和狄氏劑	Aldrin & Dieldrin	蜀子(干)	Persimmon(Dried)	0.05(mg/kg)
艾氏劑和狄氏劑	Aldrin & Dieldrin	稻米	Rice	0.02(mg/kg)
艾氏劑和狄氏劑	Aldrin and Dieldrin	雪蓮果	Yacon	0.10(mg/kg)
艾氏劑和狄氏劑	Aldrin and Dieldrin	牛肉副產品	Meat byproducts of cattle	0.20(ppm)
艾氏劑和狄氏劑	Aldrin and Dieldrin	山羊肉副產品	Meat byproducts of goats	0.20(ppm)
艾氏劑和狄氏劑	Aldrin & Dieldrin	豬(被閹過的公豬)肉副產品	Meat byproducts of hogs	0.20(ppm)
艾氏劑和狄氏劑	Aldrin and Dieldrin	綿羊脂肪	Fat of sheep	0.20(ppm)
艾氏劑和狄氏劑	Aldrin & Dieldrin	家禽脂肪	Fat of poultry	0.20(ppm)
艾氏劑和狄氏劑	Aldrin & Dieldrin	甜菜	Beat	0.10(mg/kg)
百草枯	Paraquat	芋艿莖	Taro stem	0.05(mg/kg)
百草枯	Paraquat	番茄	Tomato	0.05(mg/kg)
百草枯	Paraquat	韓國香瓜	Korean melon	0.05(mg/kg)
百草枯	Paraquat	蔬菜	Vegetables	0.05(mg/kg)
百草枯	Paraquat	黃秋葵	Okra	0.05(mg/kg)
百草枯	Paraquat	蕪菁頭部	Turnip tops	0.05(ppm)
百草枯	Paraquat	白菜	Pak choi	0.05(mg/kg)
百草枯	Paraquat	短果茴芹	Chwinamul	0.05(mg/kg)
百草枯	Paraquat	菊苣(根)	Chicory(root)	0.05(mg/kg)
百草枯	Paraquat	菊苣(葉)	Chicory(leaves)	0.05(mg/kg)
百草枯	Paraquat	羽衣甘藍	Kale	0.05(mg/kg)
百草枯	Paraquat	大蔥	Welsh Onion	0.05(mg/kg)

附錄 日韓食品法規標準

附表6(續7)

農獸藥中文名	農獸藥英文名	食品中文名	食品英文名	限量
百草枯	Paraquat	野生歐洲防風草	Wild parsnip	0.05(mg/kg)
百草枯	Paraquat	西芹	Parsley	0.05(mg/kg)
百草枯	Paraquat	青蒜	Green garlic	0.05(mg/kg)
百菌清	Chlorothalonil	落花生	Groundnut	0.10(mg/kg)
百菌清	Chlorothalonil	馬鈴薯	Potatoes	0.10(mg/kg)
百菌清	Chlorothalonil	干小扁豆	Dry lentils	0.10(ppm)
百菌清	Chlorothalonil	蛋	Eggs	*0.05(mg/kg)
百菌清	Chlorothalonil	茴香球莖	Fennel, bulb	5.00(mg/kg)
百菌清	Chlorothalonil	茴香葉	Fennel, leaf	5.00(mg/kg)
百菌清	Chlorothalonil	無核葡萄干,黑色	Currant, black	10.00(mg/kg)
百菌清	Chlorothalonil	哺乳動物可食用下水	Edible offal (mammalian)	7.00(mg/kg)
百菌清	Chlorothalonil	球芽甘藍	Brussls sprouts	7.00(mg/kg)
百菌清	Chlorothalonil	胡蘿蔔	Carrot	7.00(mg/kg)
百菌清	Chlorothalonil	芹菜	Celery	10.00(mg/kg)
百菌清	Chlorothalonil	櫻桃	Cherries	10.00(mg/kg)
百菌清	Chlorothalonil	茄子	Eggplant	T10(mg/kg)
百菌清	Chlorothalonil	馬鈴薯	Potato	0.10(mg/kg)
艾克敵	Spinosad	萵苣(頭部)	Lettuce(head)	5.00(mg/kg)
艾克敵	Spinosad	菊苣(葉)	Chicory(leaves)	5.00(mg/kg)
艾克敵	Spinosad	羽衣甘藍	Kale	5.00(mg/kg)
艾克敵	Spinosad	番茄	Tomato	1.00(mg/kg)
艾克敵	Spinosad	大蔥	Welsh Onion	0.70(mg/kg)
艾克敵	Spinosad	西芹	Parsley	5.00(mg/kg)
艾克敵	Spinosad	葡萄	Grape	0.50(mg/kg)
艾克敵	Spinosad	甜椒	Sweet pepper	0.50(mg/kg)
艾克敵	Spinosad	南瓜	Squasj	1.00(mg/kg)
艾克敵	Spinosad	山蘿蔔	Chervil	5.00(mg/kg)
艾克敵	Spinosad	茶	Tea	0.10(mg/kg)
艾克敵	Spinosad	干菜豆	Dry navy beans	0.02(ppm)
艾氏劑	Aldrin(HHDN)	茄子	Egg-plants	0.10(ppm)
艾氏劑	Aldrin(HHDN)	蛋(無殼)	Egg(on shell-free basis)	0.10(ppm)
艾氏劑	Aldrin(HHDN)	黃瓜	Cucumbers	0.10(ppm)
艾氏劑\狄氏劑	Aldrin(HHDN)	蛋(無殼)	Eggs(on shell-free basis)	0.10(ppm)
艾氏劑\狄氏劑	Aldrin Dieldrin	魚	Fish	0.2(mg/kg)
艾氏劑\狄氏劑	Aldrin Dieldrin	乳和乳製品	Milk and mild products	0.15(以脂肪計)(mg/kg)
艾氏劑\狄氏劑	Aldrin Dieldrin	水果和蔬菜	Fruit and vegetables	0.10(mg/kg)
艾氏劑\狄氏劑	Aldrin Dieldrin	肉	Meet	0.2(mg/kg)
艾氏劑\狄氏劑	Aldrin Dieldrin	食用穀物	Food grains	0.01(mg/kg)

附表6(续8)

農獸藥中文名	農獸藥英文名	食品中文名	食品英文名	限量
艾氏劑和狄氏劑	Aldrin&Dieldrin	蛋	Eggs	0.10(無蛋殼)(mg/kg)
艾氏劑和狄氏劑	Aldrin&Dieldrin	蘋果	Apple	0.05(mg/kg)
艾氏劑和狄氏劑	Aldrin&Dieldrin	豬(被閹過得公豬)肉副產品	Meat byproduts of hogs	0.20(ppm)
艾氏劑和狄氏劑	Aldrin&Dieldrin	綿羊脂肪	Fat of sheep	0.20(ppm)
艾氏劑和狄氏劑	Aldrin&Dieldrin	家禽脂肪	Fat of poultry	0.20(ppm)
艾氏劑和狄氏劑	Aldrin&Dieldrin	甜菜	Beat	0.10(mg/kg)
艾氏劑和狄氏劑	Aldrin&Dieldrin	稻米	Rice	0.02(mg/kg)
艾氏劑和狄氏劑	Aldrin&Dieldrin	雪蓮果	Yacon	0.10(mg/kg)
艾氏劑和狄氏劑	Aldrin and Dieldrin	牛肉副產品	Meat byproduts of cattle	0.20(ppm)
艾氏劑和狄氏劑	Aldrin and Dieldrin	山羊肉副產品	Meat byproduts of goats	0.20(ppm)
艾氏劑和狄氏劑	Aldrin and Dieldrin	豬(被閹過得公豬)肉副產品	Meat byproduts of hogs	0.20(ppm)
艾氏劑和狄氏劑	Aldrin and Dieldrin	綿羊脂肪	Fat of sheep	0.20(ppm)
艾氏劑和狄氏劑	Aldrin and Dieldrin	家禽脂肪	Fat of poultry	0.20(ppm)
艾氏劑和狄氏劑	Aldrin&Dieldrin	甜菜	Beat	0.10(mg/kg)
安果	Formothion	柑橘類水果	Citrus fruits	0.2(mg/kg)
安果	Formothion	棉花種子	Cotton seed	0.1mg/kg
安果	Formothion	其他水果	Other fruit	1.00(mg/kg)
安果	Formothion	蔬菜	Vegetables	2.00(mg/kg)
安果	Formothion	胡椒和番茄	Peppers and Tomatoes	1.00(mg/kg)
安果	Formothion	胡椒和番茄	Peppers and Tomatoes	1.00(mg/kg)
氨苄青霉素	AMPICILLIN	魚	Fish	0.05(ppm)
氨苄青霉素	Ampicillin	肌肉[魚]		0.05(ppm)
氨苄青霉素	AMPICILLIN	甲殼綱動物	Crustacea	0.05(ppm)
氨苄青霉素	AMPICILLIN	豬肉	Pig,meat	0.01(ppm)
氨丙啉	Amprolium	肝(雞、火雞、雉)		1(ppm)
氨丙啉	Amprolium	肌肉、肝、腎(牛)		0.5(ppm)
氨丙啉	Amprolium	脂(牛)		2.00(ppm)
氨丙啉	Amprolium	肌肉(雞、火雞、雉)		0.5(ppm)
氨磺樂靈	Oryzalin	蘋果	Apple	0.05(mg/kg)
氨氯吡啶酸	Picloram	山羊肉	Meat of goats	0.05(ppm)
氨氯吡啶酸	Picloram	綿羊肝臟	Liver of sheep	0.05(ppm)
氨氯吡啶酸	Picloram	馬肝臟	Liver of horses	0.05(ppm)
氨氯吡啶酸	Picloram	牛脂肪	Fat of cattle	0.05(ppm)
氨氯吡啶酸	Picloram	牛肉	Meat of cattle	0.05(ppm)
氨氯吡啶酸	Picloram	奶	Milk	0.05(ppm)

附錄　日韓食品法規標準

附表6(續9)

農獸藥中文名	農獸藥英文名	食品中文名	食品英文名	限量
氨氯吡啶酸	Picloram	未加工谷類	Raw cereals	0.20(ppm)
氨氯吡啶酸	Picloram	乳和乳製品	Milk and mild products	0.05(ppm)
氨氯吡啶酸	Picloram	肉	Meat	0.05(ppm)
氨氯吡啶酸	Picloram	綿羊肝臟	Liver of sheep	0.05(ppm)
氨氯吡啶酸	Picloram	馬肝臟	Liver of horses	0.05(ppm)
氨氯吡啶酸	Picloram	牛脂肪	Fat of cattle	0.05(ppm)
氨氯吡啶酸	Picloram	牛肉	Meat of cattle	0.05(ppm)
胺苯磺隆	Ethamrtsulfuron-methyl	芥菜種子(調味品類型)	Mustard seeds (condimenttpe)	0.05(ppm)
胺苯磺隆	Ethamrtsulfuron-methyl	芥菜種子(油料種子型)	Mustard seeds (oilseed type)	0.02(ppm)
胺磺銅	DBEDC	西瓜	Watermelon	0.2(mg/kg)
胺磺銅	DBEDC	黃瓜	Cucumber	3.00(mg/kg)
胺磺銅	DBEDC	韓國香瓜	Korean melon	2.00(mg/kg)
胺磺銅	DBEDC	南瓜	Squash	3.00(mg/kg)
胺磺銅	DBEDC	其他農產品	Other Agricultural Product	0.05(mg/kg)
百草枯	Paraquat	未成熟的豆	Unripe bean	0.05(mg/kg)
百草枯	Paraquat	番茄	Tomato	0.05(mg/kg)
百草枯	Paraquat	韓國香瓜	Korean melon	0.05(mg/kg)
百草枯	Paraquat	蔬菜	Vegetables	0.05(mg/kg)
百草枯	Paraquat	黃秋葵	Okra	0.05(mg/kg)
百草枯	Paraquat	蕪菁頭部	Turnip tops	0.05(ppm)
百草枯	Paraquat	白菜	Pak choi	0.05(mg/kg)
百草枯	Paraquat	短果茴芹	Chwinamul	0.05(mg/kg)
百草枯	Paraquat	菊苣(根)	Chicory(root)	0.05(mg/kg)
百草枯	Paraquat	菊苣(葉)	Chicory(leaves)	0.05(mg/kg)
百草枯	Paraquat	羽衣甘藍	Kale	0.05(mg/kg)
百草枯	Paraquat	大蔥	Welsh Onion	0.05(mg/kg)
百草枯	Paraquat	野生歐洲防風草	Wild parsnip	0.05(mg/kg)
百草枯	Paraquat	西芹	Parsly	0.05(mg/kg)
百草枯	Paraquat	青蒜	Green garlic	0.05(mg/kg)
百菌清	Chlorothalonil	馬鈴薯	Potato	0.10(mg/kg)
百克敏	Pyraclostrobin	豬(被閹過的公豬)脂肪	Fat of hogs	0.10(ppm)
百克敏	Pyraclostrobin	干豆	Dry beans	0.5(ppm)
百克敏	Pyraclostrobin	干黑眼豌豆	Dry blackeyed peas	0.5(ppm)
百克敏	Pyraclostrobin	干小扁豆	Dry lentils	0.5(ppm)
百克敏	Pyraclostrobin	干利馬豆	Dry lima beans	0.5(ppm)
百克敏	Pyraclostrobin	干蛾豆	Dry moth beans	0.5(ppm)
百克敏	Pyraclostrobin	干鷹豆	Dry mung beans	0.5(ppm)

附表6(續10)

農獸藥中文名	農獸藥英文名	食品中文名	食品英文名	限量
百克敏	Pyraclostrobin	干蠶豆	Dry broad beans	0.5(ppm)
百克敏	Pyraclostrobin	干烏豇豆種子	Dry catjang seeds	0.5(ppm)
百克敏	Pyraclostrobin	干鷹嘴豆	Dry chickpeas	0.5(ppm)
百克敏	Pyraclostrobin	干紫花豌豆	Dry field peas	0.5(ppm)
百克敏	Pyraclostrobin	干瓜爾豆種子	Dry guar seeds	0.5(ppm)
百克敏	Pyraclostrobin	干四季豆	Dry kidney beans	0.5(ppm)
百克敏	Pyraclostrobin	干扁豆	Dry lablab beans	0.5(ppm)

附表7　　　　韓國微生物含量標準

微生物中文名	微生物英文名	食品中文名	食品英文名	限量
結核杆菌	Tuberculous bacillus	肉及肉製品	Meat and meat foods	不得檢出
阪崎氏腸杆菌	Enterobacter sakazakii	嬰幼兒谷類食品	Cereal based food for infants and young children	陰性
阪崎氏腸杆菌	Enterobacter sakazakii	嬰兒配方粉	Infant formula	陰性
阪崎氏腸杆菌	Enterobacter sakazakii	其他嬰幼兒食品	Other foods or infants and young children	陰性
產氣莢膜梭菌	Clostridium perfringens	肉	Meat	不得檢出
產氣莢膜梭菌	Clostridium perfringens	加工食品	Processed food	不得檢出
大腸杆菌	Escherichia coli	冷凍食品	Frozen foos	
大腸杆菌	Escherichia coli	飲用水	Drinking water for customer	陰性/250ml
大腸杆菌	Escherichia coli	即食食品	Ready to eat foods	陰性
大腸杆菌	Escherichia coli	漁業用冰	Ice for fishery	陰性/50ml
大腸杆菌	Escherichia coli	食用冰	Edible ice	陰性/50ml
大腸杆菌	Escherichia coli	複合調味料	Composite seasoning-	陰性
大腸杆菌	Escherichia coli	香料	Spice products	陰性
大腸杆菌	Escherichia coli	冷凍食品	Frozen foos	不得檢出
大腸杆菌	Escherichia coli	冷凍食品	Frozen foos	—
大腸杆菌	Escherichia coli	水族館的水	Aquarium water	—
大腸杆菌	Escherichia coli	飲用水	Drinking water for customer	陰性/250ml
大腸杆菌	Escherichia coli	即食食品	Ready to eat foods	陰性
大腸杆菌	Escherichia coli	漁業用冰	Ice for fishery	陰性/50ml
大腸杆菌	Escherichia coli	食用冰	Edible ice	陰性/50ml
大腸杆菌	Escherichia coli	香料	Spice products	陰性
大腸杆菌	Escherichia coli	冷凍食品	Frozen foos	不得檢出
大腸杆菌	Escherichia coli	冷凍食品	Frozen foos	—
大腸杆菌 O157:H7	Escherichia coli O157:H7	肉	Meat	不得檢出
大腸杆菌 O157:H7	Escherichia coli O157:H7	清湯牛肉冷面	Beef broth for cold noodle	陰性
大腸杆菌 O157:H7	Escherichia coli O157:H7	飲料	Beverages	陰性

附錄　日韓食品法規標準

附表7(續1)

微生物中文名	微生物英文名	食品中文名	食品英文名	限量
大腸杆菌 O157：H7	Escherichia coli O157：H7	加工的肉類和蛋類產品	Processed meat and egg products	陰性
大腸杆菌 O157：H7	Escherichia coli O157：H7	加工食品	Processed food	不得檢出
大腸杆群	Coliform group	煮老的食物	Hard-boiled foods	陰性
大腸菌群	Coliform group	茶	Teas	陰性
大腸菌群	Coliform group	麵條	Noodles	陰性
大腸菌群	Coliform group	發酵型飲料	Fermented Beveragers	陰性
大腸菌群	Coliform group	魚類產品	Fish products	陰性
大腸菌群	Coliform group	腌制和發酵海產品	Salted and fermented seafoods (jeotkal)	陰性
大腸菌群	Coliform group	醬菜	Pickles	陰性
大腸菌群	Coliform group	冷凍食品	Frozen food	陰性
大腸菌群	Coliform group	冷凍食品	Frozen food	陰性
大腸菌群	Coliform group	糖尿病人的食品	Food for diabetes patients	陰性
大腸菌群	Coliform group	病人的均衡營養食品	Balanced nutritional food for patients	陰性
大腸菌群	Coliform group	其他嬰幼兒食品	Other food or infants and young children	陰性
大腸菌群	Coliform group	嬰幼兒谷類食品	Cereal based food for infants and young children	陰性
大腸菌群	Coliform group	兒童成長配方食品	Follow-Up Formula	陰性
大腸菌群	Coliform group	果凍	Jellies	陰性
大腸菌群	Coliform group	南豆腐河北豆腐	Bean curd and ground processed bean curb	≤10/克
金黃色葡萄球菌	Staphylococcus aureus	麵包或糕點	Breads or rice cakes	陰性
金黃色葡萄球菌	Staphylococcus aureus	加工食品	Processed food	不得檢出
空腸彎曲杆菌	Campylobacter jejuni	肉	Meat	不得檢出
空腸彎曲杆菌	Campylobacter jejuni	加工食品	Processed food	不得檢出
蠟樣芽孢杆菌	Bacillus cereus	加工食品以及尚未建立規格標準的食品	Processed food and food products for which specifications are not established	1,000cfu/g(消毒產品不得檢出)
蠟樣芽孢杆菌	Bacillus cereus	熟食	Boiled food	1,000cfu/g(消毒產品不得檢出)
蠟樣芽孢杆菌	Bacillus cereus	腌制食物	Salted food	1,000cfu/g(消毒產品不得檢出)
蠟樣芽孢杆菌	Bacillus cereus	複合調味料	Composite seasonings	1,000cfu/g(消毒產品不得檢出)
蠟樣芽孢杆菌	Bacillus cereus	醬油	Sauce	1,000cfu/g(消毒產品不得檢出)
蠟樣芽孢杆菌	Bacillus cereus	大豆醬油/醬	Soy sauce/paste	1,000cfu/g(消毒產品不得檢出)
蠟樣芽孢杆菌	Bacillus cereus	肉	Meat	不得檢出
蠟樣芽孢杆菌	Bacillus cereus	其他嬰幼兒食品	Other food or infants and young children	≤100cfu/g

微生物中文名	微生物英文名	食品中文名	食品英文名	限量
蠟樣芽孢杆菌	Bacillus cereus	嬰幼兒谷類食品	Cereal based food for infants and young children	≤100cfu/g
蠟樣芽孢杆菌	Bacillus cereus	兒童成長配方食品	Follow-Up Formula	≤100cfu/g
蠟樣芽孢杆菌	Bacillus cereus	嬰兒配方粉	Infant formula	≤7.5mg/100g
蠟樣芽孢杆菌	Bacillus cereus	控制體重人群的食品	Weight control food	≤100cfu/g
蠟樣芽孢杆菌	Bacillus cereus	其他嬰幼兒食品	Other food or infants and young children	≤100cfu/g
蠟樣芽孢杆菌	Bacillus cereus	嬰幼兒谷類食品	Cereal based food for infants and young children	≤100cfu/g
蠟樣芽孢杆菌	Bacillus cereus	兒童成長配方食品	Follow-Up Formula	≤100cfu/g
蠟樣芽孢杆菌	Bacillus cereus	嬰兒配方粉	Infant formula	≤7.5mg/100g
李斯特菌	Listeria monocytogenes	肉	Meat	不得檢出
李斯特菌	Listeria monocytogenes	加工食品	processed food	不得檢出
李斯特菌	Listeria monocytogenes	海產品	Marine products	陰性
霉菌數量	Mold count	紅辣椒粉或切碎的紅辣椒	Red pepper powder or shredded red pepper	陽性比例≤20(%)
霉菌數量	Mold count	香料	Spice products	陽性比例≤21(%)
乳酸菌	Lactic acid bateria	其他飲料	Other Beverages	不低於標籤標示數
乳酸菌	Lactic acid bateria	糖果	Confectionaries	不低於標籤標示數
乳酸菌	Lactic acid bateria	冷凍食品	Frozen food	不低於標籤標示數
乳酸菌	Lactic acid bateria	冷凍食品	Frozen food	不低於標籤標示數
乳酸菌	Lactic acid bateria	冷凍食品	Frozen food	不低於標籤標示數
沙門氏菌	Salmonella spp.	肉	Meat	不得檢出
沙門氏菌	Salmonella spp.	海產品	Marine products	陰性
沙門氏菌	Salmonella spp.	即食食品	Ready to eat foods	陰性
沙門氏菌	Salmonella spp.	刀具,案板與餐具	Knife, kitchen board & tableware	陰性
沙門氏菌	Salmonella spp.	飲用水	Drinking water for customer	陰性\250ml
沙門氏菌	Salmonella spp.	清湯牛肉冷面	Beef broth for cold noodle	陰性
沙門氏菌	Salmonella spp.	麵包或糕點	Breads or rice cakes	陰性
沙門氏菌	Salmonella spp.	加工的肉類和蛋類產品	Processed meat and egg products	陰性
沙門氏菌	Salmonella spp.	加工食品	Processed food	不得檢出
梭狀芽孢杆菌	Clostridium perfringens	未烹飪過的食物	Uncooked food(saeng-sik)	≤100cfu/g
炭蛆病菌	Anthracnose bacteria	肉及肉製品	Meat and meat foods	不得檢出
細菌	Bacteria	罐裝或瓶裝食品	Canned and bottled foods	無生長
細菌計數	Bacterial count	冷凍食品	Frozen food	≤100,000cfu/g
細菌計數	Bacterial count	糖果	Confectionaries	≤3,000cfu/ml
細菌計數	Bacterial count	冷凍食品	Frozen food	≤3,000,000
細菌數	Number of bacteria	飲料	Beverages	≤100cfu/ml
細菌數	Number of bacteria	咖啡	Coffees	≤100cfu/ml
細菌數	Number of bacteria	茶	Teas	≤100cfu/ml

附錄　日韓食品法規標準

附表7(續3)

微生物中文名	微生物英文名	食品中文名	食品英文名	限量
細菌數	Number of bacteria	加工的肉類和蛋類產品	Processed meat and egg products	10,000cfu/g
細菌數	Number of bacteria	加工的肉類和蛋類產品	Processed meat and egg products	陰性
細菌數	Number of bacteria	醬菜	Pickles	陰性
細菌數	Number of bacteria	嬰兒配方粉	Infant formula	≤20,000cfu/g
細菌數	Number of bacteria	糖尿病人的食品	Food for diabetes patients	≤100cfu/ml
細菌數	Number of bacteria	病人的均衡營養食品	Balanced nutritional food for patients	≤20,000cfu/g
細菌數	Number of bacteria	病人的均衡營養食品	Balanced nutritional food for patients	≤100cfu/ml
細菌數	Number of bacteria	其他嬰幼兒食品	Other food or infants and young children	≤100cfu/ml
細菌數	Number of bacteria	兒童成長配方食品	Follow-Up Formula	陰性
細菌數	Number of bacteria	兒童成長配方食品	Follow-Up Formula	≤20,000cfu/g
細菌數	Number of bacteria	麵條	Noodles	≤1,000,000cfu/g
細菌數	Number of bacteria	魚類產品	Fish products	陰性

附表8　　韓國其他有毒有害物質標準

其他有毒有害物質中文名	其他有毒有害物質英文名	食品中文名	食品英文名	限量
棒曲霉素	Patulin	嬰兒配方奶粉延續配方奶粉嬰幼兒谷類食品其他嬰兒食品	Infant formulafollow on formulainfant cerealsother infant food	10μg/kg
棒曲霉素	Patulin	蘋果汁	Apple juice	50μg/kg
棒曲霉素	Patulin	濃縮蘋果汁(包括用作原料的濃縮物,根據其濃度倍數轉換計算)	Apple juice concentrate(including concentrate to use-as raw material and converted by concentraton mutiple)	50μg/kg
伏馬菌素(B1和B2的總和)	Fumonisin (total B1 andB2)	玉米爆米花	Corn popcorn	1mg/kg
伏馬菌素(B1和B2的總和)	Fumonisin (total B1 andB2)	玉米	Corn	4mg/kg
伏馬菌素(B1和B2的總和)	Fumonisin (total B1 andB2)	經過簡單加工的玉米	After a simple processing of	2mg/kg
		(研磨切割等)	Corn (grinding, cutting etc.)	
伏馬菌素(B1和B2的總和)	Fumonisin (total B1 andB2)	經過簡單加工的玉米含量超過50%的穀物產品	Corn(other simple processingmethod)	1mg/kg
腹瀉性貝類毒素(岡田酸和	Diarrhetic shellfishpoisoning	雙殼類動物	Bivalves	0.16mg/kg
黃曲霉毒素B1	Aflatoxin B1	嬰兒配方奶粉延續配方奶粉嬰幼兒谷類食品其他嬰兒食品	Infant formulafollow on formulainfant cerealsother infant food	0.10mg/kg

附表8(續1)

其他有毒有害物質中文名	其他有毒有害物質英文名	食品中文名	食品英文名	限量
黃曲霉毒素總量(B1、B2、G1 和 G2 的總和)	AflatoxinB1、B2、G1 and G2	大豆醬、辣椒粉和咖喱粉	Soy sauce, pepper paste curry powder	15.0μg/kg
黃曲霉毒素總量(B1、B2、G1 和 G2 的總和)	AflatoxinB1、B2、G1 and G2	肉豆蔻、姜黃辣椒干、干燥辣椒粉和天然香料	Nutmeg, Turmeric, dried chilli natural spice	15.0μg/kg
黃曲霉毒素總量(B1、B2、G1 和 G2 的總和)	AflatoxinB1、B2、G1 and G2	面粉	Flour	15.0μg/kg
麻痺性貝類毒素麻痺性貝類毒素	Paralytic shellfish poisoning Paralytic shellfish poisoning	被囊動物(海鞘、柄海鞘等)貝類	Tunicate (ascidean, Styela clava) Shellfish	0.8mg/kg
脫氧雪腐鐮刀菌烯醇	Deoxynivalenol	面類	Noodles	0.75mg/kg
脫氧雪腐鐮刀菌烯醇	Deoxynivalenol	經過簡單加工的穀物(研磨或切割,不包括簡單加工的玉米)	After a simple processing of grain (except the corn of simple processing)	1mg/kg
脫氧雪腐鐮刀菌烯醇	Deoxynivalenol	經過簡單加工的玉米(研磨切割等)	After a simple processing of corn (grinding, cutting etc.)	2mg/kg
脫氧雪腐鐮刀菌烯醇	Deoxynivalenol	穀物加工產品	Grain	0.5mg/kg
脫氧雪腐鐮刀菌烯醇	Deoxynivalenol	嬰兒配方奶粉延續配方奶粉嬰幼兒谷類食品其他嬰兒食品	Infant formula follow on formula infant cereals other infant food	0.2mg/kg
玉米赤霉烯酮	Zearalenone	穀物類加工品	Grain	50μg/kg
玉米赤霉烯酮	Zearalenone	嬰兒配方奶粉延續配方奶粉嬰幼兒谷類食品其他嬰兒食品	Infant formula follow on formula infant cereals other infant food	20μg/kg
玉米赤霉烯酮	Zearalenone	糕餅	Pastry	50μg/kg
玉米赤霉烯酮	Zearalenone	經過簡單加工的穀物(研磨或切割)	After a simple processing of corn (grinding, cutting etc.)	200μg/kg
赭曲霉毒素A	OchratoxinA	干果	Dry fruits	10.0μg/kg
赭曲霉毒素A	OchratoxinA	葡萄汁、濃縮葡萄汁(原材料,包括調製成的多種飲料)、葡萄酒	Juice, concentrated grape juice (raw materials, including a variety of modulation drinks) wine	2.0μg/kg
赭曲霉毒素A	OchratoxinA	辣椒粉	Pepper	7.0μg/kg
赭曲霉毒素A	OchratoxinA	豆醬餅	Sause QiuZi	20.0μg/kg
赭曲霉毒素A	OchratoxinA	速溶咖啡	Instant coffee	10.0μg/kg
赭曲霉毒素A	OchratoxinA	咖啡豆及烘焙咖啡	coffee beans and roasted coffee	5.0μg/kg
赭曲霉毒素A	OchratoxinA	經過簡單加工的玉米(研磨切割等)	After a simple processing of corn (grinding, cutting etc.)	5.0μg/kg

國家圖書館出版品預行編目（CIP）資料

中日韓食品貿易法規與案例解析 / 許倩倩 主編. -- 第一版.
-- 臺北市：財經錢線文化, 2019.10
　　面；　公分
POD版

ISBN 978-957-680-362-8(平裝)

1.國際貿易法規 2.食品衛生法規 3.中國 4.日本 5.韓國

558.2　　　　　　　　　　　　　　　　　　　108016348

書　　名：中日韓食品貿易法規與案例解析
作　　者：許倩倩 主編
發 行 人：黃振庭
出 版 者：財經錢線文化事業有限公司
發 行 者：財經錢線文化事業有限公司
E - m a i l：sonbookservice@gmail.com
粉 絲 頁：　　　　　　網　址：
地　　址：台北市中正區重慶南路一段六十一號八樓 815 室
8F.-815, No.61, Sec. 1, Chongqing S. Rd., Zhongzheng
Dist., Taipei City 100, Taiwan (R.O.C.)
電　　話：(02)2370-3310　傳　真：(02) 2370-3210
總 經 銷：紅螞蟻圖書有限公司
地　　址：台北市內湖區舊宗路二段 121 巷 19 號
電　　話：02-2795-3656　傳真：02-2795-4100　網址：
印　　刷：京峯彩色印刷有限公司（京峰數位）

　本書版權為西南財經出版社所有授權崧博出版事業股份有限公司獨家發行電子書及繁體書繁體字版。若有其他相關權利及授權需求請與本公司聯繫。

定　　價：480元
發行日期：2019 年 10 月第一版
◎ 本書以 POD 印製發行